신라를
뒤흔든
16인의
화랑

신라를 뒤흔든 16인의 화랑

초판 인쇄 2010년 3월 10일
초판 2쇄 2012년 3월 20일

글 | 이수광
펴낸이 | 홍석
펴낸곳 | 도서출판 풀빛
기획위원 | 채희석
책임편집 | 유남경
디자인 | 여현미
마케팅 | 홍성우 · 김정혜 · 김화영
등록 | 1979년 3월 6일 제8-24호
주소 | 120-818 서울특별시 서대문구 북아현3동 177-5
전화 | 02-363-5995(영업), 02-362-8900(편집)
팩스 | 02-393-3858
홈페이 | www.pulbit.co.kr
전자우편 | pulbitco@hanmail.net

ISBN 978-89-7474-443-4 03900

＊책값은 뒤표지에 표시되어 있습니다.

이 도서의 국립중앙도서관 출판시도서목록(CIP)은
e-CIP 홈페이지(http : //www. nl.go.kr/ecip)에서 이용하실 수 있습니다.
(CIP제어번호 : CIP2010000565)

신라를 뒤흔든 16인의 화랑

이수광 지음

풀빛

삼한통일의 위업을 이룬 화랑

이 책은 신라가 삼국통일을 할 때 간성(干城, 방패와 성이란 뜻으로 믿음
직한 군대나 인물을 이르는 말)으로 활약했던 화랑에 대한 이야기다. 우리
가 기억하는 화랑은 대체로《삼국사기》열전에 등장하는 사다함,
반굴, 관창 등이다. 그렇다면 그 나머지 화랑들은 왜 역사에 기록
되지 않은 것일까. 이는 그 인물들이 화랑을 거쳐 장군이나 재상
이 되어 활약을 했기 때문에 화랑으로서보다 장군이나 재상 등 더
높은 관직으로 그 인물을 기록했기 때문이다. 약 1,300년 전의 일
이니 많은 기록이 유실된 것도 그 원인의 하나다.

역사는 때때로 많은 사실史實을 누락시킨다. 다행히 김대문의
《화랑세기》가 발견되어 1세 풍월주인 위화랑에서부터 32세 풍월
주 신공까지 비교적 상세한 기록을 남기고 있다. 그런데 이《화랑
세기》는《삼국사기》에 기록되지 않은 미실을 비롯해 파격적인 이
야기들을 담고 있어 오늘날까지도 위서 논란이 일고 있는 것이 문

제다. 그럼에도 《화랑세기》를 빼놓고는 화랑을 이야기할 수 없다. 화랑에 대해서는 《화랑세기》 외에 역사서가 현존하지 않기 때문이다.

《화랑세기》는 화랑의 족보이다 보니 화랑들의 전쟁이나 학문에서의 활약상을 세세하게 기록하지 않고 있다. 기록의 대부분이 화랑들과 신라 왕녀나 귀족 여인들과의 혼인, 애정, 성애로 채워져 있어서 잘못 읽으면 음란한 문서를 읽는 기분이 든다. 특히 혈통을 보존하기 위해 그러했겠지만 근친상간을 서슴지 않고 있다. 그러한 까닭에 《화랑세기》가 성적 판타지를 표현한 문학작품같이 느껴질 때도 있다. 그럼에도 불구하고 역사서가 한정되어 있는 신라의 정치, 사회, 성 풍속도를 폭넓게 살필 수 있다.

화랑제도를 공식적으로 설치한 것은 《삼국사기》에 의하면 서기 576년(진흥왕 37)의 일이다. 이 해에 처음으로 원화(源花, 신라 때 사회의 전통적 가치와 질서, 예절을 익히며 무술을 닦은 청소년 단체의 우두머리)를 받들게 해 남모南毛와 준정俊貞이라는 아름다운 두 여자를 뽑아 300여 명의 무리를 거느리게 했다고 한다. 이들 두 여자는 질투 끝에 준정이 남모를 살해해 원화제도가 폐지되고 화랑제도가 설치되기에 이른다. 《삼국사기》의 기록으로는 화랑제도가 설치된 것이 서기 576년이지만 562년 신라 진흥왕 때의 장군 이사부가 대가야를 정벌할 당시 이미 화랑 사다함의 행적이 나오고 있어 실질적으로 진흥왕 이전에 존재했을 가능성이 높다. 다만 화랑은 국가적으로 양성했던 것이 아니라 하나의 민간 조직으로 존재했을 것으로 추정된다. 또한 신라 고대사회의 독특한 기풍, 혹은 종교가 화랑으로 정립되었다고 보는 것이 타당할 것이다.

신라는 오랫동안 씨족사회가 지속되었기 때문에 일족一族을 보호하고 지키려는 기풍을 갖고 있었다. 그런데 이 기풍은 고대 그리스와 같이 남자의 아름다운 육체와 아름다운 정신을 숭상하는 것이었다. 화랑花郎이라는 이름 자체도 꽃처럼 아름다운 남자를 지칭하는 것이다. "귀한 집안의 자제 가운데 아름다운 남자를 뽑아, 곱게 가꾸고 단장시켜, 화랑이라 이름붙였다〔擇貴人子弟之美者, 傅粉粧飾之, 名曰花郎〕."라는 《삼국사기》의 구절에서도 신라는 아름다운 남자를 숭상했다는 사실을 확인할 수 있다. 또한 종교와 밀접한 관련이 있는 것은 국선國仙이니, 풍월주風月主니 하는 용어에서도 드러난다.

> 우리나라에는 현묘玄妙한 도道가 있다. 이를 풍류風流라 하는데 이 도道를 설치한 근원은 《선사仙史》에 자세히 실려 있거니와, 실로 이는 삼교(三敎, 유교·불교·선도)를 포함한 것으로 모든 민중과 접촉해 교화敎化했다.

최치원의 〈난랑비서문鸞郎碑序文〉에 있는 말로 신라는 불교가 받아들여지기 전에 이미 선도(仙道, 도가 사상)를 널리 따르고 믿었던 것으로 보인다. 따라서 국선이니 풍월주니 하는 용어 모두 선도에서 나왔다고 볼 수 있다.

이렇듯이 무리를 지어 심신을 단련하거나 놀이를 즐기던 젊은이들, 즉 낭도郎徒들이 존재했던 것이 확실하다. 다만 화랑이라는 이름 이전에 명칭이 있었을 것으로 추정되나 사적인 것이기에 역사에 기록되지 않았고 진흥왕 때에 이르러서야 그들을 정식으로 화랑이라 부른 것이다.

신라, 부족연맹국가에서 귀족중심국가로

신라는 처음에 6촌이 모여서 부족연맹국가를 형성했다. 신라의 6촌은 알천 양산촌閼川楊山村, 돌산의 고허촌突山高墟村, 자산의 진지촌觜山珍支村, 무산의 대수촌茂山大樹村, 금산의 가리촌金山加利村, 명활산의 고야촌明活山高耶村이었다. 이들은 촌이라고 하지만 씨족사회로 이루어져 부족을 형성했다. 이들이 박혁거세를 부족연맹의 대표로 세워 나라를 건국하였는데 그 나라가 바로 신라이다.

신라는 기원 32년(유리이사금 9)에 6촌을 6부로 개칭했다. 알천 양산촌은 양부로, 돌산 고허촌은 사량부로, 자산 진지촌은 본피부로, 무산 대수촌은 모량부로, 금산 가리촌은 한기부로, 명활산 고야촌은 습비부로 바뀌었다.

사로국으로 출발한 신라가 주변의 여러 나라를 정복하고 합병하면서 그 지배층을 서라벌로 이주시켜 신라의 지배 집단인 6부에 소속시켰다. 이 과정에서, 즉 정복한 주변국의 지배층을 신라의 지배 집단에 포용하면서 지배 집단 안에서의 등급과 서열을 정하기 위해 신분이 필요하게 되었다. 이에 신분을 정한 것이 골품제도였다.

골품제도는 왕이 될 수 있는 신분을 골족으로 불러 성골聖骨과 진골眞骨로 구분했고 두품은 6두품에서 1두품까지 존재했는데

6~4두품까지가 귀족이었다. 이중에 6두품은 두품 가운데 가장 높은 지위였지만 17관등 가운데 6관등인 아찬까지만 올라갈 수 있어서 고위직에 진출하기가 어려워 득난(得難)이라고 불렀다. 3두품에서 1두품까지는 기록이 남아 있지 않은 것으로 보아, 율령(律令, 형법과 행정법을 뜻하며 서기 520년 법흥왕 재위 시 국가의 틀을 갖추기 위해 반포됨)을 반포할 때 평민을 3등분했으나 불필요하게 되자 자연적으로 소멸된 것으로 추정된다.

성골은 골족 가운데서도 왕이 될 수 있는 가장 높은 신분이었다. 진골 역시 왕족으로서 신라를 지배하는 귀족의 핵심 계층이었다. 성골과 진골은 본래 같은 왕족의 범주에 속해 있다가 진흥왕의 장자인 동륜태자 계열의 후손들이 왕위를 차지하면서 불교의 전륜성왕(轉輪聖王) 설화를 끌어들여 자신들의 혈통을 다른 왕족과 구별하고 신성시한 데서 '성골'이 비롯되었다고 보는 것이 일반적이다. 또한 '성골 중에 남자가 없다'라는 이유로 덕만공주가 왕위에 오른 데서 성골의 차별성을 엿볼 수 있다.

《화랑세기》에는 대원신통과 진골정통이라는 말이 나오는데 이는 왕의 부인들을 배출하는 계통, 즉 인통을 의미한다.

인통은 어머니에서 딸로 그 계통이 전해지며 아들은 그 자신에 한해서 어머니의 통을 물려받는다. 따라서 자식들은 아버지의 인통과 상관없이 어머니의 인통을 물려받았다. 예를 들면 진골정통인 세종과 대원신통인 미실 사이에서 태어난 아들 하종은 이머니의 통을 이어받아 대원신통이었다. 보통 대원신통은 법흥왕의 후궁 옥진궁주 김씨(미실의 외할머니)의 계통을, 진골정통은 법흥왕과 보도부인 사이에서 태어난 딸, 지소태후 김씨의 계통을 말하는데 이 두 계통은 서로 대립했던 것으로 추정된다.

신라의 왕권강화기구, 화랑의 창설

서기 500년경 고구려는 이미 장수왕 시절 평양으로 천도해 백제와 신라를 위협하고 있었고, 백제 또한 웅진 천도 이후 다시 힘을 길러 무령왕이 한강 유역을 공략하는 등 한반도의 정세가 긴박하게 움직이고 있었다. 신라는 부족연맹국가로서 고구려와 백제 사이에서 살아남기 위해 강력한 중앙집권국가를 구축해야만 했다. 그러나 여전히 귀족 출신으로 구성된 화백회의가 국가의 중요한 정책을 결정하고 있어 강력한 왕권을 행사하는 것이 불가능했다. 따라서 국왕에게 절대적으로 충성을 바치는 집단이 필요했다. 이것이 바로 화랑제도가 창설되는 배경이다.

어진 재상과 충성스러운 신하가 이에서 나왔고, 훌륭한 장수와 용감한 병사가 이에서 생겼다〔賢佐忠臣 從此而秀, 良將勇卒 由是而生〕.

《화랑세기》의 기록에서 살필 수 있듯이 화랑은 신라의 인재양성소라고 할 수 있다.

《화랑세기》에 의하면 화랑의 조직 중 가장 우두머리는 풍월주, 그 밑에 부제를 두고 있다. 부제 아래는 진골화랑, 귀방화랑, 별방화랑, 별문화랑이 있고 그 아래에 전방대화랑, 좌대화랑, 우대화랑 등 30~40명의 화랑이 조직을 이루고 있었던 것으로 추정된다.

화랑 밑에는 낭두, 낭두 밑에는 낭도들이 있었다. 풍월주는 이들을 총괄하는 우두머리였고 화랑이나 낭도는 풍월주를 받들면서 자신을 신臣이라고 부를 정도로 충성을 바쳤기 때문에 풍월주는 절대적인 지위를 갖고 있었다.

《화랑세기》에 등장하는 풍월주는 32명이지만 이들 중 가장 활동이 왕성하고 중요한 역할을 했던 풍월주 14명과 비담과 관창까지 모두 16명의 화랑을 선정해 독자들이 화랑에 대해 읽기 쉽게 소설처럼 구성했다. 독자들은 이 책을 읽음으로써 화랑과 신라 천년의 숨결을 좀 더 가까이 느끼게 될 것이다.

2010년 3월

이수광

차례

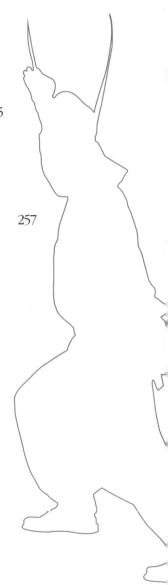

신라 풍월주시대의 왕위 계승도(재위 기간)

23대 법흥왕(法興王, 514~540년)

24대 진흥왕(眞興王, 540~576년)

25대 진지왕(眞智王, 576~579년)

26대 진평왕(眞平王, 579~632년)

27대 선덕여왕(善德女王, 632~647년)

28대 진덕여왕(眞德女王, 647~654년)

29대 태종무열왕(太宗武烈王, 654~661년)

30대 문무왕(文武王, 661~681년)

역대 풍월주(1~32세, 540~681년)

1세 위화랑魏花郎

2세 미진부공未珍夫公

3세 모랑毛郎

4세 이화랑二花郎

5세 사다함斯多含

6세 세종世宗

7세 설화랑薛花郎

8세 문노文努

9세 비보랑秘宝郎

10세 미생랑美生郎

11세 하종夏宗

진골정통 계보도

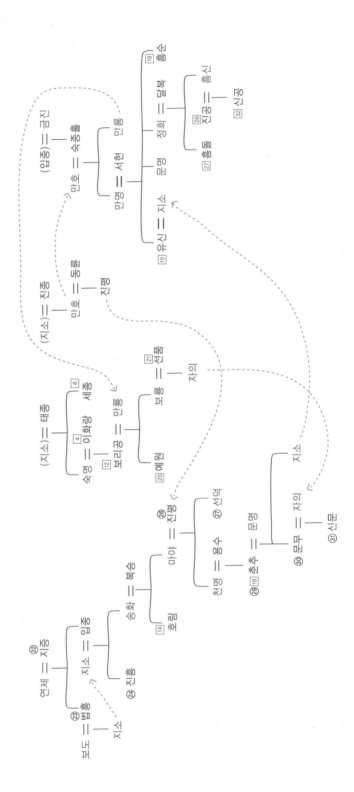

대원신통 계보도

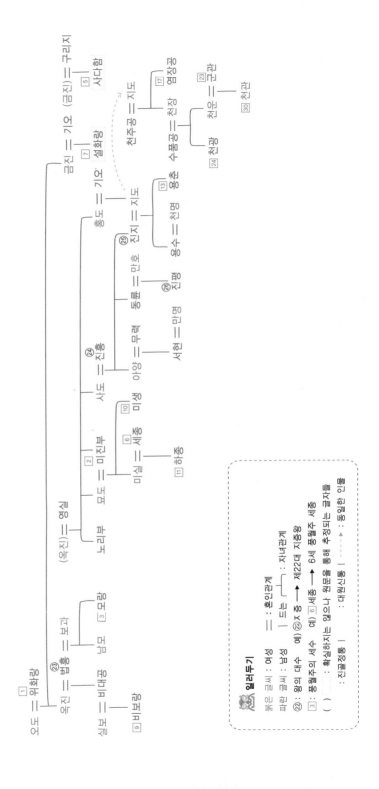

일러두기

붉은 글씨 : 여성　　　　═ : 혼인관계
파란 글씨 : 남성　　　　┌─ ─┐ : 자녀관계
　　　　　┆ ┆
㉒ : 왕의 대수　　　예) ㉒조층 ──→ 제22대 지증왕
3 : 통월주의 세수　예) 6세종 ──→ 6세 통월주 세종
( ) : 확실하지는 않으나 원문을 통해 추정되는 금자들
　　：진골정통┆　　---▶ ：통일한 인물
　　：대원신통┆

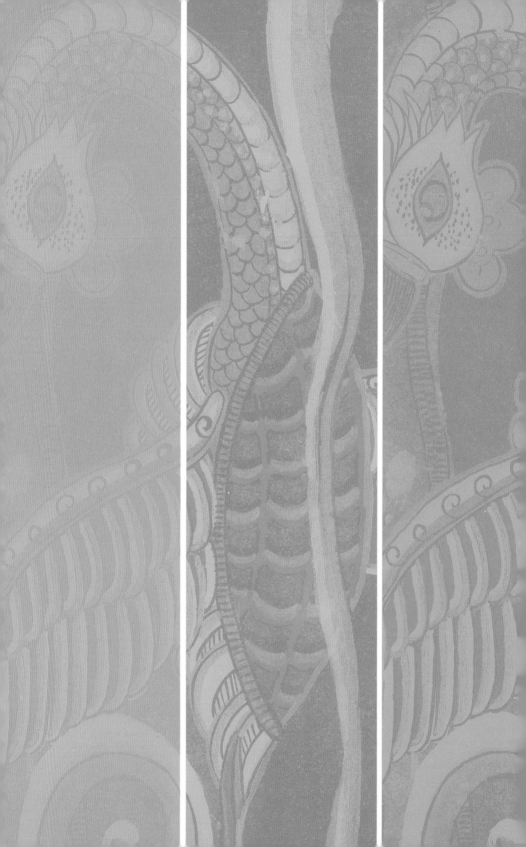

신라를
뒤흔든
16인의
화랑

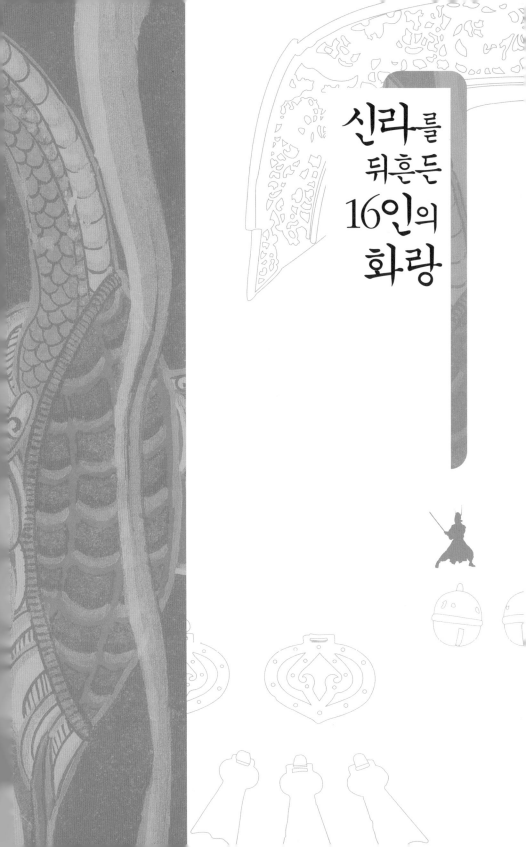

1

신라 화랑의 상징

위화랑

찬하여 이른다. 화랑의 시조요, 사문의 아버지라네.
살아서는 신선이었고 죽어서는 부처였으니 공덕에 흠결 하나 없어라.

바람이 일고 있는 것일까. 문을 열어놓지 않았는데도 등불이 일
렁거렸다. 사내는 책을 읽다 말고 고개를 들어 무연히 허공을 응
시했다. 스산한 바람소리가 들린다. 뒤켠의 잡목숲을 바람이 흔들
고 지나가면서 우수수 낙엽이 떨어진다. 서라벌 남산에 있는 아담
한 정자다. 울타리도 없는 집에는 달빛이 가득하고 가만히 귀를
기울이면 골짜기를 흘러내리는 물소리가 들린다. 그 물소리 사이
로 풀벌레 울음소리가 귓전을 소연하게 한다.

가을이 깊어가면서 밤이 더욱 길어졌다. 사내는 다시 책으로
시선을 떨어트렸다. 《춘추좌전》을 읽노라니 중국의 역사가 한눈
에 들어오는 듯했다. 《춘추좌전》은 중국의 동주東周시대를 다룬
책이다. 제나라의 재상인 관중이 제환공(제나라의 제16대 군주, 재위 기원
전 686~643년)을 도와 패업을 이룬 일부터 부침하는 열국과 영웅호

걸의 흥망성쇠가 도도하게 펼쳐지고 있다. 특히 오월동주(吳越同舟, 중국 춘추전국시대에 서로 적대 관계인 오나라 왕과 월나라 왕이 한배를 타고가다 풍랑을 만나 서로 단합할 수밖에 없는 상황에 처하게 된 데서 유래한 말)나 와신상담(臥薪嘗膽, 원수를 갚기 위해 땔나무 위에서 자고 쓴 쓸개를 맛보았다는 고사에서 나온 말로 마음먹은 일을 이루기 위해 온갖 어려움과 괴로움을 참고 견딤을 비유한 말)으로 널리 알려진, 오나라와 월나라가 결전을 벌이는 대목을 읽노라면 가슴이 터질 것 같았다.

'현자는 역사에서 배운다.'

사내는 《춘추좌전》을 몇 번이나 되풀이해 읽고 있다. 그때 밖이 소란스러워지더니 종자(從者, 남에게 종속되어 따라다니는 사람)가 아시공(阿時公, 지증왕의 책사)이 왔다고 아뢰었다.

'아시공이 무슨 일이지?'

사내는 의아하게 생각하면서 자리에서 일어나 문밖으로 나갔다. 때는 신라 제21대 소지왕(炤知王, 재위 479~500년) 재위 기간으로 그가 늙고 병들어 다음 왕에 대해서 귀족들이 촉각을 곤두세우고 있었다. 어쩌면 아시공도 그 때문에 온 것이 아닐까. 아시공은 나이든 지대로(지증왕의 이름)의 아들 원종(原宗, 훗날의 법흥왕)을 임금의 재목으로 지목하고 있었다. 그는 서라벌의 정세를 훤히 꿰뚫어보고 있었다.

사내가 마당으로 나오자 아시공은 종자 하나만을 데리고 마당에 오도카니 서 있었다.

"공께서 이 밤중에 어인 일이십니까?"

사내가 공손하게 허리를 숙였다. 아시공은 그 말에는 대답을 하지 않고 사내를 물처럼 깊은 눈빛으로 살폈다. 건장한 체격에 단정한 얼굴, 그리고 깊고 우묵한 눈이 신비스럽게 반짝이고 있었다. 서라벌의 많은 귀족들이 사내에게 선도와 학문을 배웠고 그를 따르는 무리들이 많았다. 임금인 소지왕조차 그를 가까이 두고 총애하고 있었다. 아시공이 어리석은 사람이라면 사내를 제거하는 계책을 세웠을 것이다. 그러나 그는 제거하는 대신 포섭하는 것으로 책략을 세웠다.

'서라벌의 현자라는 말이 틀리지 않은 것 같구나.'

아시공은 새삼스럽게 사내의 얼굴을 살피다가 정중하게 허리를 숙였다.

"가을이고 달이 밝아서 공과 술이나 마시려고 왔습니다. 혹시 폐가 되지는 않겠는지요?"

"당치 않은 말씀입니다. 어찌 폐라고 하십니까?"

사내는 아시공을 방으로 안내했다. 아시공이 거느리고 온 종자에게 지시해 간단한 안주와 술을 차리게 했다. 사내는 보고 있던 책을 치웠다. 아시공은 사내의 방에 가득 쌓여 있는 책을 보고 그의 지혜가 모두 책에서 나온다는 사실을 깨달았다.

"국화주입니다."

아시공이 술을 따르고 사내에게 권했다.

"가을에 국화주라… 이 사람에게 신선이 되라는 말씀입니까?"

사내가 유쾌하게 웃음을 터트리고 술을 마셨다. 국화주를 하루도 빠지지 않고 마시면 신선이 된다는 말을 빗댄 것이다.

"위화공魏花公께서는 만권의 책을 읽었다고 하시는데 사실인 것 같습니다."

"선도를 수업하느라고 조금 읽었을 뿐입니다. 만권을 읽었다는 것은 당치 않은 낭설입니다."

사내, 위화랑이 낮게 말했다.

"무예 또한 적수가 없다는 이야기를 들었습니다."

"과찬의 말씀입니다. 모두가 헛소문일 뿐입니다."

"술맛이 어떻습니까?"

"천하에 짝을 찾기 어려운 술입니다. 군자가 마시는 술이라 향기가 더욱 좋습니다."

"원종을 지도해 주십시오. 국화주가 떨어지지 않도록 하겠습니다."

아시공이 눈을 빛내면서 말했다. 국화주가 떨어지지 않게 하겠다는 말은 재물이 떨어지지 않게 한다는 말이다. 아시공은 내물왕의 손자인 지대로(智大路, 훗날의 지증왕)의 책사 노릇을 하고 있다. 지대로의 아들 원종은 이미 소지왕의 총애를 받아 국공國公의 지위에 있었다. 위화랑은 선뜻 대답을 하지 않았다. 아시공도 더는 입에 올리지 않고 술만 마시고 돌아갔다. 며칠 후 아시공은 다시 위화랑의 정자를 찾아와서 술을 마시고 돌아갔다. 그렇게 세 번을 왕래하는 동안 국공을 가르쳐 달라는 말을 다시 꺼내지 않았고 긴박한 정치상황을 거론하지도 않았다.

"참으로 무서운 인물이다. 원종을 성군으로 만들려고 하는구나."

위화랑은 아시공에게 탄복했다. 아시공은 심지가 깊은 인물로 지대로의 아들 원종과는 사촌지간이었다.

하루는 위화랑이 왕궁에서 정무를 보고 나오다가 아시공과 국공 원종을 함께 마주쳤다. 원종이 국공의 지위에 있었기 때문에 위화랑이 예를 올리려고 하자 아시공이 원종을 향해 위화랑에게 절을 하라고 눈짓했다. 원종은 까닭을 알지 못했으나 위화랑에게 공손하게 절을 했다.

"아버님, 국공이 저에게 절을 했는데 무슨 까닭입니까?"

위화랑이 그의 아버지 섬신공劍臣公에게 물었다.

"국공이 분명히 윗사람인데 너에게 절을 한 것이 무슨 뜻인지 모른다는 말이냐?"

"국공이 현자를 구하는 것이 아닌가 합니다."

"맞다. 왕은 늙었고 국공은 야망을 갖고 있다. 너는 이제 국공을 섬기도록 하라."

"국공을 섬기지 않으면 어떻게 됩니까?"

"너는 죽을 것이다."

섬신공의 말에 위화랑은 고개를 끄덕이고 원종의 책사가 되었다. 위화랑이 원종을 도우려는 것은 그가 인품과 도량에서 왕의 재목이라 여겼기 때문이었다. 위화랑은 그뿐 아니라 소지왕의 부인이었던 자신의 누이 벽화부인碧花夫人을 원종에게 천거했다.

벽화부인은 날이군(捺已郡, 영주) 출신이었다. 아버지는 파로라는 인물이었는데 섬신공의 아내 벽아부인이 파로란 인물의 뛰어남에 반해 정을 통했다. 이렇게 해서 낳은 딸 벽화는 어릴 때부터 경국지색의 미인이라는 말을 들었다.

소지왕이 날이군에 행차했을 때 벽화의 아버지 파로가 딸을 수를 놓은 비단 옷을 입혀서 소지왕에게 보냈다. 소지왕은 그 눈부신 미모에 감탄했으나 평민의 딸이라는 점이 마음에 걸려 그냥 파로에게 돌려보내고 환궁했다. 그러나 그녀의 아름다운 모습을 잊을 수 없어서 평민으로 위장을 하고 날이군에 가서 벽화와 동침했다. 그날 이후 소지왕은 걸핏하면 날이군에 행차해 벽화와 함께 지냈다. 소문이 파다하게 나돌자 소지왕은 벽화를 왕궁으로 불러들였다. 위화랑은 그의 누이 벽화부인이 소지왕의 총애를 받게 되어 서라벌에 와서 살게 된 것이다.

"지대로는 늙었으니 왕위를 물려주어도 오래가지 못한다. 너는 미리 원종과 동침을 해 그가 왕이 되었을 때 다시 부인이 되어라."

위화랑은 벽화부인에게 원종을 받들게 했다. 벽화부인도 늙은 소지왕보다는 원종이 훨씬 좋았다. 아시공과 위화랑이 치밀하게 책략을 세워 소지왕의 8촌 동생인 지대로를 태자에 세우고 소지왕이 죽자 그를 지증왕智證王에 추대했다. 소지왕이 지대로를 태자로 세우는 것을 허락한 것은 자신의 두 딸이 모두 지대로의 아들 원종에게 시집을 갔기 때문이다. 늙은 지증왕이 죽으면 원종이 보위에 오를 것이고 딸들은 왕비가 되는 것이다.

"공은 나의 등통이다."

원종은 위화랑의 책략으로 태자가 되자 기뻐하면서 말했다. 등통은 한나라 문제의 총애를 받은 신하다. 게다가 신라 제일의 미인인 소지왕의 부인 벽화부인까지 얻었으니 더 바랄 것이 없었다. 원종은 벽화부인뿐 아니라 소지왕의 딸 보도공주保道公主와 보도공주의 동생 오도공주吾道公主를 부인으로 거느리고 있었다.

하루는 위화랑이 궁중에서 벌어진 연회에서 술을 마시다가 취기를 깨기 위해 궁중의 후원을 걷는데 어디선가 아름다운 옥적(玉笛, 옥으로 만든 피리) 소리가 희미하게 들려왔다. 시간이 얼마나 된 것일까. 중천에 휘영청 밝은 달이 높이 떠올라 있었고 신비스러운 월광이 사방에 가득했다. 그 소리는 마치 찬물 속의 한줄기 햇살인 듯 청아하면서도 애절했다. 위화랑은 무엇에 홀린 듯이 소리를 따라 걸었다. 사위는 괴괴할 정도로 적막했다. 하늘에는 희디흰 월광이 난무하고 바람은 나뭇가지 끝에서 살랑거리고 있었다.

'누가 옥적을 불고 있는 것일까?'

위화랑은 청아한 옥적소리에 귀를 기울였다. 그 소리는 후원의 안쪽 깊숙한 곳에서 들리고 있었다. 위화랑은 풀숲을 헤치고 정신없이 걷기 시작했다. 그때 옥적소리가 뚝 끊겼다. 사방을 둘러보았으나 어디에서 옥적을 부는지 알 수 없었다. 다만 옥적의 희미한 여음만이 방울소리처럼 귓전에서 찰랑거리고 있었다.

위화랑은 달빛이 하얗게 깔린 대나무 숲의 안쪽을 향해 걸었다. 대나무 숲에 연못이 있고 연못에 있는 정자에서 백의를 입은 여인이 단정하게 앉아 있었다.

'오도공주구나.'

위화랑은 방망이질을 하듯이 가슴이 뛰었다. 오도공주가 다시 옥적을 불기 시작했다. 그 소리는 천상에서 들려오는 소리처럼 오묘하면서도 신비했다. 위화랑은 자신도 모르게 오도공주를 향해 다가갔다. 풀숲을 차는 발자국소리를 들은 오도공주가 옥적을 입에서 떼고 위화랑을 돌아보았다.

"부질없이 옥적을 불어 공의 심사를 어지럽힌 모양이군요."

오도공주가 정자에서 일어나 위화랑을 향해 맑게 웃었다.

"아닙니다. 공주님의 옥적소리가 어찌나 영롱하고 아름다운지 천상의 소리를 듣는 것 같았습니다."

위화랑은 가슴이 떨리는 것을 느끼면서 말했다. 희디흰 달빛에 비친 오도공주의 모습은 너무나 아름다웠다.

"호호…! 위화랑께서 그렇게 말씀을 해주시니 지난 10년 동안 피리를 불어온 것이 헛되지 않은 모양이에요. 비가 내린 탓에 바람이 차기는 하지만 잠시 앉으시지요."

오도공주가 정자의 난간을 가리켰다. 위화랑은 망설이지 않고 오도공주 옆에 앉았다. 오도공주가 다시 옥적을 불기 시작했다. 바람이 일 때마다 연못에는 잔물결이 일어나고 잔물결 위로 달빛이 하얗게 부서지고 있었다.

복숭아나무에 꽃이 피니
그 아름다운 빛이 아지랑이처럼 가물거리네
바로 눈앞에서 하늘거리는데 꺾지 못하니
아아 철석같은 간장이 타는도다

위화랑이 맑은 목소리로 노래를 불렀다. 아름다운 여인이 눈앞에 있는데 품을 수 없다는 사랑의 고백이다.

복숭아나무의 아름다운 꽃
이제 꺾지 않으면 저 혼자 시들어버리겠지

가는 봄을 어찌 막을 수 있겠는가
행여 봄도 가기 전에 꽃이 지려고 하네

오도공주가 얼굴을 붉히면서 고운 목소리로 노래를 불렀다. 위화랑이 품어주지 않으면 혼자서 시들 것이라는 뜻이다. 마음이 통한 두 사람은 그날 밤 대나무 숲에서 은밀한 사랑을 나누었다. 그녀가 태자의 여자라는 사실도 아랑곳하지 않았다. 그들은 운명처럼 사랑에 빠져 들어 옥진궁주玉珍宮主를 낳았다.

"그대가 감히 나의 여자와 사통하는가?"

원종이 이를 알고 대노해 오도공주를 아시공에게 하사하고 벽화부인을 비량공比梁公에게 하사했다.

위화랑은 왕궁에서 추방되었다. 오도공주에게 배신감을 느낀 원종은 다시 보도공주를 가까이 했다. 보도공주는 자신이 어려울 때 도와 준 위화랑을 잊지 않았기 때문에 지증왕에게 청해 위화랑을 천주사에 거처하게 하면서 제사를 주관하게 했다. 이 시기가 위화랑은 실의의 나날이었다.

'아아, 공주님은 어찌 되었을까?'

위화랑은 오도공주를 잊을 수 없었다. 그러나 서라벌에서 추방을 당했으니 돌아갈 수 없는 일이었다. 그는 천주사에서 많은 책을 섭렵하고 무예를 연마했다.

위화랑과 오도공주 사이에서 낳은 딸 옥진궁주는 자라면서 점점 미인이 되어 갔다.

지증왕이 죽자 태자인 원종이 신라의 왕으로 즉위해 법흥왕(法興

王, 재위 514~540년)이 되었다.

옥진궁주의 미모가 꽃처럼 피어나자 법흥왕이 취해 부인으로 삼았다. 옥진궁주가 법흥왕의 총애를 받으면서 그녀의 아버지 위화랑은 다시 서라벌로 돌아와 왕궁을 출입하게 되었다.

화랑 창설의 계기가 된 남쪽 순행길

법흥왕은 병부兵部를 설치하고 주군현을 군주軍主가 다스리게 했다. 신라가 각 고을의 우두머리를 군주라고 부르는 것은 군사 위주의 행정을 했기 때문이었다.

신라의 남쪽에는 여러 나라가 있었는데, 가야를 비롯해 이름 없는 성읍 국가들이 부침을 거듭했다. 이들은 필요에 따라 이합집산을 거듭하면서 신라와 긴밀한 관계를 맺고 있었다.

서기 521년, 법흥왕 9년 3월. 가야국왕이 사신을 보내 혼인을 청했다. 이찬 비조부의 누이를 보냈다.

신라와 가야는 서로 혼인을 맺기까지 하면서 관계를 유지했던 것이다. 이로부터 3년 후 법흥왕은 남쪽 지방을 순행하기 시작한다. 그때의 기록이 《삼국사기》에 있다.

서기 524년, 법흥왕 11년 9월. 왕은 친히 남쪽 국경을 순행해서 영토와 국경을 개척하는 데 가야국왕이 찾아와서 만났다.

위화랑은 법흥왕을 따라나섰다. 추색이 완연한 가을이었다. 서라벌은 이미 단풍이 짙고 서리가 내리기 시작했는데 남쪽으로 내려갈수록 들판이 황금빛으로 가득하고 산들이 타는 듯이 붉었다. 지증왕이 국호를 신라로 정하고 지방에 주군현州郡縣제를 실시한 이후 처음으로 법흥왕이 순행하는 것이었다. 법흥왕의 남쪽 순행은 백제와 연합하려는 가야를 압박하는 데 목적이 있었다. 또한 국경이 뚜렷하지 않아 속국인 가야와의 경계도 확실히 해둘 필요가 있었다. 그러나 곳곳에서 크고 작은 충돌이 일어났다. 법흥왕의 순행 행렬에 남쪽 지방의 성읍 국가들이 경계를 하면서 공격을 해왔다. 위화랑은 법흥왕을 수행하면서 병사들을 지휘했다. 그러나 병사들은 날래고 용맹스럽지 못했다. 성읍에서 공격을 하면 우르르 도망을 가거나 위화랑의 명령도 잘 듣지 않고 우왕좌왕했다. 그나마 용맹하게 싸우는 것은 화랑이라는 젊은 낭도들의 무리였다.

'화랑이 사조직이기는 하지만 가장 용감하구나.'

위화랑은 남쪽을 순행하면서 그 사실을 절실하게 깨달았다. 화랑은 사병들의 집단이지만 훈련이 잘 되어 있었다. 그들을 국가에서 지원만 하면

울진 신라봉평비
법흥왕이 남쪽으로 순행하던 시기인 524년에 세워진 비석. 비문 내용 가운데 '신라육부新羅六部'라는 구절이 있어 이 비가 건립되기 이전에 이미 6부(신라의 국가 체계)가 성립되어 있었음을 확인할 수 있다. 국보 제242호. 경북 울진군 죽변면 소재.

용맹한 전사들로 다시 태어날 것이다. 그러기 위해서는 소년 때부터 철저한 훈련을 받아야 하고 지도력을 갖추어야 했다.

'고구려의 특수 무예 단체인 조의선인과 같은 낭도로 육성해야 돼.'

위화랑은 신라의 병사들이 강해지기 위해서는 훌륭한 청년 장교들이 배출되어야 한다고 생각했다. 그러나 누구에게도 발설할 수 없었다. 법흥왕의 순행 행렬은 여러 차례의 전투를 거친 끝에 가야국 접경에 이르렀다. 법흥왕이 남쪽을 순행하는 것을 안 가야국 왕이 직접 접경으로 와서 그들을 맞았다. 가야국왕은 이찬(伊飡, 신라의 17관등 중 2위 관직) 비조부의 누이와 혼인을 했기 때문에 신라와 전쟁을 하지 않았다. 양국의 임금들이 예의를 갖추어 인사를 나눈 뒤에 서로 국경을 정하고 잔치를 벌인 후 서라벌로 돌아왔다.

법흥왕은 왕위에 오른 뒤에 다양한 부족이 뒤섞여 있는 신라를 불교를 통해 하나로 묶으려고 했다. 그러나 신라는 나을신궁奈乙神宮에 제사를 지내는 등 토속적인 신앙을 갖고 있었다. 나을은 시조 박혁거세가 태어난 곳이라 그곳에 신궁을 건축하고 해마다 제사를 지냈기 때문에 법흥왕이 불교를 받아들이려고 하자 반대가 심했다.

신라에 불교가 처음 들어온 것은 제19대 눌지왕 때(재위 417~458년)였다. 사문(沙門, 승려) 묵호자(墨胡子, 5세기경 신라에 불교를 처음으로 전했다는 고승)가 고구려에서부터 신라로 넘어와 선산군에 이르렀다. 모례라는 신라인이 그를 동굴에 머물게 하면서 받들었다. 그 무렵 중국 양나라에서 의복과 향을 보내왔는데 신라인들을 그 이름을 알지 못했다.

"이것을 태우면 향기가 아름답고 정성을 드리면 신성神聖에 이를 수 있다. 신성은 삼보三寶라고 하니 첫째는 부처고 둘째가 불법佛法, 셋째는 승려다. 이것을 태우면서 기도를 드리면 신령이 들어 줄 것이다."

묵호자가 향을 알아보고 말했다. 신라인들에게 불교라는 말이 처음으로 알려진 것이다. 묵호자가 불교를 전파한 이후 불교를 믿는 사람들이 많아지자 법흥왕도 관심을 갖고 불교를 공인하려고 했는데 귀족들이 반대한 것이다. 이때 이차돈異次頓이 스스로 순교를 하겠다고 자청해 서라벌에서 형이 집행되게 되었다.

"내가 불교를 세우려는 것은 이를 통해 왕권을 강화하기 위해서다."

법흥왕이 위화랑에게 말했다. 위화랑도 이차돈과 많은 이야기를 나누었기 때문에 신라의 전통적인 종교인 선도도 중요하지만 불교를 중심으로 국민들을 하나로 묶는 것이 필요하다고 생각했다.

위화랑은 이차돈이 스스로를 처형시켜 달라고 하자 이해할 수가 없어 생각에 잠긴 채 뜰을 거닐고 있었다.

기이한 일이었다. 죄수는 스스로 처형되기를 원했고 법흥왕은 처형하지 않으려고 했다.

"스스로 죽겠다고 하는 죄수는 처음 보았어요. 죄수가 정말 죽음을 원했나요?"

그윽한 꽃향기가 풍기면서 준실부인俊室夫人이 위화랑의 옆으로 다가왔다. 준실부인은 신라 제20대 자비왕의 외손녀로 자색이 아름답고 문장을 잘하는 것으로 유명했다.

"그렇소. 죄수가 스스로 죽음을 청했다오."

위화랑의 눈빛이 가늘게 떨렸다. 준실부인을 볼 때마다 법흥왕法興王의 얼굴이 떠올랐다. 준실부인은 법흥왕의 후궁이었으나 아들을 낳지 못해 소박을 맞았다. 서라벌 북쪽의 냇가에서 죽림정사를 짓고 쓸쓸하게 살 때 위화랑이 구애해 부인으로 맞이했다.

"죄수는 사인(舍人, 하급관리)이라면서요?"

"그렇소. 성은 박씨고 이름은 이차돈異次頓이라고 하오."

"이차돈은 어찌 스스로 죽기를 원합니까?"

준실부인의 말에 위화랑이 낮게 한숨을 내쉬었다. 그녀의 말에 선뜻 대답을 할 수 없었다. 법흥왕이나 이차돈은 불력佛力으로 백성들의 마음을 한곳으로 모으려고 했고 위화랑은 군사를 훈련하여 외적을 막으려고 했다. 북쪽에서는 고구려가 호시탐탐 신라를 노리고 있고 서쪽에는 백제, 남쪽에는 바다 건너 왜구가 쳐들어와 노략질을 일삼고 있었다.

"나라를 다스리는 데 어찌 먼 천축에서 온 신을 섬긴다는 말씀입니까? 시조 박혁거세를 섬기고 하늘에 제사를 지내는 것이 대의大義입니다."

조정 대신들이 일제히 반대했다. 특히 알공謁恭과 공목工目이 여러 신하들을 조정해 필사적으로 반대했다.

이차돈은 습보習寶 갈문왕(葛文王, 신라의 추존왕)의 손자로 그의 아버지는 길승吉升이었다. 이차돈은 어릴 때부터 총명해 죽백(竹柏, 대나무와 잣나무같이 곧은 품성을 이르는 말) 같은 자질에 수경(水鏡, 물과 거울처럼 맑고 깨끗한 심성을 이르는 말) 같은 뜻을 품어 조아(爪牙, 임금의 총애를 받는 신하)의 물망에 올라 있었다.

그가 22세 때 불교를 널리 전파하려는 법흥왕의 뜻을 알고 말했다.

"나라를 위해 죽는 것은 신하의 크게 빛나는 절개요, 임금을 위해 목숨을 바치는 것은 백성의 곧은 의리입니다. 말을 잘못 전한 죄로 신에게 죄를 주어 목을 베면 만백성이 모두 복종해 감히 임금의 뜻을 거스르지 못할 것입니다."

"살을 베어 저울에 달아 새 한 마리를 살리려고 했고 피를 뿌려 생명을 끊어 일곱 짐승을 불쌍히 여겼다. 과인의 뜻이 사람을 이롭게 하려는 것인데 어찌 죄 없는 자를 죽이겠는가? 너는 비록 공덕을 쌓으려고 하지만 죄를 피하는 것만 못하다."

"일체 버리기 어려운 사람의 목숨이나 신이 저녁에 죽으면 아침에 불교가 행해질 것이고 불일(佛日)이 다시 중천에 뜨고 임금께서 깊이 편안할 것입니다."

이차돈의 말에 법흥왕은 감동했다.

"난봉(鸞鳳, 중국 전설에 나오는 상상의 새인 난조와 봉황)의 새끼는 어려서 하늘 높은 곳에 마음을 두고 홍곡(鴻鵠, 큰 기러기와 고니)의 새끼는 나면서부터 파도를 탈 형세

이차돈 순교비
527년(법흥왕 14)에 불교를 제창하다 순교한 이차돈을 기리기 위해 만든 순교비. 비의 몸체 하단에는 땅을 상징하는 물결무늬가 있고 그 위에 관을 쓴 이차돈의 머리가 떨어져 있다. 국립경주박물관 소장.

를 품는다 하는데 네가 그와 같으니 과연 큰 선비와 같다."

이렇게 해 이차돈이 처형을 당하게 된 것이다.

"여러 대신들의 의견이 강경해 이를 꺾지 못하겠다. 너만이 혼자 견해가 다른 말을 하고 있으니 목을 벨 것이다."

법흥왕이 이차돈에게 말했다.

"나는 불법佛法을 위해 형벌을 받는다. 만일 부처의 영험이 있다면 내가 죽고 나서 반드시 기이한 일이 있을 것이다."

이차돈은 스스로에게 다짐했다. 법흥왕은 즉시 이차돈의 목을 베라는 영을 내렸다.

이차돈의 목을 베자 피가 솟아 나왔는데 그 색깔이 젖빛처럼 희었다. 사람들이 이를 괴이하게 여겨 다시는 불사를 비방하거나 헐뜯지 못했다.

《삼국사기》의 기록이다. 《삼국유사》의 기록은 좀 더 극적이다.

목을 베자 흰 젖이 1장이나 솟구치고 갑자기 하늘이 캄캄해지면서 석양이 빛을 잃고 땅이 진동하고 꽃비가 펄펄 떨어졌다. 임금은 슬퍼서 눈물이 용포를 적시고 재상도 근심하고 슬퍼하여 땀이 조관을 적셨다. 물맛이 좋은 샘이 갑자기 말라 물고기가 다투어 뛰어오르고 곧은 나무가 먼저 부러지니 원숭이들이 떼를 지어 울었다. 태사궁에서 함께 벼슬하던 동료들은 서로 바라보며 피눈물을 흘렸다.

이차돈이 순교하는 것을 보고 신라의 귀족들은 더 이상 불교를 반대하지 못했다. 법흥왕은 불교의 전파를 허락하고 살생을 금하라는 영을 내렸다. 이로 인해 불교가 순식간에 신라에 널리 전파되었다. 특히 법흥왕은 불교에 매료되어 말년에는 스스로 승려가 되어 불교를 전파하고 많은 절을 지었다. 고구려와 백제와의 전쟁에 시달리던 신라인들은 불교를 통해 위안을 받고 정신적 통일의 기틀을 마련했다.

삼한통일의 초석, 화랑의 창설

법흥왕이 죽자 그의 아우 갈문왕 입종의 아들 삼맥종(三麥宗, 또는

화랑도복
신라시대에 옷 색깔은 신분을 나타내는 하나의 증표였는데, 화랑도복의 색이 자색인 것으로 보아 신라의 17관등 가운데 최상위인 1등급부터 5등급 관직에 진출이 가능했다는 것을 알 수 있다. 전쟁기념관 소장.

심맥부深麥夫라고도 함)이 왕위에 올라 진흥왕(재위 540~576년)이 되었다. 어머니는 법흥왕의 딸 지소태후로, 삼맥종이 7세의 어린나이로 즉위했기 때문에 왕태후가 섭정이 되어 나라를 다스렸다.

"공은 지혜로운 분이니 내 아들을 도와주시오. 공 덕분에 내 아들이 왕이 되었으나 이제 겨우 일곱 살이오."

하루는 지소태후가 위화랑을 은밀하게 불러 술을 대접하면서 말했다.

"신이 어찌 태후마마의 영을 저버릴 수 있겠습니까?"

위화랑이 머리를 조아려 대답했다.

"일곱 살짜리가 왕이 되었으니 많은 귀족들이 왕위를 찬탈하려고 할 것이오. 어찌해야 왕위를 지킬 수 있겠소?"

"왕은 신과 같은 존재입니다. 누가 감히 왕위를 찬탈하려고 하겠습니까? 신이 전쟁에 여러 차례 출전했는데 왕에게 진실로 충성을 바치는 집단이 있어야 합니다."

"군대를 말하는 것이오?"

"지금 서라벌에는 심신을 연마하는 청년단이 있습니다. 이들은 스스로 낭도를 이루어 선仙을 수련하고 무예를 연마하고 있습니다. 이들을 왕실에서 관리하면 충성스러운 집단 될 것입니다."

"왕실에서 누가 관리하오?"

"낭도들의 무리를 하나로 모아야 합니다. 낭도들을 지도하는 대장, 풍월주風月主를 왕실에서 임명하십시오. 인재를 양성해 그들을 조정에 발탁하고 전쟁에 나가서는 선봉에 세워야 합니다."

지소태후가 가만히 고개를 끄덕거렸다.

"지금 신라는 고구려와 백제의 잦은 침략으로 하루도 편한 날이 없습니다. 신라는 오로지 인재를 양성하는 일에 전력을 다해야 합니다. 장차 삼한통일의 시기가 닥치면 이들이 초석이 될 것입니다."

"삼한통일이라고 했소?"

"그러하옵니다. 신라는 신국이니 백제와 고구려를 쳐서 통일을 해야 합니다."

"그대가 내 곁에 있으니 참으로 든든하오."

지소태후는 위화랑이 화랑을 창설하는 것을 허락했다. 이렇게 해서 540년(진흥왕 원년) 마침내 화랑제도가 설립되었다. 이는 《화랑세기》의 기술을 바탕으로 한 것이다. 하지만 《삼국사기》에 의하면 화랑제도는 576년(진흥왕 37)에 설립된 것으로 나온다. 이에 비해 《삼국사절요》나 《동사강목》, 《동국통감》 등의 역사서에는 540년으로 나오기 때문에 이 책에서는 이 해에 화랑제도가 설립된 것으로 기술한다.

법흥왕 시절부터 신라는 본격적인 영토 확장 정책을 폈다. 물론 그 이전 지증왕 시절에도 이사부에게 명해 우산국을 정벌하기도 했다.

이사부는 정치적으로도 뛰어난 인물이었지만 장군으로도 뛰어난 면모를 지닌 인물이었다. 그가 우산국을 어떻게 정복했는지를 《삼국사기》 기록을 통해 알 수 있다.

서기 512년, 지증왕 13년 6월. 우산국이 귀순해 매년 토산물을 공물로 바치기로 했다.

우산국
삼국시대에 울릉도와 부속 섬을 다스리던 나라. 512년(지증왕 13)에 신라의 장군 이사부의 지략으로 항복을 받아내어 신라에 복속되었다.

우산국은 하슬라주(何瑟羅洲, 강릉)의 동쪽 바다에 있는 섬(혹은 울릉도라 부르기도 함)으로, 사방 1백 리에 이르는데 사람들은 우산국의 지형이 험한 것을 믿고 신라에 굴복하지 않았다. 이찬(伊飡) 이사부(異斯夫)가 하슬라주의 군주로 있을 때 우산국 사람들이 어리석고 사나웠기 때문에 위세로 누르기가 어렵게 되자 계략으로 굴복시키기로 했다. 이사부는 많은 목우사자(木偶獅子, 나무 사자)를 만들어 전함에 싣고 해안에 이르러 선포했다. "너희들이 항복하지 않으면 이 사나운 짐승을 섬에 풀어 모조리 짓밟아 죽일 것이다!" 우산국 사람들이 목우사자를 보고 겁에 질려 항복했다.

지소태후와 위화랑이 화랑을 창설한 것은 왕권 강화가 첫 번째 목적이었고 두 번째는 인재를 양성해 신라를 부국강병하게 만들기 위해서였다.

김대문의 《화랑세기》에는 "어진 재상과 충성스러운 신하가 화랑에서 배출되고, 훌륭한 장수와 용감한 병사가 화랑에서 양성되었다."고 할 정도로 화랑은 신라의 중추적인 역할을 했다.

"정치는 민심을 받드는 것이다. 불교의 좋은 점을 화랑이 따라야 한다."

위화랑은 삼교(三敎, 유교·불교·도교)의 가르침을 화랑에 접목시켰다. 화랑은 무인들만 배출한 것이 아니라 어진 재상과 충신들까지 배출해 특이하게 귀족학교 같은 인재양성소 역할을 했다.

신라의 화랑은 원칙적으로 왕족이나 귀족들 중에서 선발되었다. 귀족이라고 해도 진골정통이나 혼인으로 대원신통이 된 가문에서 나오는 것이 일반적이었다. 또한 풍월주나 화랑은 세습이 되었고 화랑 자체도 출세가 보장된 신분이었다.

화랑은 일정한 임기가 있어서 화랑을 지휘하는 풍월주는 특별한 일이 없는 이상 3년 정도면 스스로 물러났다. 대부분의 풍월주가 3년을 보내고 나면 부제가 풍월주에 올랐다. 풍월주에서 물러난 화랑들은 상선上仙, 또는 상랑上郎이라고 불리며 국왕에 버금가는 존경을 받았다. 낭도들은 풍월주나 상선, 상랑 등을 국왕처럼 받들어 스스로 칭신(稱臣, 자신을 낮추어 신하로 부르는 것)했다.

화랑은 국왕 직속의 군대 역할까지 담당했기 때문에 도성 수비, 왕궁 시위까지 맡아 권력이 막강했다.

위화랑은 사조직이었던 화랑을 국가 조직으로 창설해 1세 풍월
주가 되는 영광을 누렸다. 하지만 그의 영광은 그것만이 아니었
다. 수많은 독서와 전쟁으로 단련된 그의 지략이 대를 이어가면서
그는 화랑의 어버이로 불리게 된다. 앞을 내다보는 식견과 그것을
이루려는 강한 의지로 천년 왕국 신라의 선구자가 된 것이다.

그가 창설한 화랑은 신라인의 기상을 드높이고, 신라가 누란의
위기에 처할 때마다 목숨을 아끼지 않고 싸워 결국 삼국통일의 위
업을 달성하게 된다.

2

원화 준정을 제거한 화랑

미진부

찬하여 이른다. 색色으로 섬기고 용맹으로 공을 세우니
천도天道가 아득하게 이어지리라.

위화랑의 뒤를 이은 풍월주는 미진부未珍夫로 《삼국사기》에도 그
이름이 보인다. 미진부는 아시공의 아들로 어머니는 법흥왕의 딸
삼엽궁주였다. 삼엽궁주가 흰 학이 날아드는 꿈을 꾸고 낳았다고
해 상서로운 아이라는 말을 들었다. 어릴 때부터 지혜가 뛰어나고
용모가 아름다워 법흥왕이 귀여워했다. 법흥왕이 옥진궁주를 통
해 낳은 아들 비대공比臺公과 함께 왕궁에서 귀족으로 자랐다.

'고구려와 백제가 자주 침략을 하니 백성들의 고통이 크다. 나
는 무예를 연마해 외적을 격파할 것이다.'

미진부는 어렸을 때부터 왕족의 화려한 생활보다 낭도들과 어
울려 심산유곡을 찾아다니면서 심신을 단련하는 것을 좋아했다.
며칠씩 왕궁을 나와 말을 타고 달리면서 사냥을 하거나 선도를 수
련했다.

"공은 궁을 마음대로 나갈 수 있어서 좋을 것이다."

비대공은 미진부를 만날 때마다 부러워했다.

"왕자님이 어찌 그런 말씀을 하십니까?"

미진부는 비대공이 권력쟁탈에 휘말려 있었으나 장차 법흥왕의 뒤를 이어 신라의 왕이 될 것이라고 생각했다.

"나는 성골이 아닐세. 성골은 입종의 아들 삼맥종이 아닌가?"

"삼맥종은 아직 어립니다."

"그러나 성골이니 화백회의에서 추대될 것이 틀림없네."

비대공이 쓸쓸하게 말했다. 법흥왕은 옥진궁주가 낳은 아들 비대공을 태자로 세우려고 했고 입종의 부인 지소부인은 아들 삼맥종을 태자로 세우려고 했기 때문에 치열한 권력투쟁이 벌어지고 있었다. 지소부인은 남편 입종이 삼맥종을 낳은 지 얼마 지나지 않아 죽자 태종공 이사부를 지아비로 맞아들였다. 이사부와 재혼을 한 것이다. 이사부는 김무력, 거칠부와 함께 신라의 병권을 장악하고 있었다.

'비대공은 성골이 아니다. 성골이 아닌 자를 어찌 신라의 왕으로 추대해 받들겠는가?'

지소부인은 이사부와 함께 법흥왕에게 대적했다.

"옥진궁주가 골품이 없어서 비대공이 왕이 될 수 없는가? 나는 반드시 내 아들에게 왕위를 물려줄 것이다."

법흥왕은 비대공을 태자로 세우려고 했으나 위화랑이 반대했다.

"신의 딸은 골품이 없고 영실공에게 시집을 간 일이 있기 때문에 비대공을 태자로 삼는 것은 옳지 않습니다."

박영실은 각간(角干, 신라의 17관등 중 1위 관직)의 지위에 있던 귀족으로 법흥왕의 사촌이었다. 옥진궁주는 처음에 박영실과 혼인을 했으나 법흥왕의 후궁이 되었다. 옥진궁주는 미색이 뛰어났을 뿐 아니라 책략에도 뛰어난 여인이었다. 그녀는 자신의 아들을 태자로 세우기 위해 법흥왕을 색공으로 사로잡았다.

"진골정통이 아니면 어떻습니까? 이미 진골이 끊어지고 있는데 진골정통이 아니라고 태자를 세우지 못할 까닭은 없습니다."

옥진궁주가 요염하게 눈웃음을 치면서 법흥왕에게 아뢰었다. 신라는 왕비를 배출하는 집안이 있는데 이를 진골정통이라고 불렀다. 사람들이 지소부인을 진골정통의 종(宗)으로 꼽았다.

"화백회의가 반대할 것이다."

법흥왕이 한숨을 쉬고 말했다. 아름다운 옥진궁주의 말을 들어주지 못한 것이 가슴 아팠다.

"화백회의에서 누가 반대를 합니까? 첩이 그자를 용서하지 않겠습니다."

옥진궁주의 눈에서 서릿발이 뿜어졌다.

"그대의 부친과 상의해 보라. 그대의 부친마저 반대하지 않는가?"

법흥왕의 말에 옥진궁주가 치맛자락을 펄럭이면서 위화랑에게 달려갔다. 위화랑은 옥진궁주가 절을 하는데도 눈을 내리깔고 거들떠보지도 않았다. 옥진궁주는 입술을 깨물고 앉아 있다가 자신의 아들인 비대공을 태자로 세우게 해달라고 애원했다.

"네가 진골정통이 아니거늘 어찌 네 아들로 태자를 세우려고 하느냐?"

위화랑이 눈을 부릅뜨고 옥진궁주를 꾸짖었다.

"아버님, 제가 영실공을 배반하고 법흥왕에게 간 것이 무엇 때문입니까? 오로지 아들을 낳아 태자로 세우기 위함입니다."

옥진궁주가 처연한 목소리로 말했다. 아아, 어찌 이럴 수가 있는가. 딸이 아들을 태자로 세우려고 하는데 아버지가 어찌 반대를 한다는 말인가. 옥진궁주는 근엄한 위화랑의 얼굴을 쳐다보자 가슴이 타는 것 같았다.

"네가 비대공을 태자로 세우려고 하면 내가 용서하지 않을 것이다."

"아버님, 어찌 딸이 하는 일을 반대하십니까? 아버님의 외손주가 신국(神國, 《화랑세기》에서는 신라를 신국이라 부르고 있다)의 왕이 되는 일입니다. 아버님께서도 부귀영화를 누릴 수 있지 않습니까?"

옥진궁주의 아름다운 얼굴에서 눈물이 주르르 흘러내렸다.

"나는 부귀영화를 뜬구름으로 생각한다."

"아버님, 딸을 도와주세요."

"진골정통을 왕으로 세우는 것은 신라의 전통이다. 이를 무시했다가는 우리 집안이 멸문지화를 당할 것이다. 다시는 그 말을 꺼내지도 말아라."

당시 신라에서는 아버지와 상관없이 어머니가 진골정통이어야 그 아들이 진골정통이 될 수 있었는데 옥진궁주는 대원신통이었기 때문에 그녀의 아들 비대공 또한 대원신통이었다. 따라서 진골정통이 아닌 대원신통인 비대공을 왕으로 세우는 것은 신라의 전통을 무시하는 행위였던 것이다.

"아버님이 야속합니다."

옥진궁주는 울면서 물러갔다.

"같은 여자로서 그대의 마음을 모르는 바 아니다. 그러나 왕실에서 모두 반대하고 있다. 공연히 분란을 일으키려고 했다가는 그대의 목숨조차 부지하지 못할 것이다. 그대가 왕의 총애를 믿고 감히 신라를 손에 넣으려고 하는가?"

법흥왕의 딸 삼엽궁주도 반대했다. 옥진궁주는 위화랑과 삼엽궁주가 강력하게 반대하자 어쩔 수 없이 비대공을 태자로 세우는 일을 포기했다.

'아아, 내 아들을 태자로 세울 수 없다니 하늘이 원망스럽구나.'

옥진궁주는 왕궁에서 쓸쓸한 나날을 보냈다.

법흥왕이 죽자 화백회의에서 아들 비대공 대신 그의 조카를 왕으로 추대하니 제24대 진흥왕(재위 540~576년)이다. 진흥왕은 나이가 어렸기 때문에 그의 어머니 지소부인이 태후가 되어 섭정을 했다.

법흥왕 시절부터 신라는 사병집단인 낭도들을 거느리는 원화제도源花制度를 운영했다. 낭도들이 약 3백 명이었는데 아름다운 여자를 뽑아 그 우두머리로 하고 원화源花라고 불렀다. 낭도들을 이끄는 우두머리에 용모가 아름다운 여성을 임명한 것은 의아한 점도 있으나 종교적인 이유로 추정된다. 신라는 불교를 받아들인 뒤에도 하늘에 제사를 지내는 일을 여관(女官, 제사를 담당하는 여자 궁인)들이 주재했다.

원화를 여자로 임명한 것은 종교적인 이유와 신라 왕실에서 여자들의 활약이 두드러졌다는 사실을 의미한다. 지소태후의 경우만 보아도 진흥왕 치세 기간 초기에는 섭정이 되어 권력을 휘둘렀고 진흥왕이 성년이 된 뒤에도 막후에서 권력을 농단했다. 화랑의 지도자인 풍월주의 임명도 그녀가 했다. 풍월주의 부인을 선화仙花, 선모仙母, 화모花母 등으로 부르는 것도 그들이 화랑에서 일정한 역할을 했기 때문이다. 결국 신라는 진평왕의 뒤를 이어 선덕여왕이 즉위함으로써 여성들의 정치적 활동이 절정에 이른다.

처음에는 삼산공三山公의 딸 준정俊貞이 원화가 되어 낭도들을 거느렸다. 낭도들은 무예가 출중해 그 우두머리는 언제나 왕이 임명했다. 낭도는 어떤 면에서 왕실이 운영하는 직할 부대와 같았다.

법흥왕의 딸 남모공주南毛公主는 백제에서 시집온 보과공주宝果公主가 낳은 딸이었다. 법흥왕은 국공의 신분이었을 때 백제에 사신으로 간 일이 있었다. 그때 백제의 보과공주와 정을 통했다. 법흥왕이 신라로 돌아오자 보과공주는 백제를 탈출해 법흥왕을 찾아왔다. 법흥왕은 보과공주를 사랑해 남모공주와 모랑을 낳았다.

남모공주는 서라벌에서 가장 아름다운 여인으로 자랐다. 당시 남모공주를 깊이 사모하는 화랑이 있었는데 그가 후에 2세 풍월주가 된 미진부다.

법흥왕이 죽고 진흥왕이 즉위하자 섭정을 했던 그의 어머니 지소태후는 미진부를 총애하고 있었기 때문에 미진부가 사모하는 남모공주를 은밀하게 도왔다. 지소태후는 준정을 원화에서 물러나게 하고 남모공주를 원화로 세워 낭도들을 이끌게 하려고 했다.

'원화는 난데 미진부가 태후의 총애를 받는다고 남모를 원화로 세우려고 해?'

준정은 원화의 자리에서 물러나지 않기 위해 절치부심했다.

이때 준정을 은밀하게 돕는 세력으로 박영실이 등장했다. 그는 과거 법흥왕 즉위 시절에 자신의 부인 옥진궁주를 법흥왕에게 빼앗겨 마음속으로 깊은 원망을 품고 있었다. 그러나 이제는 쓰라린 상처를 가슴에 묻은 채 법흥왕에게 충성을 바쳐 각간의 지위에 올라 있었던 것이다. 결국 박영실은 원망의 대상인 법흥왕의 딸 남모공주와 대립관계에 있는 '준정'의 손을 들어준 것이다.

결국 준정과 남모공주의 대결은 남모공주의 아버지 법흥왕에게 원망을 품고 있던 박영실과 남모공주를 사랑하는 미진부의 지지 세력인 지소태후와의 대결이라고 할 수 있다. 또한 준정과 남모는 서라벌에서 막강한 파벌을 형성하고 있는 두 세력의 대리전을 치르는 셈이었다.

지소태후는 법흥왕이 죽자마자 유명이라면서 준정에게 박영실을 계부繼夫로 삼도록 했다.

'태후라고 내 남편까지 마음대로 바꾼다는 말인가?'

준정은 지소태후가 원망스러웠다. 그러나 왕이나 다름없는 지소태후의 명이었기 때문에 박영실을 새 남편으로 삼았다. 그렇지 않아도 박영실이 그녀를 은밀하게 돕고 있었다. 신라는 남녀 관계가 오늘날의 관점을 보면 이해할 수 없는 경우가 많았다. 왕의 명령에 의해 남편이나 부인을 바꾸고, 권력이 있는 자가 남편이나 부인을 마음대로 선택했다.

"이제 원화의 자리에서 물러나라."

지소태후가 준정에게 명을 내렸다.

"소첩이 낭도들을 거느린 지 여러 해가 되었습니다. 어찌 소첩을 원화에서 내치십니까?"

준정은 하루아침에 자신을 원화의 자리에서 내쫓는 태후를 원망했다. 자신이 거느리던 낭도들을 은근히 부추겨 태후의 지시를 따르지 않게 하기도 했다.

"우리는 오로지 준정을 원화로 모실 뿐이다."

준정의 사주를 받은 낭도들이 남모에게 굴복하지 않았다.

'내가 각간을 남편으로 삼게 해줄 정도로 배려했는데도 대적하다니 용서할 수 없다.'

지소태후는 미진부에게 명해 준정의 무리들을 쳐부수라고 지시했다. 그러나 준정이 오랫동안 낭도들을 거느렸기 때문에 그녀를 따르는 낭도들이 많아 양파가 대립하면서 칼부림까지 일어났다. 서라벌은 원화로 인해 일촉즉발의 긴장감이 감돌았다.

"준정이 감히 내 명을 거역한다는 말인가? 그대를 따르는 낭도들에게 영을 내려 미진부를 돕도록 하라."

지소태후가 위화랑에게 명을 내렸다. 위화랑은 자신의 낭도들을 모두 미진부에게 넘겨주었다. 미진부는 자기 편인 낭도들을 이끌고 준정의 낭도들을 공격했다. 서라벌에서는 양쪽 낭도들의 치열한 전투가 벌어졌다. 낭도들의 전투로 곳곳에 시체들이 나뒹굴어 서라벌이 발칵 뒤집혔다. 그러나 지소태후와 위화랑의 지원을 받은 미진부의 낭도들이 준정의 낭도들을 격파했다.

"첩이 죄를 지었으니 살려주십시오."

준정은 마침내 지소태후에게 항복했다.

"네가 투항을 했으니 용서하겠다. 너의 낭도들을 모두 남모공주에게 귀속시키고 너는 그 수하가 되어 충성을 바치라."

지소태후가 차갑게 영을 내렸다. 남모공주는 미진부의 도움으로 2세 원화가 되었다. 지소태후는 남모공주를 원화에 임명하고 낭도들을 지배했다. 원화가 이끄는 낭도들의 무리는 비록 청년단 조직이었으나 인적 구성이 서라벌의 인재를 망라하고 있었기 때문이다. 결국 낭도들의 조직(훗날 화랑)을 지배하는 자가 신라를 지배하기 때문에 지소태후는 필사적으로 그 조직의 우두머리인 원화를 남모공주로 세운 것이다.

'나에게서 원화를 빼앗아 갔지만 나는 반드시 되찾을 거야.'

준정은 피눈물을 흘리면서 이를 갈았다. 준정은 원화의 자리를 되찾기 위해 남모공주를 죽여야겠다고 생각했다. 남모공주 밑에서 낭도들을 통솔하는 일이 견딜 수 없을 정도로 치욕스러웠다. 준정은 남모공주에게 충성을 바치는 체 하면서 신임을 얻기 시작했다.

"공주께서 오늘 밤에 저희 집에 오세요. 제가 좋은 술을 대접할게요."

하루는 준정이 눈웃음을 치면서 남모공주를 집으로 초대했다.

"나는 궁궐 밖을 잘 모르니 그대의 집에 갈 수 없어요."

남모공주가 준정의 유혹을 거절했다.

"호호호. 공주께서는 낭도들을 거느리는 원화인데 무엇이 두려우세요? 설마 겁쟁이는 아니겠죠?"

준정이 남모공주를 비웃었다.

"내가 원화인데 무엇을 두려워한다는 말이에요?"

남모공주가 차갑게 말했다.

"그렇다면 밤에 혼자 오실 수 있겠죠. 아무도 없는 곳에서 저와 격검을 하는 것이 어때요? 누가 진정한 원화의 자격이 있는지 겨루어 보고 싶어요. 나는 아직 공주님에게 진정으로 승복할 수 없어요."

"좋아요."

남모공주는 준정의 경멸하는 태도에 발끈했다. 그녀는 밤이 되자 낭도들도 거느리지 않고 혼자서 준정의 집으로 찾아갔다. 달이 밝은 밤이었다. 하늘에는 월광이 교교하고 풀벌레 울음소리가 사방에서 들렸다.

"밤에 이곳까지 오셨으니 공주님이 얼마나 대범한지 알 수 있겠어요. 우리가 굳이 격검을 할 필요는 없다고 생각해요."

준정은 남모공주를 후원으로 안내한 뒤에 웃으면서 말했다.

"여기까지 왔는데 격검을 하지 않아요?"

남모공주는 의아한 표정으로 준정을 살폈다.

"격검은 필요 없어요."

"그렇다면 나에게 승복하는 거예요?"

"승복해요. 오늘 밤 진정한 원화에게 술을 대접하겠어요."

준정은 하인들에게 술상을 차리게 하고 남모공주를 방으로 안내한 다음 상석에 앉혔다.

"이곳이 어디인지 조용하군요."

술상이 차려지자 남모공주가 유쾌하게 술을 마시면서 말했다.

준정은 술을 마시는 체하고 상 밑에 쏟았다.

"북천北川 인근이지요. 자 한 잔 더 드세요."

준정은 계속 남모공주에게 술을 권했다. 남모공주는 준정이 무서운 음모를 꾸미는 줄도 모르고 술을 마시다가 취했다.

'이제 너는 영원히 깨어나지 못할 것이다.'

준정은 남모공주가 술에 취해 잠이 들자 그녀를 끌어내 북천에 버리고 큰 돌을 쌓아 생매장을 했다.

"공주가 밤에 나가 돌아오지 않았다. 공주를 찾아라."

미진부는 이튿날 아침이 되어도 남모공주가 돌아오지 않자 낭

북천
준정이 낭도들의 우두머리인 원화의 지위를 되찾기 위해 남모를 빠뜨려 죽인 하천으로, 경북 경주시 황룡동에서 발원해 시 중심가를 가로질러 형산강으로 흐른다.

신라를 뒤흔든 16인의 화랑

도들에게 지시했다. 남모공주의 낭도들은 이리저리 그녀를 찾아 다녔다.

'아무리 찾아도 소용이 없을 것이다. 공주는 돌무덤에서 썩고 있을 테니까.'

준정은 그들을 보고 코웃음을 쳤다.

'공주는 무슨 일로 돌아오지 않는 것일까? 무슨 변고가 생긴 것이 아닌가?'

미진부는 이틀이 지나고 사흘이 지나도 남모공주가 돌아오지 않자 불길한 예감을 느꼈다. 그는 정신없이 서라벌을 돌아다니면서 남모공주를 찾았다.

준정의 낭도들 중에 준정이 남모공주를 죽이는 것을 목격한 사람이 있었다. 그가 노래를 지어 아이들로 하여금 거리에서 부르도록 했다. 노래를 들은 남모공주의 낭도들이 북천으로 달려가 돌 속에 묻혀 있는 시체를 찾아냈다.

'아아, 어찌 이리 비참하게 살해할 수 있는가?'

미진부는 남모공주의 시신을 끌어안고 통곡했다. 남모공주의 시체는 여러 날을 돌 속에 묻혀 있었는데도 살아 있는 것처럼 깨끗했다.

"천하에 악독한 계집아, 너를 살려둘 수 없다."

남모공주의 낭도들은 분개해서 준정을 난도질해 살해했다. 준정이 남모공주를 살해한 사실은 서라벌을 발칵 뒤집고 지소태후에게도 보고되었다.

"고약한 계집이다. 여자들을 낭도들의 우두머리로 삼아서는 안

되겠다."

지소태후는 원화를 폐지했다. 하지만 신라에서 원화가 폐지된 것은 단순하게 준정이 남모공주를 시기해 살해했기 때문이라고 볼 수는 없다. 미륵선화를 화랑으로 삼았다는 대목에서 알 수 있듯이 이는 신라의 국가적인 종교의식이 법흥왕 때에 달라졌음을 의미한다. 원화는 신라의 전통적인 토속신앙이었는데 불교가 이를 대체하면서 원화제도에도 영향을 미친 것이다.

남모공주가 죽은 후에도 미진부는 그녀를 잊지 못해 부인을 얻지 않았다.

'어찌 남모공주와 저리도 닮은 것인가?'

여러 해가 지났을 때 미진부는 왕궁에서 법흥왕의 후궁이었던 묘도부인을 보고 깜짝 놀랐다. 묘도부인이 거짓말처럼 남모공주를 닮아 있었다. 미진부는 흡사 그녀가 남모공주이기나 한 듯 사랑에 빠져들었다. 결국 미진부와 묘도부인은 진흥왕 몰래 사통하게 되었다. 그러나 진흥왕에게 감히 아뢸 수 없었다.

"왕은 이미 죽었으니 과부로 늙을 필요는 없다."

지소태후는 미진부와 법흥왕의 후궁 묘도부인의 혼인을 허락했다. 미진부는 묘도부인을 부인으로 맞이해 신라 최고의 색공지신 미실낭주美室娘主와 미생랑美生郎을 낳았다.

남모공주와 준정이 죽고 얼마 되지 않았을 때 위화랑이 화랑을 창설할 것을 제안했다. 지소태후는 선화(仙化, 불교의 미륵선화를 의미하는 것으로 성스러운 존재를 말함)를 화랑으로 삼고 낭도들을 풍월이라고 불렀다. 풍월은 선도에서 나온 말로 낭도들의 무리에서 가장 큰 세력이 풍월도였기 때문이었다. 지소태후는 위화랑을 1세 풍월주로 임명해 화랑을 강력한 국가 조직으로 편성했다. 화랑은 원래 서라벌의 청년단체였다. 여러 단체가 난립해서 선도를 수련하고 심신을 연마했으나 위화랑이 이들을 통합했다.

'화랑은 나의 전위 조직이다. 나의 지시를 따라 왕실을 보호하고 전쟁에 나가서는 가장 용맹한 전투병이 될 것이다.'

지소태후는 화랑을 왕실의 호위조직으로 만들었다. 왕실에 대항하는 귀족을 누르고 신라를 왕실 중심으로 통치하기 위해서는 왕실에 절대적으로 충성하는 조직이 필요했다.

미진부는 위화랑이 1세 풍월주가 되자 부제가 되었다. 부제는 풍월주와 함께 화랑을 대표한다. 미진부는 위화랑이 풍월주에서 물러나자 2세 풍월주에 취임했다.

'화랑은 전쟁에 나가면 반드시 승리를 해야 돼.'

미진부는 화랑을 강력한 전사로 양성했다. 그들을 편대로 재편성해 군사 훈련에 주력했다. 위화랑 때의 화랑이 선도의 수련과 심신연마에 역점을 두었다면 미진부가 풍월주가 되면서 기사술(騎射術, 말을 타고 활을 쏘는 기술), 창검술, 습진술(習陣術, 진을 치는 법을 익히는 기술)을 연마시켰다. 화랑은 점점 체계화되어 갔다.

미진부는 풍월주에서 물러나 병부兵部에 들어갔다. 미진부가 장군으로 아찬(阿湌, 신라 17관등 중 6위 관직)의 벼슬에 있을 때 백제가 군사를 일으켜 고구려를 공격한다는 소식이 들려왔다.

"고구려가 수차례에 걸쳐 우리나라를 침략했으니 백제와 연합해 고구려를 정벌해야 합니다."

미진부는 조정에 나가 고구려를 공략할 것을 제안했다. 진흥왕 즉위 12년의 일이었다. 진흥왕은 즉위 기간 내내 영토 확장 정책을 추진하고 있었다.

"고구려는 강국인데 군사를 일으켰다가 낭패를 당하지 않겠습니까?"

다른 대신들이 우려했다.

"백제가 고구려를 공격하기 위해 군사를 일으켰으니 연합하면 충분히 승산이 있습니다. 한수(漢水, 한강) 이남은 전략적으로 매우 중요한 곳입니다. 이곳을 차지하면 백제나 고구려를 거치지 않고 멀리 중국과 교통할 수 있습니다. 화랑이 선봉에 설 것이니 대왕께서 시험해 보십시오."

미진부가 물러나지 않고 고구려 정벌을 주장했다. 지소태후도 미진부의 주장을 거들자 진흥왕은 마침내 출병하라는 영을 내렸다. 이에 거칠부가 상장군이 되고 미진부를 비롯해 일곱 장군이 군사를 거느리고 출전해 죽령에 이르렀다.

"사직을 보호하고 국가에 충성을 하는 화랑의 정신을 바로 세울 때가 왔다. 제군들은 선봉에 서서 적을 격파해 화랑의 이름을 사해에 떨치라!"

미진부는 고구려 진영이 보이자 화랑들을 집합시켜 놓고 독려했다.

"예!"

화랑들이 일제히 창을 흔들면서 소리를 질렀다.

"전군은 돌격하라!"

화랑의 얼을 계승해서 국가관을 확립하고 바른 품성과 인격을 도야한다는 목적으로 1973년 5월 개원한 대한민국 최초의 학생교육원. 경북 경주시 남산동 소재.

상장군 거칠부가 영을 내렸다. 화랑을 앞세운 신라군은 마침내 고구려군 진영을 향해 질풍처럼 달려갔다. 고구려군도 진영에서 나와 신라군과 치열한 전투를 벌였다. 양군이 부딪치자 처절한 비명소리가 난무하고 피보라가 자욱하게 일어났다. 양군은 치열한 혈전을 벌였으나 고구려군이 점점 불리해졌다. 신라의 선봉을 맡고 있는 화랑은 온몸을 피로 뒤집어 쓴 채 고구려군을 도륙했다.

미진부가 지휘하는 화랑은 신라군의 선봉에 서서 고구려의 10개 성을 휩쓸었다. 선봉에서 싸웠기 때문에 많은 화랑이 전사했으나 신라군에서의 위상이 높아졌다. 그들의 기사술과 창검술, 습진술은 신라군의 전범이 되었다.

미진부는 이후 전쟁에 나가서 많은 공을 세웠다. 그는 병부의

원화 준정을 제거한 화랑, 미진부   56 | 57

중요 직책을 맡아 신라군을 강력한 군대로 양성했다. 또한 그동안의 신라군이 훈련하던 기사술, 창검술, 습진법보다 한층 발전된 전법과 병법까지 가르쳤다. 2세 풍월주 미진부의 활약으로 신라군에는 우수한 장수들이 배출되고 그들이 조정에 진출하면서 미진부는 벼슬이 각간의 지위까지 올랐다. 화랑을 구국의 선봉으로 자리 잡게 한 것은 미진부의 공이었다.

3

신국을 뒤흔든 사랑의 주인공

이화랑

찬하여 이른다. 이화의 화랑도는 속세를 떠난 맑고 아름다운 이야기라네.
귀족의 자손이 공주와 혼인하고 금불金佛이 내려와서 거처하니 약사여래를 낳았네.
화랑의 가문이고 법사法師의 친족이라 만세에 무궁하리라.

　4세 풍월주 이화랑二花郞은 1세 풍월주 위화랑의 아들로 준실부
인이 낳았다. 피부가 백설같이 희고 눈은 활짝 핀 꽃과 같았다.
음률과 문장뿐 아니라 무예에도 능해 불과 12세였을 때 3세 풍월
주 모랑의 부제가 되었다. 모랑은 남모공주의 동생으로 미진부가
풍월주였을 때 부제를 지냈고 미진부가 풍월주에서 물러나자 3세
풍월주가 되었다. 이화랑이 불과 12세의 어린 나이에 화랑의 두
번째 서열인 부제가 된 것은 화랑을 창설한 위화랑이 막강한 영향
력을 가지고 있었기 때문이고, 청년단 조직에서 국가 조직으로 변
신한 화랑이 서라벌 정치 세력의 중심으로 들어왔음을 의미한다.
　풍월주 가문 출신인 이화랑은 왕궁에서 자라면서 왕족들과 함
께 학문을 공부했다.
　'하나를 가르치면 열을 안다. 장차 큰 인물이 될 것이다.'

위화랑은 자신이 직접 이화랑을 가르쳤다. 이미 만권의 서적을 읽었다는 위화랑이었기에 아들에게 사서삼경(四書三經, 《논어》《맹자》《중용》《대학》의 네 경전과 《시경》《서경》《주역》의 세 경서를 말함)과 무예를 가르쳤다. 이화랑의 학문이 뛰어나 황화, 숙명, 송화 공주가 그를 따라다니며 학문을 배웠다.

"늠름도 하여라."

숙명공주는 이화랑을 볼 때마다 얼굴이 붉어지고 가슴이 설레었다. 이화랑은 어릴 때부터 말을 타고 활을 쏘았다. 이화랑은 낭문郎門에 들어가 말타는 법을 배우고 무예를 연마했다.

"위화랑의 아들이라 그런가? 동도(童徒, 소년단)들 중에 군계일학이고 평도(平徒, 청년단)들 중에도 따를 자가 없다."

미진부가 이화랑을 칭찬했다.

숙명공주와의 안타까운 사랑

'숙명공주는 한 떨기 꽃처럼 아름답구나. 어찌 저렇게 아름다운 여인이 세상에 있을까?'

이화랑은 왕궁에서 숙명공주를 볼 때마다 눈앞이 환해지는 것 같았다. 이화랑과 숙명공주는 눈빛을 주고받으면서 안타까운 사랑을 나누었다. 아직 어린 소년 소녀들이었기 때문에 사랑한다는 말도 고백하지 못했다. 그러나 그들의 사랑은 이루어질 수 없는 사랑이었다.

"모후께서 숙명을 부인으로 맞이하라고 하니 명을 따른다."

진흥왕이 청천벽력 같은 영을 내렸다.

"동복의 누이동생을 부인으로 맞이한다는 말인가? 어찌 이런 일이 있는가?"

이화랑은 숙명공주가 진흥왕의 부인이 된다고 하자 눈앞이 캄캄했다. 가슴속으로 찬바람이 부는 것 같고 살점이 떨어져 나가는 것처럼 괴로웠다. 눈을 감으나 뜨나 숙명공주의 아름다운 모습이 눈앞에 어른거렸다.

'나는 이화랑을 사랑하는데 어떻게 대왕에게 시집을 가라는 말인가?'

숙명공주도 가슴이 타는 것처럼 괴로웠다. 그를 보면 즐거웠고 그를 보지 않으면 괴로웠다. 침상에 누워도 잠이 오지 않았다. 눈물이 볼을 타고 흘러내려 베갯잎을 적셨다.

숙명공주는 지소태후와 이사부의 딸이었다. 지소태후는 갈문왕 입종이 죽자 이사부를 지아비로 맞아들여 숙명공주를 낳았다. 지소부인은 이사부를 지아비로 맞이한 뒤에 진흥왕이 보위에 올라 태후의 신분이 되었다. 숙명공주는 아버지가 다른 오라버니인 진흥왕이 보위에 오르자 그의 부인이 되었다. 그러므로 진흥왕과 숙명공주의 혼인은 동복 남매의 혼인이었다.

'이는 골품을 지키려는 지소태후의 책략이다.'

이화랑은 진흥왕과 숙명공주의 혼인이 지소태후와 이사부의 책략이라는 것을 간파했다. 신라에서 왕은 신과 같은 존재다. 진흥왕과 숙명공주는 혼인을 했고 이화랑은 절망했다. 그때 백제에서 사신을 보내왔다.

"고구려가 백제의 독산성을 공격하고 있습니다. 대왕께서는 구원병을 보내주십시오."

"독산성은 신라와 가깝다. 고구려가 독산성을 점령하면 신라도 위태로워진다."

실연을 딛고 독산성 전투에 나가다

진흥왕은 장군 주령朱玲에게 백제군을 구원하라고 영을 내렸다.

"신도 출전하게 허락해 주십시오."

이화랑이 전쟁에 나가겠다고 자원했다.

"너는 아직 나이가 어리다."

진흥왕이 허락하지 않았다.

"신은 이미 무예와 병법을 익혔으니 나라를 위하여 죽는다고 해도 여한이 없습니다."

이화랑은 실연의 고통을 달래기 위해 화랑을 이끌고 출전했다. 독산성에서는 백제군과 고구려군이 치열하게 전투를 벌이고 있었다.

"북쪽의 침략자들아, 신라의 화랑 이화랑이 왔다!"

이화랑은 벽력같이 고함을 지르고 말을 휘몰아 긴 창을 휘두르면서 고구려군 진영으로 달려갔다.

"저 자가 누구냐?"

고구려 장군이 깜짝 놀라서 군사들에게 물었다.

"낭문의 이화랑입니다."

군사들이 일제히 대답했다.

"쯧쯧… 나이도 어린데 죽으려고 하는구나."

고구려 장군이 혀를 찼다. 그러나 이화랑은 고구려군 진영을 종횡으로 누비면서 장창을 휘두르고 있었다. 그의 장창이 허공에서 흰빛을 뿌릴 때마다 피가 솟구치고 고구려군의 처절한 비명소리가 들려왔다. 그가 가는 곳마다 고구려군들이 추풍낙엽처럼 쓰러졌다.

"신장神將이다!"

고구려군들은 공포에 질려 대오가 크게 흐트러졌다.

"전군은 돌격하라!"

주령 장군은 고구려군의 대오가 흐트러지는 것을 보자 군사들을 휘몰아 고구려군을 휩쓸었다. 고구려군은 대패하고 신라군은 무수한 포로와 전리품을 노획했다.

이화랑은 독산성 전투에서 대승을 거두고 서라벌로 개선했으나 자신이 사랑하던 숙명공주가 진흥왕의 부인이 되어 있어서 우울했다.

'내가 할 일은 화랑을 신라의 간성으로 키우는 일이다.'

이화랑은 숙명공주를 잊기 위해 화랑의 일에 전념했다.

진흥왕은 숙명공주가 동복누이이기 때문에 깊은 사랑을 나누지 않았고 공주도 진흥왕을 남자로 생각하지 않았다. 그러나 지소태후가 어머니이고 이사부가 조정의 권력을 장악하고 있었기 때문에 공주를 홀대할 수 없었다.

지소태후는 이사부를 지아비로 맞아들여 낳은 숙명공주를 총애했다. 숙명공주가 아들을 낳자 왕후로 책봉했다. 지소태후의 총애를 받는 숙명공주는 매사에 거칠 것이 없었다. 어머니가 태후이고 남편이 왕, 아버지가 이사부였다. 서라벌에서 그녀를 건드릴 수 있는 사람은 아무도 없었다. 숙명공주는 모든 사람들에게 오만하고 불손하여 진흥왕이 싫어했다.

숙명공주는 사랑하는 이화랑과 맺어지지 못하고 남편인 진흥왕마저 자신을 멀리하자 마음을 둘 곳이 없었다. 그녀는 작은 일에도 화를 내고 방탕하게 변해갔다.

'공주는 나의 누이이지만 부덕이 없다.'

진흥왕은 그럴수록 숙명공주를 더욱 멀리했다.

진흥왕은 두 번째 왕후인 사도왕후를 사랑해 그녀가 낳은 아들 동륜을 태자로 삼으려고 했다.

"내 아들을 태자로 세워야 합니다. 다른 왕자는 태자가 될 수 없습니다."

숙명공주가 단호하게 말했다.

"숙명이 첫 번째 왕후이니 그녀가 낳은 아들을 태자로 세워라."

지소태후도 진흥왕을 다그쳤다.

'좋다. 태자를 세우기는 하지만 영원히 숙명공주를 가까이 하지 않을 것이다.'

진흥왕은 숙명공주와 지소태후의 강압으로 숙명공주가 낳은 왕자 정숙을 태자에 책봉했다. 그러나 숙명공주에게는 발길조차 하지 않았다.

'흥! 나를 사랑하지 않아도 좋아. 나도 남편으로 생각하지 않으니까.'

숙명공주는 진흥왕이 배척할수록 이화랑을 더욱 그리워했다. 이화랑은 숙명공주가 정숙태자를 낳고 왕후로 책봉되었는데도 여전히 잊지 못하고 있었다. 그녀를 그리워하면서 부인을 맞이하지 않았다.

이화랑은 지소태후 때문에 왕궁을 자주 출입했다. 화랑에 대한 지시는 지소태후로부터 내려오고 있었다. 화랑에 대한 업무를 보고하기 위해 왕궁에 들어갔다가 태후전에서 숙명공주를 만나고는 했다.

'이화랑은 변함없이 아름답구나. 남자가 어찌 저리도 아름다운가?'

숙명공주는 이화랑을 볼 때마다 가슴이 설레었다. 이화랑은 신라 제일의 미남이어서 경국지색이라 불리던 벽화부인을 닮았다는 말까지 듣고 있었다.

"공을 다시 만나니 어릴 적에 함께 공부를 하던 생각이 떠오르는군요."

숙명공주가 쓸쓸하게 웃으면서 말했다. 마침 지소태후는 태후전에 없었고 밖에는 비가 내리고 있었다.

"그러십니까? 저도 마침 옛날 일을 생각하고 있었습니다. 공주님은 선녀처럼 아름다운 분입니다."

"공도 신라 제일의 미남이지요."

이화랑과 숙명공주는 주위를 물리치고 술잔을 주고받았다. 밖에는 천둥번개가 몰아치고 빗줄기가 세차게 쏟아지고 있었다. 태후전에는 인적마저 끊겼다. 술잔이 거듭 비워지자 두 사람의 얼굴에 취기가 오르기 시작했다.

"공주님의 아름다움은 마치 한 떨기 꽃과 같습니다."

이화랑이 그리움이 가득한 눈으로 숙명공주를 바라보면서 말했다. 두 사람이 술을 마시는 동안 밤이 왔다.

"꽃이 아무리 아름다우면 무얼 하겠어요? 저절로 시들어버릴 텐데요. 시들기 전에 꺾어주기를 바랄 뿐입니다."

숙명공주가 은밀하게 눈웃음을 치자 이화랑은 더 이상 견딜 수가 없었다. 그는 숙명공주에게 와락 달려들어 포옹했다. 숙명공주는 기다렸다는 듯이 이화랑에게 안겨 왔다. 두 사람은 순식간에 하나가 되어 침상에서 뒹굴었다.

"공과 맺어졌으니 이제는 죽어도 좋을 것 같아요."

사랑이 끝나자 숙명공주가 이화랑의 품속을 파고들면서 속삭였다. 그녀의 눈에 이슬 같은 눈물이 영롱하게 맺혔다가 흘러내렸다.

"저도 공주님과 사랑을 나눈 일이 꿈만 같습니다. 이 밤이 영원했으면 좋겠습니다."

이화랑과 숙명공주는 낯간지러운 대화를 나누었다. 한 번 선을 넘자 두 사람은 자신들의 신분도 잊고 정염을 불태웠다. 이화랑과 숙명공주는 기회가 있을 때마다 불같은 사랑을 나누었다. 이화랑은 위험을 무릅쓰고 왕궁에 들어가 그녀의 침상을 찾았다.

'이 사람이야말로 나를 진정으로 사랑하는구나.'

숙명공주는 이화랑을 깊이 사랑했다. 하루라도 그를 만나지 못하면 잠을 이룰 수 없었고 그를 만나면 세상을 모두 얻은 것 같았다.

"아아, 나는 낭군이 없으면 하루도 견딜 수가 없습니다."

숙명공주는 이화랑의 품속을 파고들면서 몸부림쳤다. 한 나라의 왕후가 외간 남자를 침전으로 불러들여 불륜을 저지르고 있으니 어찌 남의 눈을 가릴 수 있겠는가. 왕궁의 모든 사람들이 알게 되자 진흥왕의 귀에도 들어갔다.

"숙명공주를 용서할 수 없다."

진흥왕은 대노해 숙명공주를 폐위시키려고 했으나 때마침 지소태후가 나타나 울면서 용서를 빌었다. 어머니인 지소태후가 빌자 진흥왕은 차마 숙명공주를 폐위시킬 수 없었다. 숙명공주는 지소태후로 인해 간신히 폐위를 모면하기는 했으나 이화랑에 대한 사랑은 식을 줄을 몰랐다. 그녀는 매일 밤 이화랑을 그리워하면서 전전긍긍했다.

금불金佛을 잉태한 숙명공주

하루는 숙명공주가 이화랑을 그리워하면서 넋을 잃고 사창紗窓을 바라보고 있었다. 그때 사방이 갑자기 대낮처럼 밝아지면서 금불이 나타났다.

"나는 약사불이다. 공주의 배를 빌려서 머물고자 한다."

부처에게서 금빛이 뿜겨져 나와 감히 눈을 뜰 수가 없었다. 숙명공주는 그 앞에 꿇어 앉아 합장 배례했다. 그때 숙명공주의 몸이 불덩어리처럼 뜨거워졌다. 금불이 그녀를 안고 침대로 쓰러졌다. 숙명공주가 금불을 안자 태양처럼 뜨거운 것이 뱃속으로 들어오는 것 같았다. 때마침 이화랑도 숙명공주를 그리워하면서 잠을 이루지 못하다가 왕궁으로 몰래 숨어들어와 왕비궁의 침전으로 갔다. 그런데 숙명공주가 침상에 바로 누워서 누군가를 안고 있는 듯한 모습을 하고 있었다.

"공주, 어찌 그런 모습으로 있는 것입니까?"

이화랑이 의아해 숙명공주에게 묻자 깜짝 놀라서 정신을 수습

한 숙명공주는 금불이 자신의 몸속으로 들어온 이야기를 했다.

"이는 부처님의 공덕입니다."

이화랑은 기뻐하면서 숙명공주를 품에 안고 사랑을 나누었다. 이때 잉태한 아들이 원광법사圓光法師다.

신라 황룡사의 승려 원광의 속성은 박씨로 집안 대대로 해동에서 살았는데 조상의 풍습이 길게 이어져온 까닭에 비범한 기량이 넓고 컸다. 문장을 좋아하고 도학道學과 유학儒學을 섭렵했으며 제자백가諸子百家와 사서史書를 공부해 그 문명文名이 삼한에 떨쳤다.

《삼국사기》에는 출생 기록이 없고《삼국유사》에는 박씨라는 성만 밝히고 있다. 그러나 그는 중국에 유학해 크게 명성을 떨쳤다.

이화랑과 숙명공주의 위험한 사랑은 계속되었다. 남녀가 정을 나누니 잉태를 하는 것은 당연한 일이었다.

"아이를 잉태했으니 어떻게 합니까?"

황룡사지 9층 목탑터
〈황룡사 구층목탑 찰주본기〉에 따르면, 이 터에 있던 탑은 신라의 승려 자장이 종남산 원향선사로부터 "황룡사에 9층탑을 세우면 해동의 여러 나라가 모두 그대 나라에게 항복할 것이다."라는 말을 듣고 신라에 전해 왕이 645년(선덕여왕 14)에 건립하기 시작해서 이듬해 모두 완성되었다고 한다. 이후 1238년(고종 25) 몽골군의 침입으로 절과 함께 소실되었다.

숙명공주가 이화랑의 가슴 속에 얼굴을 묻고 속삭였다.

"저도 어찌해야 좋을지 모르겠습니다. 흥륜사에서 부처님의 가호를 빌 뿐입니다."

이화랑은 숙명공주를 끌어안고 괴로워했다.

"대왕은 우리를 죽일 것입니다."

"죽는 것은 두렵지 않으나 공주님과 헤어지는 것이 싫습니다."

"차라리 도망을 가요."

숙명공주는 이화랑을 따라 왕궁에서 나와 도망쳤다. 왕비가 사라지자 서라벌은 발칵 뒤집혔다. 군사들이 서라벌 일대를 샅샅이 수색해 동굴 속에서 숙명공주와 이화랑을 체포했다.

"천하에서 가장 음란한 것들이다. 내 어찌 이들을 용서하랴."

진흥왕은 대노해서 두 눈에 핏발을 세우고 이화랑과 숙명공주를 쏘아보았다.

"숙명은 나의 누이라 용서할 수 있다. 그러나 임금의 여자와 사통한 이화랑은 용서할 수 없다."

진흥왕은 이화랑을 죽이려고 했다.

"이화랑은 태후가 사랑하는 신하입니다. 그를 죽이면 태후가 노하시어 그냥 있지 않을 것입니다."

사도왕후가 이화랑을 죽이는 것에 반대했다.

"어찌 그렇소?"

"지금 권력을 쥐고 있는 사람은 태후와 그녀의 남편 태종공 이사부입니다. 그가 군권을 장악하고 있는데 이들의 노여움을 사서는 안 됩니다."

사도왕후는 진흥왕을 설득해 이화랑을 죽이지 못하게 했다. 진흥왕은 신라를 중흥시킨 인물이지만 그의 뒤에는 태종공 이사부와 지소태후가 있었다. 그들은 신라의 조정과 병권을 장악하고 있었다. 이화랑과 숙명공주가 체포되어 오자 서라벌에 군사들이 집결하고 왕궁의 군사들이 바쁘게 움직였다. 이화랑을 따르는 화랑들의 움직임도 심상치 않았다. 잘못하면 반란이 일어날 수도 있는 상황이었다.

"숙명공주와의 혼인을 파기한다. 이화랑도 죽이지 않겠다. 이화랑은 목숨을 걸고 충성을 바쳐야 할 것이다."

진흥왕은 숙명공주와 이혼하고 이화랑에게 녹숨을 살려주는 대신 충성을 바치라고 요구했다.

"신의 목숨은 이제부터 대왕의 것이옵니다."

이화랑이 감격해 머리를 조아렸다.

"숙명공주와 이화랑을 혼인시키도록 하라."

지소태후가 영을 내렸다. 이화랑과 숙명공주는 마침내 혼인을 해 부부가 되었다.

"숙명공주는 음란한 여자니 분명 정숙태자도 대왕의 아들이 아닐 것입니다."

대신들이 정숙태자마저 의심했다. 진흥왕은 사도왕후를 총애하고 있었기 때문에 즉시 정숙태자를 폐위시키고 사도왕후의 아들 동륜을 태자로 책봉했다. 지소태후나 숙명공주도 정숙태자를 폐위시키는 것을 반대할 수 없었다.

서기 555년 3세 풍월주 모랑이 비사벌을 순행하다가 병으로 죽자 낭도들이 이화랑에게 풍월주가 될 것을 권했다.

"나는 임금에게 죄를 지었는데 어찌 풍월주가 되겠는가?"

이화랑은 풍월주를 사양했다.

"위화랑의 아들이 그 자리에 오르지 않으면 누가 오르겠습니까?"

낭도들이 다시 권했다.

"낭도들이 그대를 따르니 풍월주에 오르는 것이 순리다."

지소태후는 이화랑을 풍월주로 세우고 진흥왕을 호위해 전국 군현을 순행하게 했다. 진흥왕과 이화랑의 동행은 사실 적과의 동침이나 다를 바 없었다. 그러나 이화랑은 자신의 약속대로 진흥왕에게 충성을 바치고 화랑을 이끌었다.

서기 555년, 진흥왕 16년 10월.

왕이 북한산을 순행하고 국경을 확정했다.

《삼국사기》의 기록이다. 진흥왕은 북한산을 순행하고 순수비를 세웠다.

진흥왕은 신라를 중흥시킨 인물이다. 시호에 나와 있듯이 법흥왕은 이차돈의 순교를 빌미로 불교를 받아들여 중흥시키고 진흥왕은 신라를 비약적으로 발전시켰다. 그러나 불과 7세의 어린 나이에 즉위했기 때문에 장성할 때까지는 지소태후가 섭정을 했다.

진흥왕이 국왕으로서 본격적으로 신라를 통치한 것은 서기 551년(진흥왕 12)에 개국開國이라고 연호를 바꾸고, 친정親政을 시작하면서부터였다. 진흥왕은 친정을 하게 되자 적극적으로 대외 정복사업을 전개해 나갔다. 백제와 고구려는 서기 550년부터 도살성(道薩城, 지금의 충남 천안 또는 증평)과 금현성(金峴城, 지금의 충남 전의)에서 치열한 공방전을 벌였으나 1년이 지나도 승부가 나지 않았다.

"백제와 고구려는 전쟁으로 국력이 소진되었다. 이 틈을 타서 우리가 공격하면 승리할 수 있다."

진흥왕은 군사를 일으켜 병부령 이사부에게 명령을 내려 두 성을 공격하여 빼앗게 했다.

북한산 진흥왕순수비
신라 진흥왕(재위 540~576년)이 세운 순수척경비巡狩拓境碑 가운데 하나로, 한강 유역을 영토로 편입한 뒤 왕이 이 지역을 방문한 것을 기념하기 위해 건립되었다. 국보 제3호, 국립중앙박물관 소장.

"부제인 내가 어찌 전쟁에 나가지 않겠는가?"

이화랑은 화랑을 이끌고 이사부를 따라 출정했다. 신라의 맹장 이사부는 백제와 고구려가 방심하고 있는 틈을 타서 순식간에 두 성을 빼앗고 성을 증축한 뒤에 군사 1천 명에게 성을 지키게 했다.

이 무렵 백제는 성왕 시절로 고구려에 빼앗긴 한강 유역을 수복하기 위해 전력을 기울이고 있었다. 때마침 고구려는 귀족들의 권력 투쟁으로 혼란을 겪고 있었다. 이런 정세에 백제의 성왕은 진흥왕에게 사신을 보내 한강 유역으로의 공동 출병을 제안했고 진흥왕은 영토 확장의 호기로 여겨 이 제안을 받아들였다. 백제군과 신라군은 연합해 고구려가 점령하고 있는 한강 유역을 대대적으로 공격했다. 고구려군은 대패해 한강 이북으로 철수했다.

'한강 유역을 얻으려면 성이 필요하다.'

진흥왕은 신라의 명장 거칠부居柒夫를 비롯해 구진仇珍, 비태比台, 탐지眈知, 비서非西, 노부奴夫, 서기부西力夫, 비차부比次夫, 미진부未珍夫에게 명령을 내려 죽령(竹嶺, 고구려 영토인 한강 상류 지역) 이북에 있는 10개 군을 고구려로부터 빼앗게 했다.

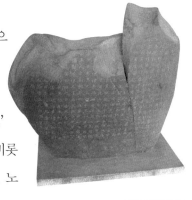

단양 신라적성비
진흥왕 당시 고구려의 적성(지금의 단양)을 공략한 후 유공자를 포상하고 적성 지역의 백성들을 위로하기 위해 세웠다. 국보 제198호.

이화랑은 이 전투에 참여해 많은 공을 세웠다.

고구려전을 승리로 이끈 신라의 명장, 거칠부

거칠부는《삼국사기》에까지 이름이 올라 있는 신라의 명장이다.

그의 성은 김씨고, 내물왕의 5대손이었다. 조부는 각간을 지낸 김잉숙이고 아버지는 이찬을 지낸 김물력金勿力이었다. 신라의 쟁쟁한 귀족 가문으로 어릴 때부터 큰 뜻을 품고 있었다.

거칠부는 젊었을 때 머리를 깎고 중이 되어 사방을 유람했다. 그는 문득 고구려를 정탐하고 싶은 생각이 들어 국경을 넘어 잠입했다.

《삼국사기》〈거칠부 열전〉의 기록은 모호하다. 거칠부는 중이 되어 사방을 유람하다가 고구려로 들어간 것으로 기록되어 있으나 신라와 고구려의 관계로 미루어 거칠부는 고구려를 정탐하기 위해 일부러 머리를 깎고 중의 복장을 하고 고구려로 입국한 것으로 보인다. 거칠부는 고구려에 들어가자 정세를 상세하게 염탐하기 시작했다. 그때 많은 군중들이 한 사찰로 몰려가고 있었다. 거칠부가 의아하게 생각해 까닭을 묻자 법사(法師, 부처님의 가르침을 전하는 사람) 혜량의 강설이 열린다고 했다. 거칠부는 호기심이 일어나 군중들을 따라가서 여러 날 동안 혜량의 강설을 들었다. 혜량은 눈빛이 그윽하고 수염이 은빛으로 길게 내려와 탈속한 풍모를 갖고 있었다.

"사미(沙彌, 출가한 남자 수행자)는 어디서 왔는가?"

하루는 혜량이 거칠부에게 물었다.

"저는 서라벌에서 왔습니다."

거칠부가 망설이다가 사실대로 대답했다. 혜량은 찬찬히 거칠부의 얼굴을 살피더니 이맛살을 찌푸리면서 근심스러운 표정을 지었다. 그날 밤에 혜량이 거칠부를 불러 놓고 손을 잡으며 은밀하게 말했다.

"내가 사람을 많이 보았는데 그대의 용모를 보니 분명 보통 사람이 아니다. 그대가 고구려에 온 것은 염탐을 하기 위해서가 아닌가?"

"제가 외딴 지방에서 성장해 참된 도리를 듣지 못했는데, 스님의 높으신 덕망과 명성을 듣고 와서 말석에 참여하게 되었습니다. 스님께서는 거절하지 마시고 끝까지 저의 어리석음을 깨우치게 해주십시오."

거칠부는 가슴이 철렁했으나 법사에게 차분하게 대답했다.

"노승이 불민하지만 그대가 어떤 인물이라는 것을 한눈에 알아볼 수 있네. 이 나라가 비록 작지만 누군가는 그대를 알아 볼 거야. 그대가 잡힐까 염려되어 일부러 은밀히 일러주는 것이니 빨리 신라로 돌아가는 것이 좋겠네."

혜량이 거칠부를 지그시 살피면서 말했다. 거칠부는 혜량이 한눈에 자신의 정체를 알아차리자 깜짝 놀랐다. 혜량은 비범한 고승이었다. 거칠부가 등줄기로 식은땀을 흘리며 서둘러 돌아가려고 하자 혜량이 다시 말했다.

"그대의 상을 보니 제비턱에 매 눈이니 앞으로 반드시 장수가 될 것일세. 만일 군사를 거느리고 오거든 나에게 해를 끼치지 말게."

"만일 스님의 말씀과 같은 일이 생긴다면, 이는 스님과 제가 모두 바라지 않는 일이니, 밝은 해를 두고 그런 일이 없도록 맹세하겠습니다."

거칠부가 합장을 하고 공손하게 대답했다. 그는 고구려의 정세를 낱낱이 탐지해 신라로 돌아와 진흥왕에게 고했다. 그러다가 551년 진흥왕은 백제와 연합, 고구려를 공격해서 승리를 거두었다.

한강 유역을 차지하기 위한 암투

진흥왕의 시대는 전쟁의 시대였다. 진흥왕은 백제와 연합해 고구려를 공격해 한강 상류를 차지했지만 한강 하류는 백제의 몫이었다.

'백제와는 오랜 동맹이지만 한강의 하류를 우리가 장악해야 한다. 하류를 신라가 장악해야 중국과 교통할 수 있다.'

진흥왕은 한강 유역이 삼국의 중요한 전략적 요충지라는 사실을 알고 있었다.

진흥왕은 지략이 출중한 인물이었다. 553년 그는 백제가 방심하고 있는 틈을 타서 한강 하류의 백제군을 기습 공격했다. 신라군의 공격은 나제동맹을 파기하는 것이 된다.

"신라가 동맹국을 공격하니 참으로 비열하다."

백제군은 신라가 불시에 공격을 해오자 당황했다. 고구려와 대치하던 군사를 돌려 신라군과 싸웠으나 대패했다. 백제는 비분강개하면서 한강 유역에서 철수했다. 이 전쟁에서도 신라의 화랑인 위화랑, 미진부, 이화랑 등이 참전해 신라군의 전투를 주도했다.

백제 성왕은 한강 유역에서 철수한 뒤에 신라에 복수를 하기 위해 절치부심했다.

"우리는 백제와 동맹을 끊었다. 백제가 반드시 군사를 일으킬 것이니 대비하라."

진흥왕이 영을 내렸다. 신라는 이에 따라 백제에 대한 경계를 강화하면서 군사를 양성했다. 백제는 신라에 복수를 하기 위해 가야와 왜를 끌어들여 동맹을 맺었다.

서기 554년 7월 백제 성왕은 3만의 대군을 거느리고 서라벌과 한강 유역을 잇는 군사 요충지 관산성(管山城, 충북 옥천)을 공격했다.

"백제군이 침략한다!"

관산성에서는 즉시 서라벌로 파발을 보냈다.

"백제가 가야와 연합해 신국을 침략해 오고 있다."

신라 조정은 순식간에 긴장감이 감돌았다. 관산성에서 올라오는 파발을 분석하면서 대책을 논의했다.

"한산주에 있는 김무력으로 하여금 백제군의 후미를 공격하게 하고 서라벌에서는 이사부가 대장이 되어 구원군을 보내게 하라."

진흥왕이 영을 내렸다. 신라군이 즉시 관산성으로 향하고 화랑은 선봉부대가 되었다. 이화랑은 전쟁이 시작되자마자 화랑을 이끌고 관산성으로 달려갔다.

"관산성을 점령하라! 성을 점령하고 서라벌까지 쳐들어가자!"

백제군은 관산성 앞의 넓은 벌판에 진을 치고 대대적인 공격에 나섰다.

"백제군을 막으라! 김무력 장군과 이사부 장군이 오고 있다."

관산성의 군주인 각간 우덕과 이찬 탐지는 인근의 군사를 동원해 백제군에 맞섰다.

"돌격하라!"

"적을 막아라!"

양군의 전투는 치열하게 전개되었다. 우덕이나 탐지 모두 신라의 맹장이었다. 그러나 백제는 좌평 6명까지 총동원하고 태자인 위덕이 대장이 되어 대대적인 공세를 펴고 있었다. 화살과 돌이 비 오듯이 날고 처참한 살육전이 전개되었다. 백제군은 파도가 몰아치듯이 성벽을 기어올랐다. 그러나 관산성의 우덕과 탐지는 맹렬하게 저항했다.

"백제군의 후미를 공격하라!"

이화랑은 화랑을 이끌고 3만 군사로 관산성을 포위한 백제군을 공격했다.

"신라군이 온다."

"신라의 구원군은 1천 명밖에 되지 않는다. 역습해 전멸시키라."

백제군은 이화랑이 이끌고 온 화랑이 1천 명밖에 되지 않자 단숨에 몰살시킬 수 있을 것이라고 생각했다.

"전군은 진陣으로 대항하라!"

이화랑은 1천 명의 화랑에게 진법에 따라 백제군과 맞서게 했다. 생문生門과 사문死門을 적절하게 활용해 백제군을 끌어들인 뒤에 그들을 도륙했다. 그러나 진법이 아무리 뛰어나도 수만 명의 백제군을 막아내는 것은 한계가 있었다. 이화랑은 화랑들을 퇴각시켰다가 다시 공격하는 기습전을 전개했다.

백제는 대군을 휘몰아 쉬지 않고 관산성을 공격했다. 하지만 이화랑이 이끄는 화랑 부대가 걸핏하면 후미를 기습했기 때문에 백제군은 효과적인 공격을 할 수 없었다. 관산성의 신라군은 마침내 화살이 떨어지고 병사들이 먹을 식량이 떨어졌다. 그때 한강 유역을 지키던 김무력이 대군을 이끌고 관산성으로 달려와 합세했다. 관산성 앞 벌판은 온통 신라와 백제의 군마와 깃발로 뒤덮였다.

"백제군을 도륙하라!"

김무력의 영이 떨어지자 신라군은 해일이 몰아치듯이 사납게 백제군을 공격했다.

"신라군을 격파하라!"

백제군도 맹렬하게 신라군을 공격했다. 또다시 화살이 비오듯이 날고 창검이 불꽃을 튀겼다. 하지만 서로 일진일회를 반복할 뿐 쉽게 결말이 나지 않았다.

"내가 직접 나서야겠다. 백제군이 승리하도록 전장에 가서 북을 치며 독려할 것이다."

백제 성왕은 관산성 전황을 보고받자 기병과 보병 50명을 이끌고 관산성으로 달려가기 시작했다. 그러나 이 사실은 신라 첩자들에게 탐지되어 김무력에게 보고되었다.

'성왕이 겨우 군사 50명의 호위를 받으면서 관산성으로 온다고?'

김무력은 첩자들의 보고를 받자 성왕을 잡을 절호의 기회라고 생각했다. 그는 즉시 이화랑에게 구천狗川에 매복했다가 성왕을 기습하라고 지시했다. 이화랑은 군사들을 이끌고 구천으로 달려갔다. 백제 성왕이 나타난 것은 그들이 매복한 지 한나절도 되지 않았을 때였다.

"백제왕을 죽여라!"

이화랑은 맹수처럼 포효하면서 성왕에게 달려갔다. 신라 군사들이 일제히 함성을 지르면서 이화랑의 뒤를 따랐다. 이화랑이 깜짝 놀라 우왕좌왕하는 백제군 50명을 몰살시키는 동안 고간도도라는 비장이 성왕의 목을 베었다.

"백제왕이 죽었다!"

이화랑이 칼을 높이 들고 고함을 질렀다.

"와!"

신라군이 일제히 창을 흔들면서 환호했다. 성왕이 백제군을 격려하기 위해 관산성으로 달려오다가 복병에 의해 죽자 백제군은 순식간에 사기를 잃었다. 이미 관산성을 공격하느라 많은 희생자가 발생한 백제군이었다. 신라군과 치열한 혈투를 벌였으나 승패는 결정되어 있었다. 신라군이 파죽지세로 백제군을 공격하자 관산성 앞 벌판이 시산혈해를 이루었다. 왕을 잃은 백제군은 신라군에 대패했고 신라군은 약 3만 명의 수급을 베는 대승을 거두었다.

'전쟁이 너무나 참혹하구나.'

이화랑은 전투가 끝나자 눈앞에 펼쳐진 참상을 보고 눈살을 찌푸렸다. 전쟁의 바람이 휩쓸고 간 관산성 앞 벌판은 처참했다. 수많은 군사들의 목이 잘려진 관산성 일대는 몇 달 동안 피비린내가 가시지 않고 시체 썩는 냄새가 진동을 했다. 이화랑은 전투가 끝나자 절에 가서 죽은 이들을 위해 기도했다.

"대가야가 백제와 연합을 하다니 괘씸하기 짝이 없다. 대가야가 반란을 일으켰으니 이들을 정벌하라."

562년 진흥왕은 이사부에게 대가야를 공격하라고 지시했다. 이사부의 신라군은 파죽지세로 달려가 대가야를 단숨에 짓밟았다.

이때 이화랑의 부제인 사다함이 선봉에 서서 성문을 여는 큰 공을 세웠다. 신라는 마침내 가야의 여러 나라를 완전히 정복하고, 낙동강 유역 전부를 지배할 수 있게 되었다. 서기 565년에 대야주(大耶州, 지금의 경남 합천)를 설치해 가야 지역을 통치하고 백제를 방어하는 요새로 삼았다.

신라의 한강 유역 진출은 삼한통일의 중요한 포석이었다. 한강 유역을 차지하면서 많은 인적·물적 자원이 신라의 수중에 들어왔고 황해를 통해 중국과 교류할 수 있게 되었다.

"신라는 신국이다. 삼한의 주인이 되어야 한다."

진흥왕은 삼한통일의 야망에 불타올랐다. 신라군은 한강 유역

가야의 무기

가야군이 백제와 연합해 신라와 결전을 벌일 때 사용했을 것이다. 우측부터 시계방향으로 철로 만든 덩이쇠, 도끼, 고리자루칼, 화살촉.

을 점령한 뒤에 동북 방면으로 북상해 556년에 비열홀주(比烈忽州, 지금의 함경남도 안변)를 설치하고 사찬(沙飡) 성종(成宗)을 군주로 임명했다. 비열홀주를 최전방으로 하면서 568년에는 함흥평야까지 진출했다.

'나는 진흥왕에게 목숨을 바치기로 맹세했다.'

이화랑은 진흥왕이 가는 곳마다 수행하고 전쟁이 일어나면 가장 먼저 달려갔다. 숙명공주와의 사랑으로 죽어야 할 목숨이었으나 진흥왕이 살려주었기 때문에 평생 동안 진흥왕에게 충성을 바쳤다.

함안 성산산성 목간

목간이란 글을 적은 나뭇조각을 말하는데 종이가 없던 시절 널리 쓰였다. 경남 함안 성산산성에서 발견된 이 목간은 국내에서 발견된 목간 가운데 가장 오래된 것으로 진흥왕 재위 시절의 것으로 추정된다. 당시 《국사》 편찬 사업에도 이 같은 형태의 목간이 쓰였을 것으로 추정된다. 함안박물관 소장.

　진흥왕은 고구려와 백제, 가야를 정벌해 신라 영토를 확장했다. 그것은 창녕, 북한산, 황초령黃草嶺, 마운령磨雲嶺에 있는 4개의 순수관경비巡狩管境碑와 단양의 적성비赤城碑를 통해 알 수 있다.

　경상남도 창녕군에 있는 창녕비는 561년에, 함경남도 함흥군에 있는 황초령비와 이원군에 있는 마운령비는 568년에 각기 건립되었다.

　진흥왕은 신라를 강대국으로 만든 데다가 문화적인 측면에서도 많은 업적을 남겼다. 545년 이사부의 건의를 받아들여 거칠부에게 ≪국사國史≫를 편찬하게 했으며 불교 진흥에도 힘을 쏟았다.

　553년에는 월성月城 동쪽에 왕궁을 짓다가 황룡이 나타나자 왕궁을 고쳐서 사찰로 삼고 566년에 황룡사皇龍寺를 완공했다.

　황룡사는 신라 최고의 사찰로 이곳에는 574년에 신라 최대의 불상인 장륙상丈六像이 주조되어 모셔져 위용을 자랑했다.

진흥왕 35년 봄 3월, 황룡사의 장륙상의 주조가 끝났다. 구리의 중량이 3만 5천7근이었으며, 도금한 금의 중량이 1만 1백9십8푼이었다.

진흥왕은 법흥왕을 이어 말년에는 머리를 깎고 승복을 입은 뒤에 법명을 법운法雲이라고 짓고 수행하다가 여생을 마쳤다. 왕비도 이를 본받아 비구니가 되어 영흥사永興寺에 거처하다가 서기 614년 (진평왕 36)에 죽었다.

이화랑의 아들, 원광

이화랑은 원광과 보리 두 아들을 낳았다. 원광은 어릴 때부터 제자백가(諸子百家, 춘추전국시대의 여러 학파)의 학설을 독파하고, 사서삼경을 읽어 신동이라고 불렸다. 578년(진지왕 3)에 중국 진陳나라에 건너가 《열반경》,《성실론成實論》을 배우고 여러 불경을 연구하고 강의해 중국에서 크게 명성을 떨쳤다.

원광이 화랑의 전통을 잇지 않고 불교에 빠져든 것은 무슨 까닭인가. 이 시기에 신라는 전쟁이 그치지 않았고 많은 백성들이 전쟁의 참화에서 벗어나기 위해 마음의 안식처를 갈망했다. 불교는 전쟁으로 피폐한 신라인들의 정신을 어루만지고 신라인들은 불교에서 구원을 찾았다.

이화랑 역시 평생 동안 전장을 전전하면서 참혹한 실상을 보고 불교에 귀의했다. 원광은 아버지 이화랑이 사찰에 갈 때마다 따라다녔고 그 까닭에 불교를 깊이 연구하고 스스로 중국까지 건너가서 공부하게 되었던 것이다.

중국에서 명성을 얻은 원광은 신라에 돌아와 신라인들에게 불교를 전파하는 데 힘썼다. 그 후 다시 수나라에 건너가서 수많은 경전을 섭렵했으며 소승 불교와 대승 불교 양쪽의 불경을 모두 공부하고 귀국했다.

진평왕 시절 원광법사는 화랑의 계율인 세속오계를 지어주었다. 그의 아버지가 4세 풍월주 이화랑이었고 그의 동생이 12세 풍월주 보리로, 화랑과 깊은 인연이 있었기 때문이다.

한편 원광법사는 진평왕 30년(608년)에는 왕명으로 걸사표乞師表를 지어 수나라에 출병을 요청하기도 했다.

진평왕 30년, 왕은 고구려가 자주 국토를 침범하는 것을 걱정해서 수나라 군사를 청해 고구려를 치고자 했다. 왕은 원광으로 하여금 수

황룡사지 금당터
신라 삼보 가운데 하나인 황룡사 장륙삼존불이 있던 금당터로, 현재 삼존불의 받침대만 남아 있다. 황룡사 장륙삼존불의 장륙丈六은 석가모니의 키가 1장丈 6六척이라는 데서 나온 것으로 약 5m의 높이다. 석가모니 당시 어른의 키가 8척이었는데 석가모니의 존귀함을 표현하기 위해 8척을 더한 것이라고 한다.

나라의 군사를 요구하는 글을 쓰게 했다.

"자기가 살기 위해 남을 멸하는 것은 불교도의 행실이 아니지만, 제가 대왕의 땅에서 살고 대왕의 땅에서 나는 물과 곡식을 먹고 있으니, 어찌 감히 명령을 좇지 않겠습니까?"

원광은 이렇게 말하고 곧 글을 지어 올렸다.

《삼국사기》의 기록이다. 원광의 걸사표가 수나라의 고구려 침략에 어떤 역할을 했는지는 알 수 없다. 수나라는 고구려를 여러 차례 침략했으나 대운하 건설과 무리한 고구려 침략으로 국력이 피폐해져 결국 멸망하고 만다.

여생을 신선처럼 살다간 이화랑

이화랑은 풍월주 자리를 사다함에게 물려준 뒤에 높은 관직을 누렸다. 그러는 동안 그는 원광과 보리를 비롯, 많은 자손을 낳았다.

"내가 오랫동안 부귀 영화를 누렸는데 무엇을 더 바라겠는가?"

나이 들자 이화랑은 모든 관직에서 물러나 숙명공주와 첩 새달과 함께 명승지를 유람했다. 그는 슬라(瑟羅, 상주)에 여섯 번 들어갔고 여덟 번 금오산을 돌았다.

"신은 공주님과 더불어 태후와 임금을 모신 지 40년이 되었습니다. 신은 그동안 물고기가 물을 만난 것처럼 즐거움이 지극했습니다. 이제 지소태후와 진흥왕을 따라 옥경(玉京, 옥황상제가 사는 곳)으로 가는 것이 어떻겠습니까?"

하루는 이화랑이 숙명공주에게 말했다. 어느 사이에 이화랑의 머리는 백발이 되어 있었고 수염은 은빛이어서 선풍도골의 모습을 하고 있었다. 산천을 유람하는 동안 그의 눈은 산을 닮고 물을 닮아 온화하면서도 깊은 예지로 빛나고 있었다.

"낭군이 바라는 바이니 첩은 응당 따르겠습니다."

숙명공주가 온화하게 말했다.

이화랑은 4세 풍월주로 뒤에는 화랑의 정신적 스승으로 받들어졌다. 그는 평생 동안 임금과 국가에 충성했다. 전쟁에 나가서는 물러서지 않아 진흥왕의 정복사업을 도왔다. 말년이 되자 신선의 경지에 이르러 산수를 벗하면서 살아 화랑의 모범이 되었다. 수壽가 다하자 숙명공주, 그리고 첩 새달塞達과 함께 베개를 나란히 하고 죽었다.

4

미실이 사랑한 화랑

사다함

찬하여 이른다. 비량의 자손이요. 위화랑의 손자라.
정벌에 공이 많았으나 스스로 불모지에 머물렀다.
푸른 새가 산 속에 있으니 송백같이 푸르리라.

사다함은 위화랑의 외손이다. 화랑은 아들에게만 세습이 된 것
이 아니라 딸을 통해서도 세습이 되었다. 이는 신라의 골품이 딸
에게도 세습이 되었던 것과 같은 맥락이다. 신라의 신분제는 철저
하게 혈통으로 이어진다. 귀족의 신분이 진골정통은 지소태후, 대
원신통이 사도태후와 같은 여성 계열로 이어졌듯이 화랑의 세계世
系 또한 여자들을 통해서도 이어진 것이다.

금진낭주, 사다함을 낳다

옥진궁주의 동생 금진낭주는 위화랑의 딸이었다. 그녀도 법흥
왕의 후궁이 되었으나 아들을 낳지 못했다. 남모공주가 죽음을 당
했을 때 낭도들이 법흥왕의 후궁인 금진낭주를 원화로 받들려고
했으나 지소태후가 허락하지 않았다. 법흥왕이 죽자 황궁에서 나

와 문상이라는 곳에서 쓸쓸하게 지내고 있었다.

'나의 사랑하는 여인이 궁에서 나왔으니 나에게 기회가 온 것이다.'

구리지仇梨知는 금진낭주가 살고 있는 문상으로 찾아갔다. 구리지는 비량공과 벽화부인이 사통해서 낳은 아들이었다. 금진낭주는 구리지가 찾아와 인사를 올리자 눈살을 찌푸렸다.

'구리지라면 왕궁의 호위무사가 아닌가?'

금진낭주는 법흥왕을 섬길 때도 구리지를 보았었다. 구리지는 금진낭주를 흠모해 측간에 갈 때도 따라다니고는 했으나 금진낭주는 당시에 눈여겨보지 않았었다.

'이제 보니 훌륭한 귀공자구나.'

금진낭주는 구리지를 다시 보자 가슴이 설레고 얼굴이 붉어졌다.

'낭주님은 여전히 선녀가 하강한 듯이 아름답구나. 내 사랑을 받아주면 얼마나 좋으랴.'

구리지는 금진낭주를 보고 눈을 떼지 못했다. 백설처럼 하얀 살결에 추수처럼 맑고 서늘한 눈, 앵두처럼 붉은 입술이 구리지의 마음을 온통 흔들었다. 하늘거리는 비단 옷에 버들 같은 허리, 살랑살랑 걸음을 떼어놓는 그녀의 자태는 한 떨기 꽃이나 다를 바 없었다.

구리지는 금진낭주가 대궐에 있을 때 그녀와 사랑을 이루게 해달라고 천주사에 5년 동안이나 빌었었다. 그 세월을 생각하자 가슴이 타는 것 같았다.

"공께서는 어찌해 혼자 사는 여인을 찾아오셨소?"

금진낭주가 구리지에게 차를 대접하면서 물었다.

"낭주께서는 왕궁에서 나오셨으니 선왕과의 인연이 끊어졌습니다. 신은 낭주를 사랑한 지 여러 해가 되었습니다."

구리지는 자신의 사랑을 금진낭주에게 호소했다.

"나는 선왕을 모시던 여인이라 그대의 마음을 받을 수가 없소."

금진낭주는 구리지의 사랑을 거절했다. 그러나 구리지는 하루도 거르지 않고 금진낭주를 찾아가 사랑을 호소했다. 그래도 금진낭주는 구리지의 사랑을 선뜻 받아들이지 않았다.

남모공주가 죽자 구리지는 낭도들을 모아 금진낭주를 원화로 만들려고 책략을 꾸몄다.

"원화는 무사입니다. 낭도들과 더불어 죽을 마음을 보이지 않는다면 그들의 마음을 얻을 수 없습니다."

"그대는 어찌해서 홀로 사는 나를 원화로 추천하는 것이오?"

신라 금제 가는 귀걸이
국립경주박물관 소장.

신라 천마총 금관
호화의 극치를 이루는 이 금관은 신라의 대표적인 금관으로, 발전 팽창기에 있던 신라의 국력과 왕권을 상징한다. 5세기 말에서 6세기 초의 작품으로 추정된다. 국보 제188호. 국립경주박물관 소장.

금진낭주가 감격한 표정으로 쳐다보면서 물었다.

"낭주에게 연정을 품은 지 어느덧 5년이 되었습니다. 신이 부인의 몸을 범하는 것을 허락해주십시오."

"그대는 아름다운 남자니 서라벌의 젊은 여인들과 맺어져야 하오."

"제가 사랑하는 여인은 오로지 낭주뿐입니다."

"그대는 나를 아내로 삼으려고 하는 것이오?"

"그러하옵니다."

구리지의 말에 금진낭주가 탄식했다.

'내가 어찌 이와 같이 훌륭한 귀공자의 청을 거절한다는 말인가?'

금진낭주는 마침내 구리지의 사랑을 허락했다. 구리지는 금진낭주와 정을 통해 토함兔含과 사다함斯多含 두 아들을 낳았다. 토함은 영특했을 뿐 아니라 용모가 출중하게 아름다웠다.

"이 아이는 기골이 장대하고 뛰어나 그 할아버지 비량공 못지않고, 아름다움은 할머니 벽화보다 낫다. 분명히 신라의 주춧돌이 될 인재다."

지소태후가 토함을 보고 감탄해서 말했다. 이화랑도 토함을 사랑해 부제로 삼고 항상 데리고 다녔다.

토함의 동생 사다함은 증조모 묘랑의 풍모가 있어 얼굴이 아름다웠다. 뿐만 아니라 인품이 뛰어나 많은 낭도들이 따랐다. 토함이 화랑이 되었을 때 진흥왕이 동륜태자의 호위를 맡게 했다.

"나는 태자의 호위를 맡았으니 하루도 궁을 비울 수가 없다."

토함은 풍월주 부제의 자리를 동생 사다함에게 양보하고 태자궁으로 들어갔다. 이화랑은 사다함을 부제로 삼았다. 당시 화랑의 무리에 속해 있었으나 귀족 중에는 신분이 낮은 무관랑武官郎이란 자가 있었는데 인품과 무예가 뛰어나 사람들에게 인심을 얻고 있었다. 사다함은 무관랑을 만나보고 그 인품에 반해 좋아했고 무관랑역시 사다함을 사랑했다.

"공자께서는 진실로 옛 신릉군이나 맹상군의 풍모를 지니고 계십니다. 삼가 신하가 되기를 청합니다."

무관랑이 사다함에게 신하가 되게 해달라고 청했다. 신릉군이나 맹상군은 춘추전국시대의 인물로 많은 식객들을 거느렸다. 식객들이 몰려오는 것은 인품이 훌륭했기 때문인데, 이들은 3천 명이나 되는 식객을 거느린 것으로 유명하다.

"당치 않다. 내가 어찌 그들과 견줄 만한 인재라고 할 수 있겠는가?"

사다함은 겸양한 태도를 취했으나 속마음으로는 기쁘게 받아들여 무관랑을 신하로 삼았다.

색사色事로 최고의 권력을 잡으려 한 여자

진흥왕 9년 봄 2월. 고구려가 예와 함께 백제의 독산성을 공격하자, 백제가 구원을 요청했다. 진흥왕은 장군 주령朱鈴을 보냈다. 주령은 정병 3천을 거느리고 고구려군을 공격해 수많은 적군을 죽이거나 포로로 잡았다.

구리지는 이 전투에 참여했다가 전사했다. 구리지의 부인 금진낭주는 옥진궁주에 못지않게 색사色事에 뛰어난 여인이었다. 옥진궁주는 신라를 뒤흔들 정도로 교태를 잘 부렸는데 금진낭주도 그에 못지않았다. 오히려 남자를 유혹하고 색사를 즐기는 것은 옥진궁주를 능가했다.

구리지를 받드는 가신으로 설성이라는 자가 있었는데 아름다운 용모에 아첨을 잘했다. 남자가 전쟁에 출정을 하면 여자는 남자가 공을 세우고 무사히 돌아오기를 기원해야 한다. 그러나 금진낭주는 구리지가 출정하자 기다렸다는 듯이 설성을 침실로 끌어들여 정을 통했다. 그녀는 색사를 즐겼을 뿐만 아니라 색사를 이용해 권력을 누리려는 야망도 갖고 있었다. 진흥왕의 아들 동륜태자가 태어날 때였다. 사도왕후는 금진낭주를 불러 유모로 삼았다.

'나는 다시 왕을 가까이 할 수 있게 되었다. 반드시 왕의 총애를 얻을 것이다.'

금진낭주는 동륜태자의 유모가 되어 궁에서 살게 되자 젊고 영특한 진흥왕에게 교태를 부리기 시작했다. 진흥왕은 농익은 금진낭주를 볼 때마다 몸이 달아올랐다. 그러나 진흥왕의 나이가 어렸기 때문에 지소태후가 후궁을 들이는 것을 허락하지 않았다. 사도왕후도 금진낭주에게 교태를 부리지 말라고 엄중하게 경고했다. 진흥왕은 사도왕후가 동륜태자를 출산하자 3개월 동안 사랑을 나눌 수 없었다.

'대왕이 혈기왕성한 때이니 기회를 잡아야 한다.'

금진낭주는 사도왕후가 엄명을 내렸는데도 진흥왕을 볼 때마다 유혹했다.

'사도왕후와는 다른 아름다움이 있다.'

진흥왕은 교태를 부리는 금진낭주의 유혹에서 벗어날 수 없었다. 마치 거미줄에 걸린 곤충처럼 금진낭주의 치마폭에 빠져 허우적거렸다.

진흥왕은 여러 여자를 거느리면서도 정사를 게을리하지 않았다. 대외적으로 정복정책을 강력하게 추진하면서 순행도 자주 다녔다. 경상도와 경기도, 심지어 함경도에 있는 순수비가 그가 얼마나 순행을 자주했는지 알 수 있는 대목이다. 진흥왕이 하슬라주에 행차했을 때 사람들은 금진낭주를 왕후궁의 궁녀로 생각했다.

남녀가 사랑을 나누면 임신을 하게 된다. 금진낭주는 결국 진흥왕으로 인해 임신했다.

'내가 그토록 타일렀는데 용정을 잉태했으니 용서할 수 없다.'

금진낭주가 잉태를 하자 사도왕후가 펄펄 뛰면서 죽이려고 했다. 금진낭주는 겁이 덜컥 나서 진흥왕에게 구해 달라고 아뢰었다.

"네가 대궐에서 나가 살아야 한다."

진흥왕이 걱정을 해서 금진낭주에게 궁에서 나가 살게 했다.

금진낭주는 서라벌의 사가로 돌아왔다. 이미 법흥왕을 비롯해서 구리지, 진흥왕, 설성 등 여러 남자들과 정을 통한 금진낭주였다. 그녀는 하루도 남자 없이 살 수 없는 여자로 변해 있었다. 왕궁에서는 추방되었으나 여전히 권력과 부를 갖고 있었다. 그녀의 주위에 남자들이 구름처럼 몰려들었다.

'나는 남자들을 지배하고 살 거야.'

금진낭주는 사가에서 젊은 남자들을 침실로 끌어들였다. 그러나 주위의 눈을 피해 남자들을 집에서 숨겨 놓고 색사에 탐닉했다. 설성도 여전히 그의 남자로 침실을 드나들었다.

'어머니께서 어찌 부도婦道를 행하지 않는가?'

금진낭주가 문란한 성생활을 하자 사다함은 비통했다. 그는 설성을 아버지로 인정하지 않고 거역했다. 그러나 금진낭주에게는 자신에게 피와 살을 준 어머니라고 효를 다했다.

진흥왕은 여러 날이 흐르자 농염하게 무르익은 금진낭주의 여체를 잊을 수 없었다. 그녀를 왕궁으로 불러 음사를 나눈 뒤에 조하방(朝霞房, 궁의 일을 맡아보던 관아로, 고급 비단과 같은 직물의 생산을 맡아보던 곳) 부인에 임명했다.

"어머니, 임금이 총애를 하니 부정을 행해서는 안 됩니다."

사다함이 공손하게 금진낭주에게 말했다.

"네가 감히 나를 훈계하는 것이냐? 자식이 부모에게 어찌 이럴 수가 있느냐?"

금진낭주가 눈을 치뜨고 사다함을 질책했다. 사다함은 울면서 금진낭주 앞에서 물러나왔다.

"금진낭주는 임금이 총애를 하고 있는데 사노私奴와 정을 통하고 있습니다."

대신들이 진흥왕에게 아뢰었다. 진흥왕이 노해서 금진낭주를 불러 질책했다.

"네가 나의 총애를 받으면서 감히 사노와 정을 통하느냐?"

"첩이 불행하게도 어리석어 사사로이 색사를 행했습니다."

금진낭주가 사색이 되어 대답했다.

"너와 색사를 한 자가 몇이냐?"

"맹세코 설성 한 사람뿐입니다."

금진낭주가 흐느껴 울면서 대답했다. 그 우는 모습이 처연하면서도 색기를 물씬 풍기고 있어서 진흥왕이 용서하고 금진낭주와 설성 사이에서 낳은 아들 설원랑을 마복자(摩復子, 왕이나 귀족이 이미 임신한 여성과 성관계를 맺으면서 그 아이의 후원자가 되는데, 이를 말함)로 삼았다. 진흥왕은 밤이 되자 금진낭주와 다시 동침해 사랑을 나눈 뒤에 설성을 나마(奈麻, 신라의 17관등 중 11위 관직)에 임명해 돌려보냈다. 설성에게 벼슬까지 준 것이다.

설성은 스스로 백제 정벌에 종군해 공을 세웠다. 진흥왕은 설성에게 금진낭주를 아내로 삼도록 허락했다.

"인간이 부부가 되는 것은 곧 하늘의 뜻이고 자연의 이치입니다. 어머니만이 홀로 배필이 없어서야 되겠습니까?"

진흥왕이 설성을 금진낭주의 남편으로 삼자 사다함이 형 토함에게 말했다.

"비록 설성의 신분이 천하나 어머니가 바라는 바요. 왕이 허락했으니 소홀히 할 수 없다."

토함도 설성을 금진낭주의 남편으로 인정하겠다고 말했다. 이에 사다함이 금진낭주와 설성이 부부가 되는 것을 인정했다. 그러나 사는 것은 따로 살면서 그들의 전장田莊에 들어가지 않았다.

사다함을 연모한 미실

"이 아이는 반드시 제 아버지를 귀하게 여길 것이다."

옥진궁주(금진낭주의 언니)가 사다함에 대한 이야기를 듣고 칭찬했다. 사다함은 12세에 문노文弩에게 격검을 배웠다. 사다함은 하나를 가르치면 열을 알았다. 총명하고 지혜로와 많은 낭도들이 그를 따랐다.

"구리지가 훌륭한 아들을 낳았다."

낭도들이 서로 말했다. 사다함은 겉으로 태연하고 안으로 어질어서 여러 사람들과 널리 교류했고 형제 간의 우애 또한 돈독했다.

사다함이 신망을 얻고 있었기 때문에 1천 명이 넘는 낭도들이 자원해서 그의 휘하에 들어왔다.

미실낭주는 그때 전군(展君, 태자·왕자 다음 위계의 지위로, 세종은 이사부와 지소태후의 아들이기 때문에 전군이 되었음) 세종을 받들고 있다가 궁에서 추방되었다. 그녀는 세종에게 시집가기 전에 서라벌에서 명성이 높은 사다함을 연모했다.

'나의 남편은 사다함 같아야 한다.'

미실낭주는 입버릇처럼 말했었다. 사다함도 미실낭주를 한 번 보고 깊이 사랑했다. 그러나 둘의 사랑은 이루어질 수 없었다. 그가 미처 청혼을 하기도 전에 미실낭주가 궁으로 불려 들어갔기 때문이다.

'미실낭주가 궁에서 쫓겨난 것은 하늘이 나에게 준 기회다.'

사다함은 미실낭주를 찾아가 사랑을 고백했다. 마침 실의에 빠져 있던 미실낭주에게는 꿈만 같은 일이었다. 두 남녀는 곧 사랑에 빠져 색사에 돌입했다. 미실낭주는 온갖 기교로 사다함을 사로잡았다.

16세 나이로 관산성 전투에 나서다

서기 561년 대가야를 다스리던 양화공주가 죽고 도설지가 왕위에 올랐다. 후임 왕 도설지는 백제·왜와 친밀한 관계를 맺으며 신라에 반기를 들었다.

진흥왕이 태종공 이사부에게 대가야의 도설지를 진압하라는 영을 내렸다. 사다함이 선봉으로 출정하겠다고 청했으나 나이가 어려서 허락하지 않았다. 이때 사다함은 비록 이화랑의 부제였지만 16세에 불과했다.

"나라에서 전쟁을 하는데 나이가 어리다고 가만히 있을 수는 없다."

사다함은 진흥왕이 전쟁에 나가는 것을 허락하지 않자 자신의 낭도들을 이끌고 스스로 출정할 준비를 했다.

"그대는 골품도 아니면서 여러 차례 나라의 은혜를 입었는데 이런 때에 내 아이를 보호하지 않으면 내 남편이 아니오."

금진낭주가 설성에게 말했다.

"이는 내가 기다리던 일입니다. 기꺼이 공자를 모시고 출정하겠습니다."

설성은 사다함의 의부였으나 그의 휘하에 들어갔다. 신라의 골품제는 철저하게 신분제로 이루어져 있었기 때문에 아버지이면서도 아들인 사다함을 깍듯이 받들어야 했다.

사다함이 전쟁터로 출정하려고 하자 미실낭주가 울면서 호소했다.

"낭군께서 전쟁터로 떠나면 나는 견딜 수가 없을 것입니다. 차라리 깊은 산속이나 바닷가 섬으로 달아나요."

미실낭주가 사다함을 끌어안고 몸부림을 쳤다.

"나는 화랑이오. 임금에게 충성하고 부모에게 효도해야 하오."

사다함도 미실낭주와 헤어지게 되어 가슴이 타는 것 같았으나 화랑의 임무를 다해야만 했다.

미실낭주는 온갖 색공으로 사다함을 위로하면서 밤을 새웠다. 마침내 날이 밝아 사다함이 출정하게 되었다. 서라벌의 궁성 앞에 대군이 집결하고 사다함은 낭도들을 거느리고 출정식에 참가했다. 진흥왕이 이사부에게 군령검을 하사하고 군대가 북소리에 맞춰 행군하기 시작했다.

그때 사람들이 웅성거리면서 성루를 쳐다보았다. 언제 나타났는지 성루에서 아름다운 여인이 춤을 추면서 노래를 부르고 있었다.

바람이 분다 하되 님 앞에서 불지 말고
물결이 친다 하되 님 앞에서 치지 마오
님이여 어서 돌아와 안아주오
사랑하는 님이여 잡은 손을 놓을 수가 없네

미실낭주가 사다함을 위해 지어 부른 출정가였다. 미실낭주가 계속 노래를 부르자 출정하는 군사들이 따라 불렀다. 사다함도 성루에서 흰옷을 입고 춤을 추는 미실낭주를 바라보면서 출정가를 따라 불렀다.

사다함은 미실낭주의 아름다운 노랫소리를 가슴에 담고 출정했다. 지난밤 온갖 색공으로 자신을 위로한 미실낭주의 몸도 뇌리에

각인되었다.

사다함은 귀당비장으로 임명되어 선봉으로 맹활약을 했다. 도설지왕은 대가야의 도읍인 주산성(株山城, 고령)에서 신라군을 방어했다. 562년 사다함은 정예 병사 5천 명을 이끌고 대가야의 주산성으로 질풍처럼 달려갔다.

"신라군을 막아라!"

대가야군은 치열하게 저항했다.

"가야는 백제와 연합해 관산성을 공격했다. 이제 관산성의 복수를 해야 할 때다. 군사들은 나를 따르라."

사다함은 대가야 진영을 종횡무진으로 누비며 장창을 휘둘렀다. 대가야군은 점점 뒤로 밀리기 시작했다.

"퇴각하라!"

"성안으로 들어가라!"

가야군은 마침내 주산성으로 퇴각해 성문을 굳게 닫아 걸었다. 신라군은 주산성을 빽빽하게 에워싸고 공격을 퍼부었다. 성루에 사다리를 놓고 올라가기도 하고 도끼로 성문을 부수기도 했다. 그러나 그때마다 가야군은 화살을 쏘거나 돌을 굴려 신라군을 죽였다. 신라군은 주산성 산 밑에서

가야군의 갑옷, 어깨가리개, 투구
가야의 갑옷에서 가야의 뛰어난 철 가공 기술을 엿볼 수 있다. 무사의 체형에 맞으면서 갑옷의 무게를 최소화하기 위해 쇠 조각이 아닌 얇은 철판을 이어 붙여 통갑옷을 만들어 입었다.

무수히 죽어갔다.

"대장군, 희생이 이렇게 커서는 주산성을 공격하는 일이 쉽지 않습니다."

"전쟁에 나온 군사가 공성(攻城, 성이나 요새를 공격함)을 하다가 죽는 것은 당연한 본분이다. 공성을 계속하라!"

이사부가 강경하게 명령을 내렸다. 그러나 가야군 또한 사력을 다해 저항을 하고 있었기 때문에 신라군의 맹렬한 공격도 빛을 발하지 못했다.

"폐하의 명을 받아 출정을 한 것은 아니나 화랑의 기백을 보여줄 때가 되었다. 마땅히 선두에 서서 적과 싸울 뿐이다. 임전무퇴, 화랑은 결코 전투에서 물러서지 않는다."

사다함은 결연히 외치고 이사부에게 받은 5천 명의 병사를 거느리고 주산성을 향해 달려갔다. 그 뒤를 낭도들이 함성을 지르며 따라갔다. 사다함은 황룡대도라고 부르는 장창을 휘둘렀다. 황룡대도의 기세는 용맹하고 쾌속한 것이 특징이다. 한 번 힘을 주어 휘두르면 백 리의 모래가 일어나고 뒤집으면 건곤乾坤이 진동한다는 무서운 병기였다.

사다함은 장창을 무섭게 휘두르면서 가야군을 도륙했다. 그가 장창을 휘두를 때마다 가야군이 추풍낙엽처럼 쓰러졌다.

'저 자는 누구인데 저처럼 용감한 것인가?'

대가야의 도설지왕은 백의를 입고 가야군을 도륙하는 사다함을 보고 전신을 부르르 떨었다. 사다함의 백의는 어느 사이에 피를 뒤집어써서 혈의로 변해 있었다. 어찌나 많은 군사들이 그의 몸에 피를 뿌리고 죽었는지 그의 발밑에는 시체가 즐비했고 옷에서는 혈우血雨를 맞은 것처럼 피가 뚝뚝 떨어지고 있었다.

"가야군은 항복하라! 항복하는 자는 죽이지 않겠다."

사다함은 맹수처럼 소리를 지르면서 장창을 휘둘렀다. 그가 장창을 휘두를 때마다 피보라가 자욱하게 일어나고 처절한 비명소리가 난무했다.

"무서운 장군이다."

가야군은 공포에 질려서 뿔뿔이 흩어져 달아났다.

서기 562년 9월 사다함은 마침내 성루에 올라가 흰색 깃발을 꽂았다.

그 뒤를 따라 신라군이 질풍노도처럼 성 안으로 들어왔다. 가야군은 전의를 잃고 주저앉거나 무기를 버리고 항복했다.

신라군은 당당하게 주산성으로 입성했다. 주산성은 사다함이 생각했던 것보다 훨씬 더 비참한 상태에 빠져 있었다. 주산성 곳곳에 가야의 백성들이 시체와 해골이 되어 나뒹굴어 목불인견의 참상이 벌어져 있었다.

신라군은 대가야의 도설지왕과 야국(일본) 여자를 사로잡았다.

사다함은 대가야 정벌의 일등 공신으로 개선 대열의 앞에 섰다. 하지만 인간사는 새옹지마라는 것을 보여주는 듯이 뜻밖의 소식이 기다리고 있었다.

사다함이 서라벌로 돌아왔을 때 미실낭주가 지소태후의 명에 의해 세종에게 다시 돌아갔다는 소식을 전해 들은 것이다. 사다함은 가슴이 찢어지는 듯 아팠다. 그는 미친 듯이 광야를 뛰어다니

며 청조가靑鳥歌를 지어 부르면서 슬퍼했다. 미실낭주는 사다함을
사랑했으나 전군인 세종의 부인이 되어 권력을 누리는 길을 선택
한 것이다.

청조야 청조야

저 구름 위의 청조야

어찌해서

내 품속에 내려왔는가

청조야 청조야

내 콩밭의 청조야

어찌해서 다시 날아올라

구름 속으로 들어갔는가

이미 왔으면 가지나 말지

또 가려거든 무엇하러 왔는가

눈물을 비처럼 흘리게 하고

애가 타고 몸이 말라

죽어가게 만드는가

나 죽으면 무슨 귀신이 되려나

나 죽으면 신병神兵이 되리

위용이 당당한 대궐에 날아가

아침이나 저녁이나

청조 부부 보호하며

천만년 동안 길이 사라지지 않으리

청조가는 미실낭주를 새에 빗대어 노래한 애절한 사랑노래였다. 대궐에서 살다가 자신의 마음을 흔들고 대궐로 다시 들어간 미실낭주에 대한 원망으로 시작된다. 갈기갈기 찢어지는 사다함의 심정을 절묘하게 표현하고 있다. 그러나 처용가에서 볼 수 있듯이 원망마저 사랑으로 승화하고 오히려 그들을 보호하겠다는 심사를 내비친다.

"사다함은 어린 화랑인데 큰 공을 세웠다."

진흥왕이 사다함을 불러 치하하고 많은 논밭을 하사했다.

"신이 전장에서 용맹하게 싸운 것은 벼슬이나 재물을 원해서가 아닙니다."

사다함은 진흥왕이 하사한 논밭을 받지 않고 사양했다. 포로로 끌고 온 가야인들을 노비로 하사하자 모두 풀어주어 양인(良人,평민)이 되게 했다.

"사다함은 진실로 화랑의 풍모가 있다."

진흥왕이 더욱 기뻐하면서 사다함에게 물었다.

"네가 원하는 것이 무엇이냐?"

"신은 원하는 것이 없습니다. 신이 전쟁에 출정해서 싸운 것은 오로지 신국과 폐하의 신하이기 때문입니다."

사다함이 조금도 교만하지 않고 겸손하게 대답했다.

"과연 신라의 화랑이다. 허나 국가에 상벌이 없을 수는 없다. 내가 너를 포상하지 않으면 사람들이 나를 인색한 군주라고 할 것이다. 너는 나를 인색한 군주로 만들려고 하느냐?"

사다함은 어쩔 수 없이 알천 근처의 불모지 수백 경을 택해 하사받았다.

"이 정도가 부지런히 일하기에 족하다. 나라가 태평하면 화랑이라도 농사를 짓는 것이 옳다."

전쟁이 끝난 후 사다함이 풍월주에 오른 것은 이화랑이 진흥왕을 수행하느라고 화랑을 이끌 시간이 없었기 때문이다. 이에 사다함을 5세 풍월주로 삼고 금진낭주가 노비 설성과 정을 통해 낳은 사다함의 동모동생 설원랑을 부제로 삼았다.

아들을 죽음으로 몰고간 금진낭주

사다함의 어머니 금진낭주는 천성이 음란한 여인이었다. 한때 시노(侍奴, 시중을 드는 남자 종)였던 설성이 사다함을 위해 전쟁에 출정했다가 전사하자 새로운 남자들을 찾기 시작했다. 화랑들에게 추파를 던지더니 급기야 아들의 친구인 무관랑에게 접근했다.

무관랑은 사다함의 사사로운 부하이기도 했다. 그들은 무예를 수련할 때나 전쟁을 할 때 언제나 말 머리를 나란히 하고 다녔다. 그들이 어찌나 친하게 지내는지 사람들이 실과 바늘이라고 불렀다. 무관랑은 여러 번 전투에 참여해 공을 세웠으나 신분이 미천하다는 이유로 포상을 받지 못해 사다함이 항상 우울해하고 안타까워할 정도로 둘은 친분이 두터웠다.

"낭주님, 신은 사다함과 친구입니다. 낭주님께서는 신을 곤란하게 하지 마십시오."

무관랑이 금진낭주를 거절했다.

"호호호. 너는 색사의 즐거움을 모르느냐?"

금진낭주가 자신의 저고리 앞섶을 풀어 헤쳤다.

"어찌 모른다고 할 수 있겠습니까?"

"여자의 가슴도 아느냐?"

금진낭주가 저고리를 풀어 헤치자 희고 뽀얀 가슴이 드러났다. 무관랑은 결국 사다함의 어머니 금진낭주와 사통했다. 젊은 화랑과 중년 여인의 정염은 무섭게 타올랐다. 두 사람이 매일 같이 사랑을 불태우자 낭도들 사이에 소문이 파다하게 퍼졌다.

'어머니께서 어찌 이리 색사가 심한 것인가?'

사다함은 금진낭주의 음란한 행실에 머리를 땅바닥에 짓찧으며 슬퍼했다. 무관랑은 사다함과 마주치면 어쩔 줄을 몰라 했다.

"잘못은 그대가 아니라 어머니에게 있네. 나와 그대는 목숨을 걸고 전쟁터를 누빈 벗일세. 작은 일로 근심하지 말게."

사다함은 슬픈 표정을 감추고 무관랑을 위로했다. 무관랑이 금진낭주의 방을 출입하자 낭도들이 일제히 비난했다. 하지만 욕정에 눈이 먼 금진낭주는 무관랑을 놓아주지 않았다. 무관랑이 도망가려고 밤에 궁궐의 담장을 넘다가 구지(溝池, 월성 담 밑에 있는 연못)에 떨어져 다쳤는데 얼마 지나지 않아 죽었다. 사다함은 친구의 죽음을 애통해 하다가 7일 만에 숨이 넘어가게 되었다.

"나 때문에 네 마음이 상해 이 지경에 이르렀구나. 내가 어찌 살겠느냐?"

금진낭주가 발을 구르면서 비통해 했다.

"죽고 사는 것은 운명입니다. 제가 어찌 어머니 때문에 상심했겠습니까? 살아서 어머니의 은혜에 보답하지 못했으니 죽어서 저

월성 구지(월성 담 밑에 있는 연못)
5세 풍월주 사다함의 친구 무관랑이 사다함의 어머니 금진낭주의 유혹에 넘어가 색사를 나누게 되지만 이를 벗어나려고 도망가다 떨어져 부상을 입게 되는 연못이다. 월성月城은 경주 인왕동에 위치한 신라시대 성으로 반달 모양이라 해서 반월성半月城이라고도 불린다. 사적 제16호.

세상에서 은혜를 갚겠습니다.”

　사다함은 금진낭주에게 기운 없이 말했다.

　사랑을 잃고 친구마저 잃은 사다함은 삶의 의욕을 잃고 서서히 죽어갔다.

　사다함의 죽음이 임박하자 이화랑이 애통해 하면서 물었다.

　“네 아우 설원은 아직 어리니 네가 일어나지 못하면 누구에게 풍월주를 맡길꼬?”

　“미실낭주의 남편 세종에게 잇게 하십시오.”

사다함이 간신히 눈을 뜨고 말했다. 사다함은 그 말을 끝으로 숨을 거두었다. 이화랑이 지소태후에게 세종을 풍월주에 임명해 달라고 아뢰었다.

"세종은 나이가 어리니 어찌 낭도들을 거느릴 수 있겠느냐?"

지소태후가 반대했다. 세종도 사다함의 뒤를 이어 풍월주가 되는 것을 썩 내켜하지 않았다.

"사다함이 나를 그리다가 죽었으니 그의 말을 들어주지 않으면 장부가 아닙니다."

미실낭주가 냉랭한 얼굴로 세종에게 말했다. 사다함의 죽음은 미실낭주의 가슴을 조각조각 찢어지게 했다. 세종이 미실낭주의 말을 받아들여 지소태후에게 아뢰어 허락을 받고 6세 풍월주가 되고 설원랑을 부제로 삼았다. 미실낭주는 홀로 천주사에 가서 사다함의 명복을 빌었다. 미실낭주가 그날 밤 꿈을 꾸었는데 사다함이 품속으로 들어왔다. 미실낭주가 임신해 아들을 낳았는데 11세 풍월주 하종이다.

사다함은 문란한 성 생활을 한 어머니 금진낭주로 인해 많은 심적 고통을 받았다. 그는 대가야와의 전쟁에서 으뜸 가는 공을 세웠는데도 스스로 불모지를 받을 정도로 청빈한 자세와 인품을 지녔다. 이는 어찌 보면 어머니로 인해 스스로 자신을 채찍질한 것이라고 할 수 있다. 그러나 사다함은 반굴, 관창과 함께 화랑정신을 실천한 대표적인 화랑으로 꼽혀 《삼국사기》 열전에도 그 이름이 올라 있다. 정이 많아 친구의 죽음을 애통해 하다가 요절했으니 안타까운 일이다.

5

신라 제일 요부의 남편

세종

찬하여 이른다. 태후의 사자私子이고, 태종공 이사부가 사랑한 아들이다.
청아하고 고고한 기풍은 화랑의 전형이다.

    6세 풍월주 세종世宗은 색공지신으로 유명한 미실궁주의 남편이
다. 《화랑세기》에 등장하는 풍월주들 중에 가장 독특한 인물로 서
라벌을 색사로 뒤흔든 미실을 평생 동안 사랑하고 정치적 동지로
받들었다. 명석한 두뇌를 소유하고 있고 병법에도 뛰어나 많은 전
쟁에서 공을 세웠다. 미실궁주가 옳은 일을 하지 않을 때는 직언
을 하고 화랑들을 잘 이끌었다.

    세종은 이사부의 아들로 어머니는 지소태후였다. 진흥왕에게는
아버지가 다른 동생이다. 세종의 처음 이름은 의종으로 단아하고
아름다운 풍채를 갖고 있었다. 지소태후에게 효도하고 진흥왕에
게 충성했다. 진흥왕도 항상 세종을 막내 동생이라고 부르면서 늘
곁에 있게 하고 잘못을 해도 조금도 책망하지 않았다.

    하루는 이사부가 정무 때문에 진흥왕을 알현하는데 세종이 옆

에 있었다. 이사부가 진흥왕에게 절을 한 뒤에 세종에게도 절을 했다. 세종이 깜짝 놀라 이사부의 절을 받지 않고 부축했다.

"어찌 아버지가 아들에게 절을 하는 것입니까? 감히 절을 받을 수가 없습니다."

세종이 당황해 이사부에게 말했다.

"이 노인이 비록 나의 중신이지만 한낱 신하라는 것을 알아야 한다. 너는 태후의 아들이니 전군이라 이사부가 절을 하지 않을 수 없다."

진흥왕이 웃으면서 말했다.

"아버지는 하늘과 같은 분인데 어찌 제가 감히 신하로 여기겠습니까?"

세종이 흐느끼면서 말했다.

"신라는 신국神國입니다. 왕과 왕비, 그리고 태후는 신국의 주인이기 때문에 역시 신神입니다. 그러므로 지소태후의 신성함은 지아비와 상관없이 신이 되는 것입니다. 전군은 신의 아들이 되시니 어떻게 신하를 아비라고 하십니까?"

태종공 이사부는 어린 세종에게 공손하게 말했다. 이는 골품제에 따라 왕이 될 수 있는 성골을 신격화한 것이고, 성골이 끊어져 진골로 내려온 뒤에도 왕과 왕비, 태후는 신과 같이 신성한 존재로 받든 것이다.

"일찍이 신이 태후궁에 있을 때 모후께서 공을 가리켜 나의 아버지라고 이르던 말씀이 아직도 귀에 쟁쟁합니다."

세종은 지소태후가 이사부를 아버지라고 말하던 기억을 떠올리면서 말했다. 진흥왕은 옆에서 부자간의 이야기를 듣고 감동했다.

"아우가 아버지를 그리는 마음이 이토록 간절한데 어찌 아버지라고 부르는 것을 막을 수 있겠는가? 경이 아비라고 부르도록 허락하라."

"대왕께서 성스러움과 밝은 덕으로 중신을 아끼시니 감격할 따름입니다. 노신은 대왕의 명을 받들겠나이다."

세종이 비로소 이사부를 끌어안고 흐느껴 울었다.

세종은 소년이 되자 낭문에 들어가 화랑이 되었다. 사서삼경을 공부하고 병법을 익혀 화랑들 사이에서 명성을 떨쳤다.

세종, 미실을 보고 첫눈에 반하다

지소태후는 세종이 장성하자 짝을 지어주기 위해 귀족들의 딸을 태후궁으로 불러 선을 보았다. 신라의 내로라하는 귀족 딸들이 화려하게 치장을 하고 태후궁으로 들어와 인사를 올렸다. 태후궁은 그녀들로 인해 색색의 꽃이 피어난 것 같았다. 지소태후와 진흥왕, 그리고 세종이 자리에 앉자 여인들이 꽃향기를 풍기면서 들어와 차례로 절을 올렸다.

"미진부의 딸 미실낭주가 인사 올립니다."

한 여인이 세종의 시선을 사로잡았다. 발그스레한 볼과 영리하게 반짝이는 눈, 붉은 입술… 절을 하면서 얼굴을 들어 바라볼 때 눈이 마주치자 세종은 벼락을 맞은 듯이 몸을 부르르 떨었다.

'세상에 이토록 아름다운 여인은 다시 없을 것이다.'

세종은 다소곳이 절을 하는 미실낭주에게서 시선을 떼지 못했다. 귀족의 딸들이 절을 마치자 지소태후가 마음에 드는 여자가 있느냐고 세종의 의향을 물었다.

"미실낭주가 아름답습니다."

세종은 미실낭주에게 정신을 빼앗겨 눈빛이 몽롱해져서 대답했다. 천하에 이토록 아름다운 여인은 없으리라. 미실낭주의 몸에서 풍기는 염기에 세종은 숨이 막히는 것 같았다.

"미실낭주의 아름다움이 세종에게 짝할 만하오?"

지소태후가 진흥왕에게 물었다.

"어머니께서 정하실 일이나 태종공이 어찌 생각할 지 모르겠습니다."

진흥왕도 미실낭주가 아름답다고 생각했다. 지소태후가 고개를 끄덕이고 이사부를 태후궁으로 불렀다.

"며느리를 들이는 일이니 사랑하는 지아비와 상의하지 않을 수 없습니다. 지아비는 어떻게 생각하십니까?"

지소태후가 이사부를 은밀한 눈빛으로 살피면서 물었다.

"태후의 내사內事를 신이 어찌 말씀 드리겠습니까?"

이사부는 자신의 의중을 내비치지 않았다.

"이 아이는 영실의 손녀라오. 영실이 잘못을 많이 해서 일부러 멀리 했는데 세종이 좋아하니 결정하기 어려워 묻는 것이오."

"영실공은 법흥왕의 총애를 받은 신하입니다. 유명을 소홀히 할 수 없으니 깊이 책망하시면 안 될 것입니다."

이사부가 비로소 심중에 있는 말을 아뢰었다. 각간을 지낸 영실과 사도왕후는 남매지간이다. 세종과 미실낭주가 짝을 이루게 해서 또 다른 성골인 사도왕후와 손을 잡자는 정치적 계략이었다.

"그것이 내가 사랑하는 지아비의 생각이오?"

"세종께서 기뻐하셨다면 이 일로 사도왕후를 위로할 수 있으니 나쁘지 않은 것 같습니다."

"사랑하는 지아비의 가르침을 받지 않았다면 내가 실수할 뻔했소."

지소태후가 크게 기뻐했다. 이에 미실낭주를 궁중으로 불러들였다. 미실낭주가 세종을 모신 지 얼마 되지 않아 정을 통하고 더욱 친밀하게 지냈다. 미실낭주는 타고난 요부로 세종을 치마폭에 휘어 감아 자신의 남자로 만들었다. 세종은 그녀의 치마폭에서 헤어나지 못하고 색사에 깊이 빠져 들어갔다.

지소태후는 딸인 숙명공주로 인통(姻統, 왕의 부인들을 배출하는 계통)을 잇기 위해 진흥왕의 부인 사도왕후를 폐위시키려고 했다.

'사도왕후는 나의 이모인데 폐위되면 안된다.'

미실낭주는 사도왕후에게 달려가 그와 같은 사실을 알렸다. 사도왕후는 얼굴이 하얗게 변해 안절부절못했다.

"당황하지 마십시오. 속히 대왕에게 가서 눈물로 호소하십시오. 대왕은 숙명공주를 사랑하지 않습니다."

미실낭주의 말을 들은 사도왕후가 진흥왕에게 즉시 달려갔다.

"폐하, 첩을 살려주시옵소서."

사도왕후는 울면서 진흥왕에게 호소했다.

"왕후는 무슨 말을 하는 것이오?"

진흥왕이 어리둥절해서 사도왕후를 안아서 등을 쓰다듬었다.

"태후께서 숙명공주를 왕후로 삼으려고 첩을 폐위시킨다고 하옵니다.”

“내가 그대를 사랑하니 염려하지 마오.”

지소태후는 아무것도 모르고 진흥왕을 불러서 사도왕후를 폐위시키라고 지시했다.

“왕후는 죄가 없는데 어찌 폐위시킵니까?”

진흥왕은 사도왕후를 사랑하기 때문에 그녀를 폐위시키라는 지소태후의 말을 듣지 않았다. 지소태후가 대노해 궁에서 미실낭주를 추방하려고 했다. 세종이 깜짝 놀라 지소태후에게 추방하지 말라고 간곡하게 아뢰었다. 그러나 지소태후의 분노는 하늘을 찌르고 있었다.

“너에게 세종을 받들라고 한 것은 좋은 음식과 옷을 지어 바치라는 것인데 감히 사사로이 색사로 세종을 미혹하니 그 죄를 용서할 수 없다.”

지소태후는 미실낭주에게 출궁을 명령했다. 그리고 진종의 딸 용명을 세종의 정비로 삼았다. 미실낭주는 왕궁에서 쫓겨나자 지소태후와 세종을 원망하며 다시는 궁에 들어가지 않겠다고 결심했다. 사저로 돌아와 하루하루를 보내고 있는데 궁에 들어가기 전에 만났던 사다함이 찾아 왔다.

‘나는 이제 자유로운 몸이니 사다함을 사랑할 것이다.’

미실낭주는 사다함을 만나 사랑을 불태웠다. 그러나 사다함은 태종공 이사부를 따라 전장으로 출성했다. 미실낭주는 사다함이 출정할 때 성루에 올라가 출정가를 불렀다.

세종은 미실낭주가 사다함을 위해 춤을 추면서 출정가를 불렀다는 소식을 전해 듣고 비통해 했다. 그는 먹지도 못하고 잠을 자지도 못했다. 눈만 감으면 환하게 웃는 미실낭주의 아름다운 얼굴이 떠올랐다. 세종은 점점 몸이 말라갔다.

"사내대장부가 어찌 한낱 계집 때문에 병을 앓는가?"

지소태후는 세종이 비통해 하는 것을 보고 다시 미실낭주를 왕궁으로 불러들였다. 세종이 미친 듯이 기뻐하며 미실낭주에게 달려가자 지소태후가 한숨을 내쉬고 미실낭주에게 세종을 모시도록 지시했다.

"당신은 나를 출궁하게 만들고 용명을 정비로 맞아들였어요. 나는 당신이 전군이라도 첩이 되지는 않겠어요."

세종이 간절하게 원했으나 미실낭주는 색공을 바치지 않았다.

"용명은 이미 정비가 되었는데 어찌하란 말이오?"

"그것은 전군께서 알아서 하실 일입니다."

"용명을 차비로 강등시키면 되겠소? 나는 그대가 사다함을 위해 출정가를 불렀다는 말을 듣고 가슴이 찢어지는 것 같았소."

"나는 강제로 출궁을 당했으니 사다함의 정인이 될 수밖에 없었어요."

"그와 배필이 되기로 약속했소?"

"전쟁에서 돌아오면 배필이 되기로 했어요."

"나는 그대가 사다함의 배필이 되게 할 수 없소."

세종은 지소태후에게 청해 미실낭주를 원비로 삼고 용명을 차비로 삼았다. 미실낭주는 비로소 세종에게 색공을 바쳤다. 세종이 미실낭주와 색사를 같이 하는데 무산에 구름이 일고 비가 내리는 것 같았다.

"내 생애에 당신처럼 아름다운 여인은 다시 만나지 못할 것이오."

세종은 미실낭주에게 감사해 하면서 말했다.

"전군께서는 결코 두 마음을 가져서는 안 돼요."

"나는 낭주만을 사랑하오."

"그러면 용명을 왕궁에서 추방하세요. 그래야 두 마음을 갖지 않는 거예요."

"그대 역시 두 마음을 갖지 마오."

세종은 미실낭주와 두 마음을 갖지 않기로 맹세하고 용명을 대궐에서 추방했다.

세종은 6세 풍월주가 되자 낭도들을 잘 이끌어 인심을 얻었다. 신라왕실은 여자들의 권력 투쟁으로 춤을 추었다. 숙명공주가 이화랑과 정염을 불태우다가 폐위되자 사도왕후(미실의 이모)가 숙명공주의 어머니 지소태후와 맞서게 되었다.

지소태후는 손자 동륜태자가 장성하자 자신이 진종과 정을 통해 낳은 딸 만호공주를 배필로 삼게 했다. 지소태후는 만호공주의 몸에서 낳은 아이를 진골정통으로 삼으려고 했고 사도왕후는 대원신통을 잇고자 했다.

"애야, 네가 태자와 친하게 지내 정을 통해 아들을 낳으면 내가 마땅히 너를 왕후로 삼겠다."

사도왕후가 미실낭주에게 은밀하게 말했다. 미실낭주가 크게 기뻐하면서 동륜태자와 정을 통했다. 진흥왕은 그런 사실을 모르고 미실낭주에게 입시(入侍, 대궐에 들어가서 왕을 뵙던 일)해서 색공을 바치게 했다. 미실낭주는 색공에 뛰어나 진흥왕 또한 총애를 했다. 미실낭주는 왕후에 못지않은 권력을 가진 전주殿主가 되었고 미실궁주로 불리게 되었다. 이렇게 미실궁주의 남성 편력은 점점 화려해졌다. 그는 부자지간인 진흥왕과 동륜태자와 사통할 정도로 대담했다. 남편인 세종에게는 조금도 미안한 생각을 갖지 않았다. 용명을 차비로 내치고 대궐에서 축출했을 때 두 마음을 갖지 않겠다고 세종과 맹세한 것은 구실에 지나지 않았다. 미실궁주는 화려한 엽색 행각을 벌이게 되자 남편 세종이 거추장스러웠다. 세종에게 전쟁에 출정해 공을 세우라고 부추겼다. 이로 인해 세종은 여러 해 동안 전쟁터를 돌아다니면서 공을 세웠다. 세종이 출정을 하자 낭도들이 많이 따랐다.

진지왕 2년 10월. 백제가 서쪽 변경의 주군을 침범하자, 이찬 세종으로 하여금 군사를 거느리고 출동하게 했다. 세종은 일선 북쪽에서 이들을 격파하고, 3천7백 명의 목을 베었다.

비록 이 당시의 기록은 아니지만 《삼국사기》의 기록으로도 세종의 잦은 출정을 확인할 수 있다. 세종은 이때 이미 이찬(伊飡, 신라의 17관등 중 2위 관직)의 벼슬에 올라 권력을 누렸다. 이때 백제왕은 위덕왕으로 554년 관산성 전투에서 죽은 성왕의 맏아들이다. 그는 죽은 아버지의 복수를 위해 신라를 공격한 것이다.

미실궁주는 이렇게 세종이 전쟁터를 누비고 있을 때 자신의 정치적 입지를 강화하기 위해 사람을 가리지 않고 색사에 열중했다.

설원랑을 궁에 머물러 있게 하며 정염을 불태웠고 심지어는 자신의 친동생 미생과도 정을 통했다.

화랑을 장악한 미실

미실궁주를 색공지신이라고 부르는 것은 서라벌의 무수한 귀족들과 사통을 했기 때문이다. 미실궁주는 이에 그치지 않고 수많은 화랑들과도 통정했다. 미실궁주는 권력의 화신과 같은 여자로 자신의 성을 미끼로 권력을 쟁취해 나갔다. 진흥왕은 이를 전혀 눈치 채지 못했다. 미실궁주는 자신의 엽색 행각이 널리 알려질 것이 걱정되었다.

"내가 너희와 정을 통한 것으로 인해 낭도들의 신망을 잃는다면 큰일이 벌어질 것이다. 너희들이 나를 원화로 받들도록 해라."

미실궁주는 설원랑을 불러 은밀하게 지시했다.

"이는 저희들이 할 일이 아니라 대왕께서 하시는 일입니다."

설원랑이 난처한 표정으로 말했다.

"대왕은 내가 설득하겠다. 너희들은 낭도들을 설득해라."

미실궁주는 설원랑에게 말하고 진흥왕을 찾아갔다.

"예전에 대왕께서 총애하던 여인들을 원화로 삼으셨습니다. 첩이 폐하의 총애를 지극히 받고 있지만 변고가 생기면 어떻게 하겠습니까? 풍월주 세종이 밖에 나가 있는 일이 많으니 첩으로 원화를 삼아 낭도들을 이끌게 하소서."

미실궁주가 진흥왕에게 한껏 교태를 부리면서 말했다.

"변고라니 무슨 말인가?"

"낭도들이나 귀족들이 불손한 생각을 품고 변란을 일으킬지 모릅니다. 첩이 원화가 되어 폐하를 보호하게 하소서."

진흥왕이 매우 기뻐했다. 진흥왕은 세종에게 명을 내려 풍월주 자리에서 물러나게 하고 미실궁주를 원화로, 설원랑과 미생랑을 봉사랑(奉事郎, 원화를 보좌하는 호위직으로 추정됨)으로, 미실궁주의 어머니 금진낭주를 화모花母로 삼았다. 미실궁주가 화랑을 장악하려고 한 것은 신라의 인재들이 모두 화랑에서 배출되고 있었기 때문이었다. 세종은 미실궁주가 원화가 되자 내색하지는 않으나 씁쓸했다.

"첩이 원화가 되려는 것은 낭군이 자주 서라벌을 비우기 때문입니다. 감히 누구에게 우리 가문과 왕실을 지키게 하겠습니까?"

미실궁주는 세종에게 색공을 바치고 설득했다.

세종은 낭도들을 해산하고 미실궁주를 따르도록 지시했다.

"어찌 저희에게 원화를 따르라고 하십니까?"

낭도들이 슬퍼하면서 반대했다.

"원화는 나의 부인이다. 너희는 나를 모시듯 원화를 잘 모셔라."

세종은 초연한 표정으로 낭도들에게 지시했다. 낭도들이 눈물을 흘리며 세종을 떠나지 않으려고 했다. 미실궁주의 원화 취임은 전례없이 화려하게 거행되었다. 진흥왕이 봉사랑 설원랑과 미생랑에게 명을 내려 낭도 수천여 명을 거느리고 조회에 참석하도록 지시했다. 서라벌은 미실궁주의 원화 취임으로 거대한 축제가 벌어졌다. 상가가 문을 닫고 가난한 서민들은 출입을 제한받았다. 오직 수천여 명에 이르는 낭도들과 수많은 유화(柳花, 정확하지는 않지

포석정

신라 귀족들의 화려한 놀이문화를 상징하는 건축물로 유상곡수流觴曲水의 연회를 행하던 곳이다. 유상곡수는 삼짇날에 술잔을 물에 띄워 두고, 왕과 귀빈을 비롯한 참석자가 물길을 따라 앉아 술잔이 돌아오기 전에 시를 짓는 놀이를 말한다. 사적 제1호. 경북 경주시 배동 소재.

만 기녀의 일종으로 추정됨)들이 화려하게 성장을 하고 화관을 머리에 쓴 뒤에 복숭아꽃이 활짝 핀 남쪽 궁궐에 모여들었다. 진흥왕은 곤룡포(임금이 입던 제복)에 면류관(임금의 제복에 갖추어 쓰던 관)을 갖추고 미실은 왕비에 준하는 옷을 갖춘 뒤 조하(朝賀, 경축일에 신하들이 조정에 나아가 임금에게 축하해 예를 차리는 것)를 받았다.

"대왕폐하 만세!"

"미실궁주 만세!"

조하를 마치자 낭도와 유화들이 일제히 만세를 불렀다. 진흥왕과 미실궁주는 낭도와 유화들에게 술을 마시고 춤을 추게 했다. 그들도 꽃향기가 진동하는 정자에서 술을 마셨다. 낭도와 유화들이 밤새 어울려 노래를 부르고 춤을 추면서 놀았다. 서라벌 성안의 미녀들 중에 이 행사에 나오지 않은 사람이 없을 정도였다. 환한 등불이 천지를 대낮처럼 밝히고 환호성이 꽃이 피어나는 것처럼 일어났다. 진흥왕과 미실궁주가 바라보는 가운데 낭도와 유화한 명이 난간 아래를 지나가면서 만세를 불렀다. 진흥왕이 즐거워하면서 미실궁주와 함께 채전(彩錢, 윗사람이 아랫사람에게 자신의 너그러움을 보여주기 위해 쓰는 돈)을 던져 주었다.

"저들 모두가 자웅(雌雄, 암수)이고 너와 나도 자웅이다."

진흥왕이 도도한 흥취를 이기지 못하고 미실궁주를 껴안았다.

"호호호. 꽃이 만개하고 술이 넘치니 폐하의 복입니다."

"나의 복은 네가 내 옆에 있는 것이다."

"첩은 오로지 폐하의 여자입니다."

미실궁주가 허리를 비틀며 진흥왕의 품에 안겼다.

"장막으로 들어가자. 너를 안고 있으니 급해졌다."

"비록 숙모(사도왕후)의 존귀함도 이와 같은 즐거움에는 미치지 못할 것입니다."

미실궁주가 못 이기는 체하고 진흥왕을 따라 장막으로 들어가 호합(好合)했다. 복숭아꽃이 활짝 핀 서라벌 거리 곳곳에서도 낭도와 유화들이 사랑을 나누었다.

미실궁주는 태자의 정모(貞母, 성골의 성 생활을 가르치는 여자)였으나 왕후궁에서 생활했다. 신라에는 정군貞君과 정모라는 제도가 있는데, 이는 왕이나 왕족에게 성교육을 하는 직책이다. 이는 신라뿐 아니라 중국에도 있었다. 내관들이나 여관들이 어린 태자나 왕비, 어린 빈들에게 성을 가르쳤다.

중국의 황제 중에는 상상을 불허할 정도로 무능한 황제도 있었다. 어떤 황제는 하루 종일 먹고 마시고 싸기만 하는데 몸이 비대해서 움직이지를 못했다. 음식물 섭취나 용변을 누워서 했는데 내관들이 거들어야 했다. 황후나 비빈과 동침을 할 때도 몸이 말을 듣지 않아 내관이 도와서 삽입이 이루어지는 경우까지 있었다.

신라에도 이런 정군이나 정모의 제도가 존재했던 것으로 판단된다. 고려시대나 조선시대에도 이러한 직책이 존재했으나 늙은 내관과 노상궁이 담당했다.

미실궁주는 진흥왕이 늙으면 동륜태자에게 버림을 받을까봐 계속 관계를 유지했다. 태자가 만족하지 않아 더욱 자주 관계를 요구하자 난잡함이 탄로날까봐 유화들 중 미녀를 뽑아 수청을 들게 했다.

동륜태자는 진흥왕의 후궁인 보명궁주와 사통을 하다가 큰 개에게 물려 죽었다. 진흥왕은 대노해 태자의 하인들을 엄중하게 조사했다. 이때 미실궁주의 낭도들이 그 무리에 속해 있었다. 미실궁주는 진흥왕의 노여움을 살까봐 원화를 사퇴했다. 진흥왕은 뒤늦게 미실궁주가 방탕하다는 소문을 듣고 그녀를 멀리하고 세종을 불러들여 다시 풍월주로 세웠다.

"내가 이미 원화와 전주에서 물러나 그대와 함께 고요한 곳에서 지내려고 하는데 그대는 어씨해 다시 풍월주가 되려는 것입니까?"

미실궁주가 새침한 표정으로 세종을 쏘아보았다.

"내가 이제 와서 풍월주에 마음이 있겠소? 나는 오직 그대와 함께 지내는 것을 바랄 뿐이오."

세종은 풍월주를 사퇴하고 미실궁주와 조용한 절에서 지냈다. 이때 동륜태자의 동생 금륜태자도 미실궁주를 좋아해 설원랑과 미생랑과 친교를 나누면서 미실궁주에게 접근했다. 미실궁주는 정업淨業을 닦겠다고 했으나 한 번도 남자 없이 지낸 적이 없었다.

"귀하신 태자께서 어찌 첩을 원하십니까?"

미실궁주가 요염하게 교태를 부리면서 말했다.

"그대를 색공지신이라고 하는데 나는 아직 맛을 알지 못하오. 그 맛을 알게 해준다면 무엇이든지 보답을 할 것이오."

금륜태자가 미실궁주의 손을 덥석 잡았다.

"호호호. 첩의 몸은 황금으로도 살 수 없습니다."

"내가 왕이 되면 그대를 왕비로 책봉하겠소."

결국 미실궁주는 금륜태자와 후일을 기약하고 정을 통했다. 진흥왕이 죽고 금륜태자가 즉위해 진지왕(眞智王, 재위 576~579년)이 되었다. 진지왕은 미실궁주를 왕궁으로 부르려고 했으나 귀족들의 비난이 분분하다는 핑계를 대고 왕후로 책봉하지 않았다.

'금륜태자가 감히 나를 기만하는구나.'

미실궁주는 불같이 노했다. 미실궁주는 진흥왕 재위 시절에 국정에 참여했다. 진지왕의 왕후가 되면 진흥왕에 이어 진지왕과 함께 국정을 좌우할 수 있었다. 미실은 왕후의 자리 때문이 아니라 남자들과 함께 신라를 통치하기 위해 왕비가 되려고 한 것이다. 미실은 사도왕후의 계열로 왕비들을 통해 인통을 이어가는 대원신통이다. 진지왕은 성골로 대원신통과 연합해 왕위에 올랐으나 권력을 나누지 않기 위해 미실을 배척한 것이다.

왕을 폐위시킨 미실의 음모

"금륜이 우리를 배신했으니 폐위시켜야 합니다."

미실궁주가 사도태후에게 말했다.

"허면 누구를 왕으로 세우느냐?"

"백정白淨이 있지 않습니까?"

백정은 개에게 물려 죽은 동륜태자의 아들이다.

"알았다."

미실궁주와 사도왕후는 진지왕을 폐위하기 위해 음모를 꾸미기 시작했다.

"공께서 진지왕을 폐위하고 백정공을 세우십시오."

사도왕후와 미실궁주가 노리부공弩里夫公에게 말했다. 노리부공은 사도왕후의 오빠였다. 노리부공이 미실궁주의 남편 세종과 함께 거사를 하려고 할 때 문노의 낭도들이 반발을 할까봐 두려웠다. 문노는 가야파의 일원으로 진골이 아니었기 때문에 화랑에서도 냉대를 받고 있었다. 그러나 문노가 뛰어난 무사였기 때문에 그를 추종하는 세력이 많았다.

"문노의 낭도를 우리와 통합하고 그들에게도 높은 벼슬을 주십시오."

미실궁주가 계책을 세워 세종에게 말했다. 문노는 가야파였기 때문에 풍월주를 지내고도 이방인처럼 지내고 있었다. 그러나 미실궁주의 결단에 의해 문노파와 미실궁주파가 통합이 되자 진지왕을 축출하는 데 방해를 할 수 있는 세력이 없어졌다. 문노파의 낭도들이 조정에 대거 등용되자 그의 낭도들이 문노를 신처럼 받들고 있었다.

"대원신통이 감히 왕에게 반기를 들 수 있는가?"

진지왕은 대노해 진골정통 세력을 동원해 대원신통 세력에 맞섰다. 서라벌은 양대 세력이 맞서면서 팽팽한 긴장감이 감돌았다.

"역적을 토벌하라."

진지왕은 대원신통이 군사들을 모으기 시작하자 왕궁 시위대에 영을 내렸다. 왕궁 시위대는 대원신통 세력을 제거하기 위해 노리부공의 집으로 달려갔다. 그러나 문노파까지 흡수한 대원신통 세력은 미리 대비를 하고 있었기 때문에 매복하고 있다가 그들을 척살하고 왕궁으로 달려갔다. 대원신통 세력은 저항하는 왕궁 시위대를 맹렬하게 공격했다. 이때의 공격으로 많은 성골이 죽었기 때문에 피비린내가 사흘 동안 서라벌에 진동했고 성골은 세력이 현저히 약화된다.

"진지왕은 주색에 빠져 정사를 돌보지 않으니 폐위한다."

사도왕후는 미실궁주와 노리부공을 앞세워 진지왕을 폐위하고 동륜태자의 아들 백정을 진평왕(眞平王, 재위 579~632년)에 추대했다.

진평왕 원년 8월, 이찬 노리부를 상대등에 임명했다. 왕의 어머니의 동생인 백반을 진정 갈문왕에 봉하고, 국반을 진안 갈문왕에 봉했다.

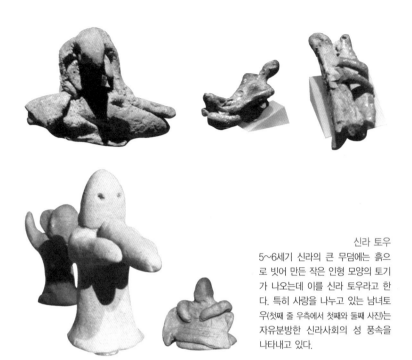

신라 토우
5~6세기 신라의 큰 무덤에는 흙으로 빚어 만든 작은 인형 모양의 토기가 나오는데 이를 신라 토우라고 한다. 특히 사랑을 나누고 있는 남녀토우(첫째 줄 우측에서 첫째와 둘째 사진)는 자유분방한 신라사회의 성 풍속을 나타내고 있다.

《삼국사기》의 기록이다. 사도왕후의 오빠인 노리부공이 상대등에 임명되고 동생인 백반과 국반이 갈문왕(葛文王, 왕에 버금가는 높은 지위)에 임명된 것은 이들이 정변을 일으킬 때 주도적인 역할을 했기 때문이다. 진평왕은 어리고 미실궁주는 나이가 들었으나 새주(璽主, 옥새의 주인)가 되어 후원에 머물면서 신라의 국정을 좌우했다.

세종은 미실궁주의 남편으로 오랫동안 권력의 중심에 있었다. 그러나 그의 권력은 미실궁주로 인한 것이었다. 그래도 세종이 칭송을 받은 것은 송사가 공정하고 미실궁주가 부정한 일을 하거나 옳지 않은 일을 할 때 눈물을 흘리면서 간해 미실궁주도 그의 말을 중하게 들었기 때문이다.

　세종의 부인 미실궁주는 신라를 뒤흔든 색녀요, 권력의 화신이었다. 세종은 한평생 미실궁주의 뜻에 따라 난시에는 전쟁터에 나가고 평화로울 시에는 재상으로 신라를 통치했다. 인물은 공명정대했으나 미실궁주의 그늘에서 살았다.

　미실궁주에게 죽을 때까지 충성을 바친 인물은 설원랑이었다. 미실궁주는 58세가 되었을 때 중병을 앓았다. 설원랑이 밤낮으로 옆에서 지키면서 간호했다.

　"미실궁주의 병을 신이 앓게 하고 궁주를 낫게 하소서."

　설원랑은 밤마다 천지신명에게 기도해 미실궁주가 회복되었다. 그러나 자신은 미실궁주의 병이 옮아와 죽었다.

　"나도 또한 오래지 않아 그대를 따라갈 것이다."

　미실궁주는 설원랑의 죽음을 슬퍼하면서 자신의 속옷을 벗어 설원랑의 관속에 넣고 장사를 지냈다. 미실궁주는 그 해가 가기 전에 신라를 뒤흔들던 요부로서의 일생을 마쳤다.

미실의 그림자로 살다간 남자

　신라시대 미실궁주와 같은 요부가 등장할 수 있었던 것은 골품제에 의한 신분이 부계로만 내려온 것이 아니라 모계로도 세습이 되었기 때문이다.

　6세 풍월주 세종은 태종 이사부와 지소태후의 아들이다. 신라의 명장 이사부의 아들답게 많은 전투에 참여해 공을 세웠으나 불행하게도 미실궁주의 그늘에 가려져 우유부단하게 일생을 마쳤다. 이는 그가 왕자의 신분인 전군이었음에도 미실궁주보다 권력이 약했기 때문이다. 세종은 일생을 미실의 그림자로 머물렀지만 그 인물됨에는 공명정대했고 어머니 지소태후에게는 효도했으며 동모 형인 진흥왕에게는 충성을 다했다. 평생 동안 미실만을 사랑했고 다른 사람에게 책임을 전가하지 않았으니 진실로 화랑 중의 화랑이라 할 만하다.

6

화랑이 신으로 받든 화랑

문노

찬하여 이른다. 가야의 외손이고 장부 중에 장부라.
사기士氣의 으뜸으로 나라의 위엄을 떨치네.

    문노는 8세 풍월주로 가장 화랑다운 화랑이다. 이방인이나 다름없는 가야국 출신이었으나 주류에 들어와 풍월주가 되었다. 격검을 잘해 사다함과 설원랑을 비롯한 많은 화랑들이 그에게 무예를 배웠다. 《화랑세기》에는 많은 화랑들이 문노를 스승으로 섬기고 문노에게 학문과 무예를 배웠다고 하면서 그의 가계와 인물을 자세히 다루고 있다. 이에 반해 다른 역사책에서는 언급이 거의 없는데 《삼국사기》〈김흠운 열전〉에 문노文努에 대한 기록이 한 줄 있어서 인용한다.

    김흠운金歆運은 나밀왕奈密王의 8세 손으로 아버지는 달복 잡찬이다. 흠운이 소년 시절에 화랑 문노의 문하에 있을 때, 낭도들이 아무개가 전사해 지금까지 이름을 남기고 있다는 이야기를 하면 흠운은 개연히 눈물을 흘리고 감동해 자기도 그와 같이 되려는 의지를 보였다.

문노는 많은 화랑들이 스승으로 섬기고 후대의 화랑들이 신으로 받들었다. 그러나 문노가 화랑이나 풍월주로 활약할 때 출신성분 때문에 높은 관직에 등용될 수 없었다. 이에 문노의 일파가 문파를 세우고 7세 풍월주 설원랑과 대립했다. 이때는 진지왕이 즉위하고 있던 시기였다. 진지왕은 금륜태자로, 미실에게 왕이 되면 왕비로 삼겠다고 약속을 하고 정을 통했던 인물이다. 그러나 그는 기오공의 딸인 지도부인을 총애했다. 기오공은 문노와 사촌지간이었기 때문에 문노에게 화랑을 이끌게 하려고 했다. 그러나 6세 풍월주 세종 때부터 화랑은 미실궁주에게 장악되어 있었다. 7세 풍월주 설원랑 역시 미실궁주의 남자였다.

설원랑파와 문노파는 출신이 달랐기 때문에 서로 대립했다.

"화랑의 정통은 우리에게 있다."

설원랑파가 문노파를 배척하면서 말했다.

"화랑의 정통이 무엇이냐?"

문노파가 설원랑파를 야유했다.

"향가를 부르고 속세를 떠나 심산유곡을 유람하면서 선도를 깨우치는 것이다."

"핫핫핫! 선도가 주유천하에 있는 것이냐? 화랑의 정통은 심신을 수련해 나라를 지키는 것이다."

문노파는 청의(淸議, 순수하게 선도를 닦아 본연의 뜻을 지켜나감)가 자신들에게 있다고 주장했다. 설원랑을 따르는 파를 설도(薛徒), 문노를 따르는 파를 문도文徒라고 불렀다. 신라 사람들이 설원랑의 낭도들을 신선처럼 구름 위에서 노닌다고 해서 운상인雲上人이라고 부르고 문노의 낭인들이 시정市井을 돌아다니면서 무예를 연마하고 전쟁에 자주 출정한 탓에 호국선護國仙이라고 불렀다.

설원랑의 낭도들은 귀족들이 많았고 문노의 낭도들은 서민들이 많았다.

세종이 풍월주에서 물러나자 설원랑이 풍월주가 되었다. 서열상 문노가 풍월주가 되어야 했으나 미실궁주의 영향력으로 설원랑이 먼저 풍월주가 된 것이다.

풍월주는 일반 화랑에게 절대적인 존재다. 후계자가 되면 풍월주에게 절을 올리고 칭신을 한다. 세종이 설원랑에게 풍월주의 자리를 양위했을 때 성대한 취임식을 했다. 이때 미실궁주와 세종이 수레를 타고 나타나 대臺에 올라가 앉았다. 신임 풍월주인 설원랑은 예복을 입고 인부印符와 검장劍杖을 받들어 세종에게 바쳤다.

"풍월주가 되었으니 화랑으로 공을 세우라."

전임 풍월주인 세종이 치하를 하고 다시 인부와 검장을 하사했다. 설원랑은 미실궁주에게 먼저 절을 하고 세종에게 다음에 절을 했다. 이는 궁주가 풍월주보다 품계가 높으며 미실궁주가 화랑까지 장악하고 있다는 사실을 의미한다.

설원랑이 풍월주에서 물러나자 문노가 풍월주가 되었다. 풍월주가 되면 임명식을 하는데 선대의 풍월주에게 절을 한다.

"문노는 설원랑에게 도맥道脈으로는 스승이고 통맥統脈으로는 아우가 되는데 누가 윗사람이 되는 것이오?"

세종이 미실궁주에게 물었다. 도맥은 화랑의 중심 사상인 선도仙道를 말하는 것이고 통맥은 골품을 말하는 것이다.

"설원은 정통 골품이 있고 문노는 아니에요. 스승이라도 당연히 설원랑에게 절을 해야 돼요."

미실궁주가 냉정하게 잘라 말했다. 세종은 설원랑을 자신의 옆에 앉게 했다. 이에 문노가 무릎으로 걸어와서 미실궁주에게 절을 하고 세종과 설원랑의 순서로 절을 했다.

"네 형을 욕되게 하지 말라."

미실궁주가 풍월주의 인부를 주면서 문노에게 말했다. 문노가 절을 하고 인부를 받았다.

"네 자신을 욕되게 하지 말라."

세종이 부서符書를 주면서 문노에게 말했다. 문노가 절을 하고 부서를 받았다.

"네 화랑을 욕되게 하지 말라."

설원랑이 검장을 하사하면서 문노에게 말했다. 문노가 절을 하고 검장을 받았다. 이렇게 문노는 풍월주가 되었다.

문노는 국선으로 화랑의 우두머리가 되었기 때문에 선화라고 불렸다.

"선화는 설원랑의 스승인데 설원랑보다 후에 풍월주가 된 것은 미실궁주 때문이 아닙니까?"

문노를 따르는 낭도들이 불평을 했다.

"미실궁주는 세종 전군이 받드는 분이다. 어찌 뒤에서 흉을 보느냐?"

가야의 유물들
문노의 어머니는 가야국 출신의 공주였다. 가야의 금관, 금동 관, 귀걸이, 팔찌, 옥 등의 장식물은 문노의 어머니와 같은 왕족들이 주로 사용했을 것이다. 경북 고령군 고령읍 지산동 고분에서 출토된 대가야의 유물로 5~6세기 것으로 추정된다.

문노가 불평하는 낭도들을 꾸짖었다. 문노의 낭도들은 얼굴이 붉어졌으나 더 이상 불평을 말하지 않았다. 이는 문노가 미실궁주에게 굽힌 것이 아니라 세종에게 굽힌 것이다

문노는 이찬을 지낸 비조부比助夫의 아들이다.

법흥왕 9년 봄 3월, 가야국왕이 사신을 보내 혼인을 청했다. 이찬 비조부의 누이를 보냈다.

《삼국사기》의 기록이다. 문노의 아버지 비조부는 가야와 관련이 깊은 인물이다. 가야에 사신으로 자주 갔을 뿐 아니라 가야국

과 혼인을 맺기도 했다. 문노의 어머니는 가야국 문화공주文花公主
인데, 혹은 야국왕이 바친 여자라고도 한다.

《화랑세기》의 기록으로 문노의 어머니 문화공주는 가야인이지
만 야국 여자, 즉 일본 출신이거나 그 후손이었던 것이다. 이렇게
보면 문노에게는 일본인의 피가 흐른다고 할 수 있을 것이다.

불행한 어린 시절

문노는 어려서부터 학문과 검술 연마에 열중했다. 신라에서 이
방인 취급을 받는 가야파라는 사실과 외할머니가 야국 여자라는
소문 때문에 어린 시절이 불행했다. 골품제에 의한 신분이 굴레처
럼 그에게 덧씌워져 있었다. 그는 귀족의 자제들로부터 배척받자
오로지 자신을 수양하는 데 몰두했다.

게다가 아버지 비조공이 영실공을 위해 일을 하다가 조정에서
축출되는 바람에 더욱 관직에 진출할 수 없었다. 비조공은 왕위
계승권자인 영실공을 은밀하게 밀었다. 법흥왕이 영실공을 부군으
로 삼아 왕위를 넘겨주려고 했기 때문이었다. 그러나 진흥왕을 지
지하는 지소태후와 태종공 이사부의 세력이 이에 맞섰다. 법흥왕
은 비조공에게 병부령을 맡겨 군권까지 장악하게 했으나 영실공은
반대파로 인해 왕위에 오르지 못하고 진흥왕이 왕위에 올랐다. 지
소태후에게 권력이 넘어가자 영실공과 비조공은 관직에서 밀려나
바둑으로 소일하면서 우울한 말년을 보냈다.

신라의 귀족사회에서 소외되자 문노는 자신을 가혹하게 채찍질
해 신라 제일의 검객이 되었고 가야파를 모아 거느렸다. 이에 진

골 화랑이 문노를 비난하고 그를 경계하기 시작했다.

보석은 가만히 있어도 스스로 빛을 뿜는다.

"문노라는 자가 격검을 잘한다고 하는군."

문노가 격검을 잘한다는 소문이 서라벌에 퍼지자 많은 무사들이 무술을 겨루기 위해 찾아왔다. 문노가 그들을 모조리 격파하자 그의 검술이 서라벌 제일이라는 소문이 파다하게 나돌았다.

'문노의 검술이 어떠하기에 서라벌 제일로 치는가.'

미실궁주가 하루는 문노의 집을 찾아가 검술 시범을 보이라고 영을 내렸다.

"삼가 명을 받들겠습니다."

문노가 예를 올리고 안에 들어가서 옷을 갈아입고 나왔다. 미실궁주가 문노의 옷을 살피자 머리에는 푸른 모직으로 만든 수건을 쓰고, 위아래가 모두 백의유삼이었다. 손에는 나뭇가지가 하나 들려 있었다.

'나뭇가지로 무엇을 하려는 거지?'

미실궁주를 호위하던 낭도들이 일제히 웅성거렸다.

때는 매화향기가 가득한 2월 밤이었다. 날이 한결 따뜻해져서 양지쪽에 파릇파릇 봄풀이 돋아나고 있었으나 변덕을 부릴 때면 춘설이 분분히 날리고는 했다. 그러나 그날 밤은 달이 휘영청 밝고 하늘에 푸른빛이 가득했다.

신기에 가까운 무술을 선보이다

문노는 미실궁주에게 두 번 절을 한 뒤에 허리를 꼿꼿이 세우고 나뭇가지를 치켜들었다. 그 순간 미실궁주의 뒤에서 웅성거리던 낭도들이 일시에 조용해졌다. 문노가 치켜든 나뭇가지에서 갑자기 얼어붙을 것 같은 냉기가 쏟아졌기 때문이었다.

문노는 한 걸음 한 걸음 느리게 떼어놓았다. 답답할 정도로 느리게 떼어놓던 그의 보세步勢가 돌연 바뀌었다. 그의 걸음이 전설적인 답설무흔, 눈을 밟되 발자국이 남지 않는다는 보세를 펼치기 시작했다. 그와 함께 나뭇가지가 어지럽게 춤을 추는데 허공을 가르는 파공성이 휙휙 거리고 들려왔다. 문노의 몸은 마치 춤을 추는 것처럼 가볍게 허공을 날고 있었다.

서라벌 남산에 있는 문노의 집에는 매화가 가득 피어 있었고 희디흰 달빛이 신비스러운 월광을 뿌리고 있었다. 문노가 나뭇가지를 휘두를 때마다 매화꽃이 사방으로 흩어져 꽃잎이 자욱하게 떨어지는 듯 싶더니 중간에 원을 그리며 돌 때는 푸른 섬광이 천지사방에서 번쩍였다. 문노는 새처럼 허공을 자유자재로 날았다. 사람도 보이지 않고 칼도 보이지 않았다.

'아!'

미실궁주는 자신도 모르게 탄성을 내뱉었다. 나뭇가지는 보이지 않고 백광만이 허공에 가득해 동서남북으로 치고 부딪치면서 번쩍이더니 휙휙 하는 바람소리가 귓전을 때렸다. 잠시 후 허공에서 외마디 기합성이 들리더니 사람이 우뚝 서 있었다. 그러나 허공에는 여전히 푸른 검광이 자욱하게 난무하고 싸늘한 기운이 사람을 감고 휘돌았다.

'신기에 이른 검술이구나.'

미실궁주는 가슴이 벌렁거려 감히 문노를 쳐다볼 수 없었다. 미실궁주의 호위 낭도들도 얼어붙은 듯이 입을 다물고 있었다.

'어떻게 하든지 저자를 내 편으로 만들어야 한다. 저자가 반기를 들면 아무도 막을 수 없을 것이다.'

미실궁주는 왕궁으로 돌아오면서 입술을 깨물었다. 문노의 격검에 대한 소문은 서라벌에 파다하게 퍼졌다. 그러자 문노에게 격검을 배우려는 자들이 구름처럼 모여들고 그를 따르는 낭도들이 줄을 섰다.

562년 가야가 반역을 하자 신라는 군사를 일으켜 이를 토벌하려고 했다. 사다함이 문노에게 함께 출정할 것을 청했다.

"어미의 아들 된 자로 어찌 자기 외가의 백성을 괴롭힐 수 있겠는가?"

문노는 가야 정벌에 출정하지 않았다. 사람들이 문노를 일제히 비난했다.

"우리 스승은 의인이다."

사다함은 사람들이 비난해도 문노를 존경했다. 그는 가야를 정복했을 때 문노의 뜻을 존중해 부하들에게 죄 없는 백성들을 살육하지 말라고 엄중하게 지시했다.

세종이 6세 풍월주가 되었을 때 서라벌에 명성이 쟁쟁한 문노가 부담이 되었다. 세종은 친히 문노의 집을 찾아가 공손히 절을 했다.

"나는 공을 신하로 삼을 수가 없소. 그러나 부득이해서 풍월주가 되었으니 그대는 나의 형이 되어 나를 도와주시오."

문노가 사양했으나 세종이 삼고초려를 하면서 여러 차례 간청을 하자 마침내 몸을 굽혀 세종을 받들었다. 이는 미실궁주가 문노를 포섭하라고 세종을 보낸 것이다. 문노는 세종이 풍월주가 되자 자신이 이끌고 있던 낭도들을 세종에게 귀속시켰다.

옥진궁주(미실의 외할머니)는 사다함이 영특하자 이화랑에게 부탁해 화랑들에게 호위하게 했다. 이화랑은 문노를 사다함의 스승으로 삼아 무예를 가르치게 했다. 낭도들에게는 문노를 공경하게 했다.

"경은 어찌해 문노와 같이 비천한 자를 중히 쓰는가?"

지소태후가 의아해 이화랑에게 물었다.

"무릇 천자에게도 뜻이 높아 신하로 쓸 수 없는 어진 사람이 있습니다. 하물며 선仙의 무리는 지조가 굳고 청아해 함부로 대하면 떠납니다. 이 사람은 신의 별파 유격대입니다."

이화랑이 지소태후에게 말했다. 이화랑은 문노의 인품과 실력을 알고 자신의 휘하에 두고 있었다.

문노는 가야파였기 때문에 가야왕의 아들인 김무력을 따라 종군했고 많은 백제군을 섬멸해 공을 세웠으나 신분 때문에 포상을 받지 못했다.

문노의 부하들이 이에 대해서 일제히 불평을 했다

"공을 세우고 상을 받으려고 하는 것은 소인들의 일이다. 너희가 나를 수장으로 삼고 어찌 내 마음을 너희 마음으로 삼지 않느냐?"

문노가 부하들을 위로했다.

"비조부의 아들 문노는 무예가 높을 뿐 아니라 여러 번 출정해 공을 세웠으나 현달하지 못했으니 애석한 일입니다."

세종이 진흥왕에게 아뢰었다. 진흥왕이 문노에게 급찬(級湌, 신라의 17관등 중 9위 관직)의 벼슬을 내렸으나 사양하고 받지 않았다.

'문노는 신국에서 가장 뛰어난 화랑이다.'

사도왕후는 문노의 명성을 듣고 그를 몰래 도와주면서 원군으로 삼았다.

세종이 출정해 북한산 전투에 나가 공을 세웠다. 이때 문노도 세종을 도와 전투를 승리로 이끌었다. 미실궁주가 불러 봉사랑을 시키려고 했으나 받지 않았다.

진지왕이 즉위하자 태후가 된 사도왕후가 일길찬(一吉湌, 신라의 17관등 중 7위 관직)에 임명했으나 여전히 받지 않았다.

"공은 어찌해 벼슬에 나아가지 않는가?"

사도태후가 의아해서 물었다.

"아직 신이 조정에 나갈 때가 아닙니다."

문노는 미실궁주가 신라 조정을 좌지우지하는 것을 달갑게 생각하지 않았다. 몸을 굽혀 미실궁주를 받들기는 했으나 그녀의 방탕한 생활을 싫어했다.

진지왕 역시 미실궁주에 의해 보위에 올랐으나 그녀가 전횡을 휘두르는 것을 달가워하지 않았다. 반면 미실궁주는 자신을 왕후로 책봉하지 않은 진지왕에게 배신을 당했다고 생각했다. 때마침 신라 국정을 좌우하던 태종공 이사부가 죽었다. 미실궁주는 사도태후를 움직여 진지왕을 폐위시키기로 결정하고 노리부공과 세종에게 거사를 하라고 지시했다.

"임금에게는 뽑아 준 은혜가 있고 사도태후와는 지친 사이인데 어찌하는 것이 좋겠는가?"

세종이 문노를 은밀하게 불러 의향을 물었다.

"신은 공의 신하로서 오로지 명을 따를 뿐입니다. 어찌 감히 사사로운 정을 돌아보겠습니까?"

문노는 세종의 지시에 따르겠다고 말했다. 문노의 허락까지 받자 미실궁주는 거리낄 것이 없었다. 즉시 진지왕을 폐위시키고 동륜태자의 아들 진평왕을 왕위에 오르게 했다. 진지왕에 대한 반란은 지소태후에 대한 반란이기도 했다. 지소태후는 이로써 권력자의 자리에서 밀려나고 사도태후와 미실궁주가 권력의 정점에 서게 되었다.

진지왕을 폐위시킨 후 문노는 아찬(阿飡, 신라의 17관등 중 6위 관직)에 임명되고 마침내 풍월주가 되었다.

문노는 무예에 뛰어나고 문장에 능통했다. 부하들을 사랑하고 죄를 지은 자까지 너그럽게 수하로 받아들였다. 그의 명성이 높아져 많은 낭도들이 스스로 몸을 맡겨 그의 수하가 되었다.

문노는 3년 동안 풍월주 자리에 있다가 비보랑에게 물려주었다. 그러나 문노가 풍월주가 되면서 화랑은 일대 혁신이 일어났다. 《화랑세기》는 문노가 통일 대업의 기초를 놓았다고 기록했는데 이는 화랑을 강력한 군사집단으로 양성했을 뿐 아니라 삼한통일의 이론적 근거를 마련했기 때문으로 보인다.

천생연분 윤궁낭주를 만나다

문노는 오랫동안 혼례를 올리지 않았으나 국선이 되자 윤궁낭주를 받들어 내원으로 삼았다. 문노가 혼인을 하게 된 것은 세종과 미실궁주 때문이다.

문노가 세종을 따라 출정했다가 서라벌로 개선할 때였다.

'문노는 부인이 없으니 환영하는 가족이 없구나.'

세종은 전쟁터에서 살아 돌아온 낭도들이 가족들에게 환영받는 것을 보고 문노가 혼자 살고 있는 것을 걱정했다.

"문노는 마음에 두고 있는 여자가 없습니까?"

미실궁주가 웃으면서 세종에게 물었다.

"없는 것 같소. 그대가 좋은 배필을 찾아 짝을 맺어주는 것이 어떻소?"

"내 사촌 윤궁낭주가 문노에게 어울릴 만한데 그의 신분이 낮아서 걱정입니다."

미실궁주가 세종에게 말했다. 세종은 문노의 신분이 낮다는 말에 더 이상 거론하지 않았다. 문노와 윤궁낭주의 혼인설이 서라벌에 파다하게 퍼지고 윤궁낭주도 알게 되었다.

"사람이 훌륭하다면 신분이 높고 낮은 것이 무슨 상관인가?"

윤궁낭주가 그 말을 듣고 사람들에게 말했다.

"윤궁낭주는 부덕을 갖춘 여인이다. 그녀가 나의 배필이 된다면 더 바랄 것이 없을 것이다."

문노도 그 말을 듣고 기뻐했다.

윤궁낭주는 문노에 대한 이야기를 들을수록 그에 대한 관심이 높아졌다. 그리고 얼굴도 모르는 문노를 마음속 깊이 품게 되었다.

미실궁주는 두 사람이 서로 마음이 있다는 것을 알고 궁으로 불러 만나게 했다.

"그대는 이제 풍월주가 되어야 하지 않는가?"

미실궁주가 문노에게 차를 대접하면서 말했다. 7세 풍월주는 미실의 정인이자 금진낭주가 사노 설성과 사통해 낳은 설원랑이었다. 문노에게 선도를 배우고 풍월주가 되었다.

미실궁주는 문노를 자신의 편으로 끌어들이기 위해 설원랑을 물러나게 하고 풍월주에 임명하려고 했다. 게다가 윤궁낭주와 혼인까지 주선하면서 환심을 사서 수중에 넣으려고 했다.

"우리 낭주가 아니면 선모仙母가 될 만한 사람이 없습니다. 그렇게 되지 않는다면 나는 국선이 되지 않겠습니다."

문노는 윤궁낭주를 선모에 임명해 줄 것을 요구했다. 선모는 모든 화랑의 어머니이니 여인들 중에 가장 명예로운 직책이다.

"낭주의 생각은 어떤가?"

미실궁주가 웃으면서 윤궁낭주의 의향을 물었다.

"내가 문노를 그리워한 지 여러 해가 되어 이미 창자가 끊어졌습니다. 비록 골품을 더럽힌다고 해도 그의 부인이 되고자 하는데 하물며 선모이겠습니까?"

윤궁낭주가 얼굴을 붉히면서 말했다.

"그렇다면 더 바랄 것이 없이 좋은 짝이다."

미실궁주는 문노와 윤궁낭주의 혼인을 허락했다.

"사람들이 나에게 국선이 영예롭다고 말하지만 나는 스스로 선모를 모시는 영예를 취하고자 합니다."

문노는 윤궁낭주와 혼인을 하는 일이 가장 영예로운 일이라고 주장했다. 문노와 윤궁낭주는 화랑들의 축복을 받으며 마침내 함께 살게 되었다. 비록 문노의 신분이 낮아 정식혼인을 하지는 못했으나 두 사람은 서로에 대해 극진하게 공경하고 사랑해 서라벌 사람들의 칭송을 받았다.

문노는 미실궁주의 중매로 윤궁낭주와도 함께 살게 되고 풍월주가 되었으나 음탕한 그녀를 항상 경계했다.

"낭군은 세종의 신하인데 어찌 미실궁주를 반대합니까? 세종이 미실궁주를 목숨처럼 아끼는 것은 낭군이 나를 아끼는 것과 같습니다. 낭군의 낭도가 나를 옳다고 하고 낭군을 반대하면 어떻겠습니까?"

하루는 윤궁낭주가 미실궁주와 대립하는 문노에게 충고했다.

"미실궁주가 잘못이 없는데 어찌 낭도들이 비난을 하겠습니까? 낭도들이 비난하는 것은 까닭이 있습니다."

문노는 윤궁낭주의 충고를 받아들이지 않았다.

"사람들은 누구나 장점과 단점을 가지고 있습니다. 세상에 허물이 없는 사람이 어디 있습니까? 낭군은 오로지 무예만 연마하고 전쟁터를 떠돌았기 때문에 조정의 권모술수를 모를 것입니다. 세상과 통하는 법을 알아야 합니다."

"세상과 통하는 법이란 어떤 것입니까?"

"내가 지금 당신의 아이를 뱃속에 가지고 있는데 당신이 권문세가를 거슬러 해를 당한다면 뱃속의 이 아이는 장차 어찌 되겠습니까? 이 아이의 좋은 아버지가 되려면 나의 뜻을 따라야 합니다."

"나는 올바른 뜻과 강철 같은 심장으로 선모를 받드는 것입니다. 옳은 일을 행하지 않고 불의한 일을 말하지 않으면 의인이라고 할 수 없습니다. 그러나 나는 선모와 죽음으로 사랑을 맹세했으니 선모의 영이라면 따르겠습니다. 그러나 사사로운 인정에 따라야 하겠습니까?"

"나와 낭군은 정으로 맺어졌습니다. 정이 없다면 어찌 색사色事의 즐거움을 같이 하겠습니까? 의義는 정情에서 나오고 정은 지志에서 나온다고 했으니 세 가지는 같은 것입니다. 큰 정은 의가 되고 큰 사사로움은 공公이 되는 것입니다. 낭군은 일찍이 사사로움이 없었습니까? 낭도들을 거느릴 때 사사로운 인정을 두지 않았습니까? 낭군과 동침을 하던 밤에 쇠로 만든 큰 황소가 내 뱃속으로 들어오는 꿈을 꾸었는데 반드시 호랑이 새끼를 낳을 것입니다. 낭군과 같이 용맹한 장수에게서 어찌 승냥이 새끼를 낳겠습니까?"

문노는 윤궁낭주의 도도한 언변에 감동했다.

"남의 자식을 소중하게 여기고 자기 자식을 소중하게 여기지 않는 것은 의가 아닙니다. 자기를 희생해서 명예를 얻는 것 역시 의가 아닙니다. 낭군을 내가 사랑하고 낭군이 나를 사랑하는 것은 순수한 것입니다. 낭도들이 낭군에게 의지하는 것은 정이 섞인 것입니다. 나의 말을 귀담아 들어 아이들의 좋은 아버지가 되어주십시오."

"선모의 말씀을 들으니 눈앞이 환하게 밝아지는 것 같습니다."

문노는 비로소 윤궁낭주의 충고를 받아들여 머리를 숙여 미실 궁주를 받들었다. 문노는 모든 일을 윤궁낭주의 의견을 듣고 결정했다.

"문노가 변했다."

사람들이 문노가 윤궁낭주 때문에 젊었을 때의 강직한 기상이 없어졌다고 비난했다.

"나는 오래 전에 세종 전군이 미실궁주의 말을 따르는 것을 보고 비난했다. 이제 내가 선모의 말을 듣는다고 비난하지만 너희들은 나의 깊은 마음을 모른다."

문노가 비난하는 낭도들에게 말했다.

신라 조정이 요동칠 무렵, 문노는 진지왕을 폐위시키는 데 공을 세워 아찬에 이르는 골품의 품계를 얻었다.

"문노가 골품의 품계를 얻어, 오늘에야 비로소 윤궁낭주의 진정한 낭군이 되었으니 이보다 더 큰 경사가 없을 것입니다."

세종이 진평왕에게 아뢰었다.

"첩의 몸은 이미 낭군에게 허락했으나 낭군이 골품이 아니어서 공식적으로 혼인을 하지 못했습니다. 이제 같은 골품이 되었으니 혼인을 해야 합니다. 어제까지는 낭군이 첩의 신하였으나 오늘 이후는 낭군의 처로서 마땅히 낭군의 명을 따를 것입니다."

윤궁낭주도 기쁨을 감추지 않고 진평왕에게 아뢰었다. 진평왕이 허락하자 문노와 윤궁낭주는 화랑들의 축복을 받으며 정식 결혼을 했다. 윤궁낭주는 검소하고 품행이 단정했다. 손수 옷을 지어 낭도들에게 나누어주고 가난한 낭도들을 돌보았다.

윤궁낭주는 문노에게 종기가 생기자 입으로 고름을 빨아서 낫게 할 정도로 문노를 받들어 서라벌 사람들의 칭송을 받았다.

문노는 풍월주로 주색을 즐기지 않았다. 수많은 유화가 유혹했지만 한 번도 몸을 더럽히지 않았고 낭도들에게는 바른 도道를 행하게 했다. 문노와 윤궁낭주는 마음이 화락하고 온화해 많은 사람들의 존경을 받았다. 풍월주에서 물러났을 때는 윤궁낭주와 함께 수레를 타고 성 밖에 나가 소풍을 즐기고 돌아오고는 했다.

문노는 술도 마시지 않았다. 하루는 윤궁낭주가 문노와 마주 앉아서 말했다.

"자고로 영웅호색이라고 하는데 낭군께서는 술을 마시지 않고 색사까지 삼가하니 무슨 까닭입니까?"

"내가 색사를 좋아하면 그대가 슬퍼할 것이고 술을 좋아하면 그대가 일이 많아질 것이오."

문노가 잔잔하게 웃으면서 말했다.

"장부는 마땅히 거침이 없어야 하는데 어찌 집안에 있는 아녀자 때문에 삼가야 한다는 말입니까? 잠자리를 모시는 첩이 있으면 저의 일을 대신하는 것이고 지아비를 위해 일이 많아지는 것은 처로서 기쁜 일입니다. 투기하고 싫어하지 않으니 행하기를 청합니다."

윤궁낭주가 간곡하게 말하자 문노가 첩을 한 명 두었으나 난잡하지 않았다.

문노는 강직하고 빈틈이 없었다. 윤궁낭주를 처로 맞이한 뒤에는 시비곡절을 가리기보다 화목한 것을 좋아했다.

"지아비를 선택할 때는 문노와 같아야 하고 지어미를 선택할 때는 윤궁낭주와 같아야 한다."

문노와 윤궁낭주는 신라인들에게 가장 닮고 싶은 부부상이 되었다. 문노는 서기 606년에 69세를 일기로 세상을 떠나고 윤궁낭주도 같은 해에 나란히 죽음을 맞았다. 문노는 하늘나라로 올라가 신선이 되었다고 전해지며 삼한통일 뒤에는 포석사에 그의 화상을 모시고 대제를 지냈다고 한다. 화랑정신의 종주로 받들어지니 그 위엄이 사해에 떨쳤다고 하겠다.

7

일곱 살의 만룡낭주와 혼인한 화랑
보리

찬하여 이른다. 보리 사문은 위화랑의 손자이고,
덕은 만룡과 서로 어울어지고 은혜는 산과 바다 같도다.
불문佛門에 공덕이 높으니 만세萬世가 우러러 보리라.

풍월주 보리는 이화랑의 둘째 아들이었다. 어머니는 숙명공주로 이화랑과 통정해 원광법사를 낳고 혼인을 한 뒤에 보리를 낳았다. 원광법사는 어릴 때부터 총명해 신동이라는 소문이 널리 퍼졌으나 어느 날 갑자기 불교에 귀의했다. 보리는 원광법사가 승려가 되자 화랑의 가문을 잇기 위해 학문과 무예를 연마하는 데 열중했다.

"나는 부처가 될 것이니 너는 화랑이 되어라. 그렇게 해서 나라를 평안하게 해야 한다."

원광법사는 항상 동생인 보리에게 이와 같이 가르쳤다. 보리는 미실궁주와 세종공의 아들인 하종공의 가르침을 받아 무예를 연마했다.

미실궁주가 입궁하자 보리의 어머니 숙명공주는 그녀와 자주 마찰을 일으켰다.

"나의 아버지 태종 각간은 곧 너의 할아버지다. 하늘과 땅 사이에서 가장 훌륭한 분이다. 너는 마땅히 신으로 받들어야 한다."

숙명공주가 말했으나 보리는 일부러 모른 척했다. 이는 미실궁주가 아시공과 옥진궁주를 수호신으로 모시고 있었기 때문이었다. 보리가 어린 시절에는 미실궁주가 신라의 조정을 장악하고 있어서 감히 맞설 수가 없었다.

보리가 어릴 때 하종공을 따라 신궁에 들어갔는데 하종이 옥진상에 먼저 절을 하고 법흥왕상에 나중에 절을 했다.

"우리가 오늘 낭도들의 우두머리가 된 것은 모두 법흥왕께서 주신 것인데 어찌 나중에 절을 하는 것입니까?"

보리가 불만에 차서 말했다.

"선왕께서는 옥진궁주를 신으로 받들어 모셨다. 당연히 선왕보다 먼저 절을 해야 하는 것이 아니냐?"

하종공이 보리에게 나지막하게 말했다.

"선왕께서 직접 그렇게 말씀하셨습니까?"

"미실궁주가 가르친 것이다."

하종의 말에 보리는 입을 다물었다. 미실궁주는 옥진궁주를 법흥왕보다 높은 신으로 받들게 해서 자신의 가문을 신격화한 것이다. 보리는 어쩔 수 없이 옥진상에 먼저 절을 하고 법흥왕상에 나중에 절을 했다. 《화랑세기》에 의하면 신라의 초기 종교는 샤머니즘적 요소가 강해 신궁에 시조인 박혁거세뿐 아니라 법흥왕이나 옥진궁주의 신상까지 모셨다. 이는 신라가 신상을 숭배한 것이라고 볼 수 있다. 그러나 오늘날 신상들이 하나도 남아 있지 않은 것은 기이한 일이다.

보리는 13세에 우방화랑이 되었다. 그는 학문이 뛰어나고 용모가 아름다웠다.

"숙명공주의 아들 보리는 나의 아들보다 훌륭하다. 장차 신국의 기둥이 될 것이다."

미실궁주도 보리를 볼 때마다 칭찬을 아끼지 않았다. 진평왕의 어머니 만호태후(숙명공주와 동복자매)와 보리의 어머니 숙명공주는 진골정통을 도왔다. 대원신통인 미실궁주가 그녀들을 두려워해 딸 애함을 보리와 혼인시키려고 했다. 만호태후가 이를 거절하고 자신의 딸인 만룡낭주를 보리와 혼인시키려고 했다. 보리의 나이 열세 살이었고 만룡낭주가 일곱 살이었다. 만호태후가 이들을 혼인시키려는 것은 정략결혼으로 권력을 공고히 하기 위해서였다. 그러나 만룡낭주는 불과 일곱 살이었기 때문에 이화랑이 걱정했다.

"낭주가 너무 어리지 않소?"

이화랑이 만룡낭주가 어리다고 부인인 숙명공주에게 말했다.

"사도왕후는 일곱 살에 진흥왕에게 시집을 갔는데 오히려 부부의 정이 돈독했습니다. 아이들은 금방 자라니 걱정하지 않아도 됩니다."

숙명공주의 말에 이화랑은 더 이상 반대하지 않았다. 만호태후는 미실궁주가 그녀의 딸 애함과 보리를 혼인시키려고 하자 진골정통이 대원신통에게 넘어갈까봐 불안해서 만룡을 무릎에 앉히고 물었다.

"사도태후는 일곱 살에 시집을 가서 왕을 모셨는데 너도 할 수 있겠느냐?"

"어머니, 지아비가 누구입니까?"

만룡이 눈을 깜박거리면서 물었다.

"보리다."

"보리는 나의 사랑하는 오라버니입니다. 오라버니에게 시집가기를 원합니다."

만룡낭주가 활짝 웃으면서 말했다. 만호태후는 크게 기뻐하고 신궁에 가서 공주례를 행하고 포석사에서 길례를 올렸다.

보리는 만호태후궁을 자주 찾아갔다. 갈 때마다 어린 만룡낭주를 업고 놀았기 때문에 친남매처럼 지냈다.

"오라버니 저를 업어주세요."

길례가 끝났을 때도 만룡낭주가 생글생글 웃으면서 보리에게 말했다.

"소인이 바라던 바입니다."

보리가 웃으면서 허리를 숙였다.

"지난날의 남매가 이제는 부부가 되었다. 처의 행실이 이와 같으면 안 된다."

만호태후가 만룡낭주를 꾸짖었다.

"남매이자 부부입니다. 흉이 아니니 허락하십시오."

숙명공주가 즐거워하면서 말했다. 보리는 이에 만룡낭주를 업고 태후전에 가서 인사를 올렸다.

보리의 누이 화명은 하종공을 좋아했다. 미실궁주가 화명을 하종의 적처로 삼으려고 했으나 만호태후가 들어주지 않았다. 만호태후는 자녀들의 혼인을 모두 진골정통과만 하게 했다. 미실궁주가 분노하자 보리가 위로했다.

"너무 걱정하지 마십시오. 언젠가는 대원신통에도 좋은 날이 올 것입니다."

"너는 내 아들보다 낫다."

보리의 위로에 미실궁주가 기뻐하면서 말했다.

미실궁주가 아들 하종에게 풍월주의 지위를 보리에게 양보하도록 지시했다. 이에 보리가 12세 풍월주가 되어 낭도들을 거느렸다.

보리의 누이들인 화명과 옥명이 모두 진평왕의 부인이 되어 사랑을 받았다. 사람들은 보리에게 누이들의 덕을 입어 높은 관직에 진출하라고 권했다.

"우리 집은 대대로 화랑을 세습했다. 이것만으로도 충분히 영예로운데 무엇 때문에 관리가 되겠는가?"

보리는 진평왕이 내리는 벼슬을 모두 사양했다. 그는 조정의 관직보다 화랑을 더 명예롭게 생각했다. 보리의 형인 원광법사는 중국으로 건너가 불경을 깊이 연구해 그 명성이 중국을 뒤흔들었다. 그는 중국에서 신라로 돌아와 불교를 더욱 널리 전파했다. 원광법사가 설법을 하는 곳에는 사람들이 구름처럼 모여들었다.

'나도 장차 불교에 귀의하리라.'

보리는 원광법사의 설법에 크게 감명받았다. 특히 살생을 금지하는 계율이 보리의 가슴속으로 젖어들었다.

"형님에게 부탁이 있습니다."

보리가 원광법사를 향해 말했다. 이미 득도를 한 원광법사의 얼굴은 부처의 미소를 머금고 있었고 눈은 신비롭게 반짝이고 있었다.

"아우야, 무슨 부탁인지 서슴없이 말하여라."

원광법사가 자비로운 미소를 지으면서 말했다.

"저는 화랑으로 풍월주를 맡고 있습니다. 화랑이 지켜야 할 계율이 있으면 좋겠습니다."

"불교에는 보살계가 있다. 이를 본받으려고 하느냐?"

"화랑은 충성, 효도, 신의, 용맹을 지켜야 합니다."

"그것은 공자의 덕목忠·孝·信·勇·仁이로구나. 내 이미 귀산貴山과 추항에게 세속오계를 가르쳤다. 그들에게 듣는 것이 어떠냐?"

"예. 그들을 찾아가 듣도록 하겠습니다."

보리는 원광법사와 헤어져 서라벌로 돌아왔다.

원광법사에게 세속오계를 받다

귀산과 추항은 원광법사에게 세속오계를 받아 화랑에 전한 사람들이다. 귀산은 사량부沙粱部 사람으로서 아버지는 무은武殷 아간(阿干, 아찬과 같은 벼슬로 신라의 17관등 중 6위 관직)이다. 귀산은 젊어서 같은 부에 있는 사람 추항을 벗으로 삼고 심신을 연마했다.

"우리가 선비나 군자와 함께 교유하기를 기대한다면 우리 스스로 마음을 바르게 하고 몸을 닦아야 할 것이다."

하루는 귀산이 추항에게 말했다.

"좋은 생각일세. 그렇다면 어진 사람을 찾아가 배우는 것이 어떻겠는가?"

추항이 고개를 끄덕였다.

"원광법사가 수나라에 유학을 다녀와서 가실사加悉寺에 있다는데 그에게 가르침을 받는 것이 좋을 것 같네."

추항이 찬성을 하자 두 사람은 가실사로 찾아가서 옷자락을 여미고 원광법사에게 인사를 올렸다.

"속세의 선비가 어리석고 몽매해서 아는 것이 없사오니, 가르침을 내리시어 평생의 교훈으로 삼게 해주소서."

귀산과 추항이 공손하게 합장을 하고 말했다.

"불가의 계율에 보살계라는 것이 있는데, 그것은 열 가지 계율로 되어 있다. 그대들은 세속에 살고 있으니 모두 지키기 어려울 것이다. 내가 세속오계를 만들어 줄 터이니 잘 들으라. 첫째는 임금을 충성으로 섬기는 것이요, 둘째는 부모를 효성으로 섬기는 것이요, 셋째는 벗을 신의로 사귀는 것이요, 넷째는 전쟁에 임해 물러서지 않는 것이요, 다섯째는 살아 있는 것을 죽일 때는 가려서 죽여야 한다. 이것이 오계니, 그대들은 이를 실행함에 소홀하지 말라!"

원광법사가 자애롭게 웃으면서 말했다.

"명심해서 가르치신 대로 실행하겠습니다."

귀산과 추항은 가실사에서 서라벌로 돌아와 세속오계를 잘 지켰다. 보리는 귀산과 추항을 찾아가 세속오계를 듣고 화랑들에게 이를 가르쳤다.

서기 602년(진평왕 24) 8월에 백제가 대내적으로 군사를 동원해 아막성(阿莫城, 남원)을 공격해 왔다. 진평왕은 장군 파진찬(波珍湌, 신라의 17관등 중 4위 관직) 건품, 무리굴, 이리벌, 급벌찬(級伐湌, 신라의 17관등 중 9위 관직) 무은, 비리야 등에게 군사를 주어 이를 방어하게 했다.

아막성으로 파견된 장수 중에는 귀산의 부친 무은이 있었다. 귀산과 추항은 소감(少監, 신라의 군관직)의 관직에 있었으나 무은을 따라 아막성으로 달려갔다. 전투는 치열하게 전개되었으나 백제군이 패해 퇴각하게 되었다.

"적을 추격하라!"

무은은 군사들을 휘몰아 패주하는 백제군을 추격했다. 그러나 날이 저물어 돌아오고 있을 때 연못 근처에 매복하고 있던 백제군이 일제히 함성을 지르면서 공격해 왔다.

"적이다!"

신라군은 당황해 우왕좌왕했다. 그때 백제군이 갑자기 뛰어 나와 갈고리로 무은을 잡아당겨 말에서 떨어트렸다.

"아버님!"

귀산은 깜짝 놀라 무은에게 달려가려고 했다.

"적이 매복하고 있으니 불리하다."

신라군이 귀산이 돌진하는 것을 만류했다.

"내 일찌기 스승에게 들으니 군사는 적군을 만나 물러서지 않는다고 했다. 어찌 감히 패해서 달아날 수 있으랴?"

귀산은 큰 소리로 외치고 추항과 함께 적진을 향해 달려갔다. 귀산은 수십명의 백제군을 죽이고 아버지 무은을 말에 태워 신라군 진영으로 돌려보냈다. 백제군은 귀산을 죽이기 위해 겹겹이 에워싸고 창칼을 휘둘렀다. 귀산과 추항은 온몸이 피투성이가 되었으나 끝까지 물러서지 않고 백제군과 싸웠다. 이때 신라군이 몰려와 백제군을 도륙했다. 쓰러진 시체가 들판을 가득 메우고 말 한 필, 수레 한 채도 돌아가지 못했다. 귀산과 추항은 온몸이 창칼에 찔려 돌아오는 도중에 숨졌다.

귀산과 추항이 백제군과 싸울 때 물러서지 않고 용맹하게 싸운 일은 신라인들에게 큰 감명을 주었다. 그들의 시신이 운구되어 서라벌로 돌아올 때 많은 사람들이 연도로 몰려나와 슬퍼했다.

'세속오계를 실천했구나.'

풍월주인 보리도 감명을 받았다.

진평왕은 여러 신하들과 함께 아나阿邢의 들판에서 그들의 시신을 맞이했다. 그들의 시체 앞으로 나아가 통곡하고 예를 갖추어 장사지낸 뒤에 귀산에게는 나마奈麻를, 추항에게는 대사大舍를 각각 추증했다.

귀산과 추항의 죽음으로 세속오계는 더욱 유명해졌다.

"원광법사가 세속오계를 지었다고 하는데 어떤 것입니까?"

만룡낭주가 보리에게 물었다.

"그러면 낭도들이 연무하는 모습을 보십시오."

보리는 만룡낭주를 데리고 자신이 이끄는 낭도들의 연무장으로 갔다. 울창한 숲속의 넓은 연무장이었다. 낭도들이 우렁찬 기합소리와 함께 칼을 뽑자 서늘한 냉기가 뿜어지는 듯했다. 보리는 높은 대臺 위에서 낭도들이 연무하는 모습을 지켜보았다.

"사군이충事君以忠!"

낭도들이 일성을 토해 내면서 일제히 공중으로 솟아올라 칼을 뽑었다. 용약재연세龍躍在淵勢, 연못 속에 있던 용이 하늘로 솟아오르는 검세劍勢였다. 낭도들이 용약재연세를 취하자 그들의 검에서 무시무시한 살기가 뻗쳤다. 사군이충, 충성으로 임금을 섬겨야 한다는 뜻이다. 국가의 간성을 길러내는 일이므로 신념과 국가관이 뚜렷해야 했다.

"사친이효事親以孝!"

사친이효는 부모를 효로써 받들라는 뜻이다. 만룡낭주는 보리와 함께 화랑이 연무하는 모습을 보고 감동에 젖었다.

"원광법사께서 훌륭한 계율을 만들어주셨군요."

"그대만 괜찮다면 장차 나도 불문에 귀의할 것이오."

보리가 만룡낭주의 손을 잡고 말했다.

"낭군의 일을 첩이 어찌 반대하겠습니까? 첩도 불문에 들어가는 것을 소망하고 있었습니다."

진평왕 시절, 불교는 신라인들의 가슴속으로 무섭게 파고 들고 있었다. 보리가 세속오계를 화랑의 정신으로 삼은 것은 이러한 배경 때문이었다. 보리는 만룡낭주의 손을 잡고 다시 연무장을 응시했다.

"교우이신交友以信!"

낭도들의 함성이 토함산을 쩌렁쩌렁 울렸다. 그 소리에 놀랐는가. 하늘을 찌를 듯이 솟아 있는 상수리나무의 잎사귀들이 우수수 떨어졌다. 10월, 토함산은 단풍으로 절경을 이루고 있었다. 그러나 보리의 낭도들은 구슬땀을 흘리면서 연무를 하고 있었다. 교우이신은 벗을 사귈 때는 믿음으로써 사귀어야 한다는 뜻이다.

"임전무퇴臨戰無退!"

임전무퇴는 전쟁에 나가서 물러서지 않는다는 뜻이다.

"살생유택殺生有擇!"

살생유택은 살아 있는 생명체를 죽일 때는 자비가 있어야 한다는 뜻이다. 낭도들이 우렁차게 함성을 지르면서 훈련을 하는 토함산 연무장에서 흙먼지가 자욱하게 일어났다. 보리는 낭도들이 훈련하는 모습을 지켜보면서 가슴이 뿌듯해졌다.

보리는 청렴결백한 인물이었다. 보리의 부인 만룡낭주는 태후가 사랑하는 딸이었기 때문에 많은 재물을 하사받아 사치스럽게 살았다.

"내가 낭도의 우두머리로 사치한 생활을 하는 것은 옳지 않소. 그대가 나의 아내라면 나의 뜻을 헤아려주기 바라오."

보리가 만룡낭주에게 말했다.

"첩의 소견이 짧았습니다. 부부는 한몸인데 낭군의 뜻을 미처 헤아리지 못했습니다."

만룡낭주는 재물을 모두 낭도들에게 나누어주었다. 흉년이 들어 백성들이 굶주리고 있으면 보리와 만룡낭주가 가서 도와주었다. 만룡낭주는 보리보다 훨씬 나이가 어렸으나 지어미의 도리를 다했다. 보리가 아프면 몸소 간호하고, 음식과 의복도 손수 장만했다.

보리는 서기 591년 1

화랑정신이 담긴 임신서기석
일종의 금석문서金石文書로, 임신년 (522년이나 612년으로 추정됨)에 화랑들이 "어떤 일이 있어도 우정을 꺾지 않으며 세상이 어지러워지고 나리가 위태로워지면 목숨 바쳐 큰일을 할 것이다. 그리고 3년 안에 《시경》 《서경》 《예기》 《춘추좌전》을 습득할 것을 맹세한다."는 문구를 돌에 새긴 것이다. 국립경주박물관 소장.

조우관
조우관은 관모에 새의 깃털을 꽂아 쓰는 것을 말한다. 모자에 새의 깃털을 꽂아 자신의 높은 신분을 과시하는 풍습은 고구려 외에 신라와 백제에도 있었다.

사냥
고구려의 생활풍속을 그린 고분벽화에는 사냥 그림이 자주 나온다. 벽화의 세부표현을 통해 사냥방법과 그 대상뿐 아니라 당시의 복장, 무기, 무장도 알 수 있는 중요 자료다.

월 15일에 풍월주가 되었다. 그의 나이 20세였고 만룡낭주는 14세였다. 보리는 만룡낭주가 어리기 때문에 낭도의 예를 미루려고 했다. 낭도의 예는 정식으로 부부가 합궁하는 것을 말한다. 보리는 만룡낭주가 아직 어리다고 생각한 것이다.

"군은 낭도의 우두머리인데 첩이 모도母道를 이루지 못하면 낭도들이 뒤에서 비웃을 것입니다."

만룡낭주가 얼굴을 붉히면서 말했다. 보리는 비소로 낭도의 예를 행하고 만룡낭주와 운우지정을 나누었다.

"낭주는 어떻게 어린 나이에 운우를 알았소?"

보리가 기이하게 생각하여 물었다.

"후단이 색도를 가르쳐 주었습니다. 그녀를 첩으로 삼으십시오."

만룡낭주가 말했다. 신라의 왕족이나 귀족들은 색사를 중요하게 생각해 이를 가르치는 사람들이 있었다. 그러나 보리는 후단을 첩으로 삼지 않았다. 만룡낭주가 진평왕에게 아뢰어 후단을 첩으로 삼게 했다.

서기 603년 8월, 고구려가 대군을 휘몰아 북한산성을 공격해 왔다.

"북한산성은 전략적 요충이다. 과인이 출정한다. 화랑은 과인의 전위군이 되라."

보리는 진평왕이 1만 군사를 이끌고 출전하자 화랑을 이끌고 전위군이 되었다. 고구려군은 북한산성을 맹렬하게 공격했으나 화랑을 앞세운 신라군의 방어로 많은 희생자가 발생하자 퇴각했다.

고구려가 자주 침범하자 608년(진평왕 30) 진평왕은 중국 수나라에 원광법사가 지은 걸사표를 바쳤다. 걸사표의 영향인지는 알 수 없지만 612년 수양제는 마침내 113만의 군사를 일으켜 고구려를 침공했다. 고구려의 을지문덕 장군은 수나라군을 고구려 영내 깊숙이 유인한 뒤에 살수에서 대파했다. 수나라의 백만 대군은 살아돌아간 자가 수만 명에 불과했고, 결국 국력이 피폐해져 멸망하고 당나라가 일어섰다.

'국가의 흥망이 아침이슬과 같구나.'

보리는 수나라의 멸망을 보고 형인 원광법사를 따라 불문에 귀의했다. 부인인 만룡낭주와 첩인 후단도 머리를 깎고 비구니가 되어 불도佛道를 행했다.

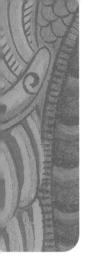

8

선덕여왕의 남자

용춘

찬하여 이른다. 덕은 일월과 같이 빛나고
삼한의 업이 크게 이루어지도다.

　13세 풍월주 용춘은 진지왕의 아들이었다. 어머니는 지도태후
였다. 지도태후는 처음에 동륜태자의 태자비가 되었으나 그가 사
나운 개에 물려 죽기 전에 금륜태자와 사사로이 정을 통하고 있었
다. 동륜태자가 죽자 금륜태자와 더욱 깊은 사랑을 나누었고 그가
진지왕으로 즉위하자 왕후가 되었다.

　진지왕이 왕후로 책봉하기로 했던 미실궁주를 외면하고 지도태
후를 왕비로 책봉한 것은 미실궁주의 힘을 간과한 것이었다. 결국
진지왕은 미실궁주와 사도왕후의 음모로 폐위되고 진평왕이 보위
에 올랐다. 권력은 미실궁주에게 넘어갔다.

　하종이 보리에게 법흥왕상보다 옥진궁주상에 먼저 절을 하게
한 것은 미실궁주의 힘이 왕을 능가하고 있었기 때문이다. 미실궁
주는 새주(璽主, 옥새의 주인)에 임명되어 진평왕의 뒤에서 사실상 신

라를 통치했다.

지도태후는 태상태후의 명으로 다시 진평왕을 섬기게 되었다. 지도태후의 운명도 기구해 보인다. 혼례는 동륜태자와 올렸으나 금륜태자와 사통하고 왕비가 되었으나 진지왕이 폐위되자 다시 진평왕을 섬기게 된 것이다. 지도태후가 두 왕과 동륜태자를 섬긴 것은 신라 역사에서도 드문 일이다. 용춘은 어머니인 지도태후가 진평왕의 부인이 되었기 때문에 그를 아버지로 알고 자랐다. 자신의 아버지 진지왕을 폐위시키고 죽음으로 몰고 간 원수를 아버지로 섬긴 것이다. 이는 마치 셰익스피어의 희곡 햄릿과 유사하다. 그러나 죽은 자는 죽은 자일 뿐이다. 진지왕이 어떻게 죽었는지는 《삼국사기》에는 남아 있지 않으나 《화랑세기》에는 3년 동안 유폐되어 있다가 죽은 것으로 되어 있다.

진지왕(眞智王, 재위 576~579년)은 미실궁주에 의해 왕위를 찬탈당하고 비참하게 죽은 것이다.

진평왕(眞平王, 579~632년)이 측은하게 생각해서 용춘을 총애했다. 용춘은 자라면서 그와 같은 사실을 알고 슬퍼하면서 문노의 문하에 들어갔다. 비보랑을 형으로 섬기고 비형랑과 함께 낭도들을 이끌었다.

비형랑은 죽은 진지왕의 영혼과 도화녀가 사통해서 낳은 아들이다. 사량부의 평민인 그녀는 용모가 아름다워 사람들이 복숭아 꽃처럼 아름답다는 뜻으로 도화녀桃花女라고 불렀다.

진지왕 재위 시절 그녀가 미인이라는 소문을 듣고 궁중으로 끌고 와서 간통하려고 했다.

"여자가 지켜야 할 것은 일부종사로 두 남편을 섬기지 않는 것입니다. 이는 제왕이라고 해도 강요할 수 없습니다."

도화녀가 단호하게 거부했다.

"내 말을 듣지 않으면 죽일 것이다. 그래도 거역하겠는가?"

진지왕이 화를 내면서 말했다.

"차라리 거리에서 죽는 한이 있어도 왕의 명령을 따를 수 없습니다."

도화녀의 대답은 서릿발이 내리는 것처럼 싸늘했다.

"그렇다면 남편이 없으면 허락하겠는가?"

"허락할 수 있습니다."

진지왕은 그 말을 듣고 도화녀를 돌려보냈다. 진지왕이 폐위되어 죽고 3년이 지나자 도화녀의 남편도 죽었다. 남편이 죽은 뒤 10여 일이 지나자 죽은 진지왕이 생시와 똑같은 모습으로 도화녀의 집에 나타났다.

"네가 3년 전에 약속한 말을 잊지 않았을 것이다. 이제 남편이 죽었으니 허락하라."

진지왕의 말에 도화녀는 좀처럼 허락하지 않다가 부모에게 말했다.

"임금의 영인데 어찌 거역할 수 있겠느냐?"

도화녀의 부모가 한숨을 내쉬었다. 이에 할 수 없이 도화녀가 진지왕을 맞이하자 왕이 7일 동안 머물러 있었다. 그동안 오색구름이 지붕을 덮고 꽃향기가 방안에 가득했다. 진지왕은 7일이 지나자 홀연히 하늘로 올라갔다.

도화녀가 임신을 해 출산을 하게 되었는데 갑자기 세찬 바람이 불고 뇌성벽력이 몰아쳐 천지가 진동했다. 도화녀는 아들을 낳아 이름을 비형鼻荊이라고 지었다. 비형랑은 낭도가 되었으나 신비한 일을 잘한다고 서라벌에 소문이 났다. 진평왕이 비형랑을 불러 궁중에서 키웠다.

비형랑이 매일 밤 왕궁을 빠져 나와 멀리 가서 놀았으므로 진평왕이 용사 50명에게 뒤를 밟게 했다. 비형랑은 월성을 넘어 서라벌 서쪽의 황천에서 귀신들과 놀았다. 용사들이 돌아와 진평왕에게 보고했다.

"네가 귀신들과 함께 논다고 하는데 사실이냐?"

진평왕이 비형랑에게 물었다.

"예."

비형랑이 망설이지 않고 대답했다.

"그러면 네가 귀신들에게 명령을 내려 신원사 북쪽 깊은 시내에 다리를 놓거라."

진평왕이 영을 내리자 비형랑이 그날 밤 귀신들에게 영을 내려 하룻밤 사이에 다리를 놓았는데 사람들이 귀교鬼橋라고 불렀다.

"조정에 훌륭한 신하가 없다. 귀신들 가운데 인간 세상에 나와서 정치를 보좌할 자가 있느냐?"

진평왕이 감탄을 하고 다시 비형랑에게 물었다.

"길달吉達이란 자가 있습니다."

"그자를 데리고 오너라."

비형랑이 영을 받고 길달을 데리고 오자 집사에 제수(除授, 왕이 직접 벼슬을 내림)했다. 길달은 충직하게 진평왕을 보좌했다. 진평왕이 그가 혼자 노는 것을 보고 각간 임종의 양자가 되게 해 가족을 만들어 주었다. 길달은 임종의 양자가 되자 흥륜사 남쪽에 있는 누문樓門에 올라가 잠을 자서 사람들이 길달문이라고 불렀다. 하루는 길달이 여우로 변해 도망을 가자 비형랑이 귀신을 시켜 잡아 죽였다. 그러자 서라벌 사람들이 노래를 지어 불렀다.

성스러운 임금의 혼이
도화녀를 통해 아들을 낳으니
비형랑이로세
날 뛰는 귀신들아
이곳에 머물지 말라

《삼국유사》에서 비형랑은 전설의 인물로 생각되지만《화랑세기》에까지 등장하는 점으로 미루어 불행한 진지왕의 서자로 보인다.

화랑조직의 부정부패 척결에 나서다

용춘은 진지왕의 아들이었기 때문에 김유신의 아버지인 김서현 金舒玄이 그에게 풍월주를 양보했다. 화랑은 이때 여러 파벌로 나뉘어 암투가 치열하게 벌어지고 있었다. 용춘은 13세 풍월주가 되자 파벌을 없애기 위해 노력했다.

"화랑은 신분에 구애 받지 않을 것이다. 골품은 왕위와 신하를 구분하는 제도다. 낭도들에게 골품은 아무런 상관이 없다. 공이 있는 자에게 상을 주는 것이 원칙이다. 나는 어느 파도 우대하지 않겠다."

용춘이 낭도들에게 선언했다.

용춘의 전대 풍월주인 10세 풍월주 미생랑은 많은 첩을 거느리고 있었다. 낭두들이 모두 첩을 통해 그에게 청탁을 해왔고 뇌물 받는 것을 좋아한 그가 이 모든 청탁을 들어주었기 때문이다.

화랑의 조직은 풍월주, 부제, 화랑, 낭두, 낭도 등으로 이루어져 있었다. 이중 낭두는 화랑으로 승진을 해야 출세 길이 열렸다. 따라서 화랑이 되는 과정에서 뇌물을 주고 승진을 하는 부정부패가 만연했던 것이다. 게다가 화랑조직은 진골정통, 대원신통, 가야파로 나뉘어 서로 간에 분쟁이 심했다.

12세 풍월주 보리가 화랑조직 안에서의 분쟁을 염려해 이 3파를 골고루 등용하고 이를 '균등'이라고 불렀다. 공을 세워도 보리가 만든 균등에 걸리면 진급하지 못했다.

대남보 역시 균등 때문에 승진하지 못한 인물이었다.

그는 용맹하고 호협해서 전쟁에서 많은 공을 세웠을 뿐 아니라 위급한 사람은 반드시 구해주어 명성이 높았다. 그러나 골품이 없었기 때문에 언제나 낮은 벼슬에 머물러 있었다.

용춘의 사람, 대남보

"그대의 딸이 아름다운데 어찌해 풍월주에게 바치고 골품을 얻지 않는가?"

사람들이 대남보에게 딸을 바치라고 권했다.

"우리가 어찌 여색으로 풍월주를 미혹하는가? 이는 나를 모욕

하는 말이다."

대남보가 정색을 하고 면박을 주었다. 용춘이 그 말을 듣고 낭두별장을 불렀다.

"대남보의 능력이 낭두가 될 만한가?"

"될 만하나 골품이 없습니다."

"공功은 어떠한가?"

"전임 풍월주를 모시고 출정한 일이 있는데 공을 세웠습니다. 그러나 대상對上이 있어서 승진하지 못했습니다."

"대상이 누구인가?"

"조심보입니다."

"조심보가 대남보보다 공이 큰가?"

"조심보는 대남보보다 공이 적으나 서열이 높습니다. 그가 먼저 승진해야 대남보가 승진할 수 있습니다. 이것이 3파에서 균등하게 승진하는 법입니다."

"재능이 없는 자를 재능이 있는 자의 대상으로 삼아 승진을 가로막는 것은 옳지 않다. 골품이나 파가 낭도들에게 무슨 의미가 있는가?"

용춘은 대남보를 세 번이나 승진시켜 낭두로 삼았다. 그러자 불평하는 낭도들이 신으로 받들어지고 있는 문노를 찾아가서 항의했다.

"신주新主가 한 일이 옳은데 어찌 반대하는가?"

문노는 오히려 낭도들을 꾸짖었다. 대남보는 자신의 딸을 용춘에게 바쳤다. 용춘의 인품이 훌륭했기 때문에 그에게 딸을 바치는 것은 영광이라고 생각했다. 그러나 용춘은 그의 딸을 되돌려 보냈다.

'아버지가 용춘공에게 바쳤으니 나는 이미 그 분의 여자다. 어찌 다른 사람에게 시집가겠는가?'

대남보의 딸은 용춘을 위해 정절을 지키기로 했다. 용춘이 대남보의 딸에게 여러 차례 다른 사람에게 시집갈 것을 권했으나 듣지 않았다.

"어찌 한 사람의 여자로 공이 괴로워하십니까?"

대남보가 용춘에게 말했다.

"내가 그대의 딸을 돌보지 않는 것은 딸로 인해 그대를 사사로이 대할까 우려하기 때문이다."

대남보의 딸이 그 말을 듣고 슬퍼서 우물에 몸을 던졌다. 사람들이 깜짝 놀라 그녀를 우물에서 건져 소생시켰다.

"이런 일이 벌어진 것은 신들이 잘못했기 때문입니다."

낭두들이 무릎을 꿇고 절을 하면서 빌었다. 용춘은 마지못해 딸을 거두고 대남보를 그날로 해직했다.

"부녀가 한 사람을 섬길 수 없으니 그대는 서운해하지 말라."

용춘이 대남보를 위로하면서 말했다.

"나를 알아주는 사람을 위해 죽음도 불사하는 것이 의리인데 어찌 지위를 바라겠습니까?"

대남보는 오히려 기뻐했다.

진평왕이 이 말을 듣고 대남보를 등용해 궁사지(궁궐에 재물을 관장하는 관직)에 임명했다. 대남보는 부유했으나 자신의 재산을 모두 기울여 용춘이 사용하게 하고 결사대 1백 명을 동원해 항상 그를 호위하게 했다. 용춘은 그와 같은 사실을 전혀 알지 못했다.

용춘이 하루는 미복(微服, 지위가 높은 사람이 무엇을 몰래 살피러 다닐 때 남의 눈을 피하려고 입는 남루한 옷차림)을 하고 거리를 지나가는데 아이들이 노래를 부르는 소리가 들렸다.

처를 바쳐 부자가 되고
일곱 아들이 모두 말을 탄다네
딸을 바치고 가난해져
세 아들이 모두 베옷을 입었다네

용춘은 아이들의 노래를 이해하지 못해 종자들에게 물었으나 웃기만 할 뿐 대답하지 않았다. 대남보의 집에 이르렀을 때 처와 세 아들이 삼을 쌓아 놓다가 용춘을 보자 재빨리 숨겼다. 용춘은 비로소 대남보가 가난하게 살고 있다는 것을 알고 종자들을 책망했다.

"당두는 부인을 바쳐 일곱 아들이 모두 출세했는데 대남보의 세 아들이 가난하게 살고 있어 이런 노래가 불리게 되었습니다."

종자들이 무릎을 꿇고 말했다.

"아아, 내가 남보의 충정을 몰랐구나."

용춘은 슬퍼했다. 용춘은 대남보의 장자 학일을 천거해 벼슬을 받게 했다. 이어 두 동생도 모두 벼슬에 오르게 했다.

"대남보는 나 때문에 가난해졌다. 내가 무슨 낯으로 풍월주의 지위에 있겠는가?"

용춘은 풍월주의 지위를 사양하고 호림공이 풍월주에 오르게 했다. 호림은 풍월주에 오르자 대남보의 세 아들을 모두 낭두에 임명했다.

그보다 앞서 603년 용춘과 비보랑이 진평왕을 따라 한수(漢水, 한강 유역)의 전쟁에 출정했다. 이 전쟁에는 보리공이 출정했고 용춘은 보리공 밑에서 고구려군과 치열한 전쟁을 벌여서 침략을 막았다.

진평왕은 아들이 없어서 용춘의 형 용수를 사위로 삼아 왕위를 물려주려고 했다.

"왕이 나를 사위로 삼으려고 하는데 아우의 생각은 어떤가?"

용수가 용춘에게 물었다.

"왕의 춘추가 한창인데 사위가 되면 불행한 일이 일어날지 모르겠습니다."

용춘이 대답했다. 용수는 진평왕의 부마가 되는 것을 사양했다.

"남자는 신라에서 용숙龍叔만한 인물이 없습니다."

천명공주가 마야왕후에게 말했다. 용숙은 용자 돌림의 삼촌을 말한다. 마야왕후는 딸 천명공주가 용수를 사랑하는 것으로 알고 그를 부마로 삼았다.

"첩이 진실로 사모하는 것은 용춘공 당신입니다."

천명공주가 은밀하게 용춘에게 사랑을 고백했다.

"나라와 집에는 법도가 있어서 장자가 중합니다. 신이 어찌 감히 형과 같겠습니까?"

용춘은 천명공주의 사랑을 뿌리쳤다. 천명공주는 그럴수록 용춘을 더욱 사랑했다. 이에 용수가 일부러 자리를 피하고 용춘과 어울리게 했다. 마야왕후는 밤에 왕궁에서 잔치를 열고 용춘과 천명공주가 함께 침전에 들도록 했다.

덕만공주의 사람이 된 용춘

진평왕의 딸 덕만공주는 자라면서 더욱 아름다워져 용봉의 자태와 태양의 위세를 갖추고 있었다. 지혜는 가히 겨룰 자가 없었다. 용춘은 그녀를 볼 때마다 사람들을 압도하는 지혜에 혀를 내두르고는 했다. 한번은 당나라 태종 이세민이 홍색, 자색, 백색으로 그린 모란꽃 그림과 꽃씨 3되를 보내왔다. 진평왕은 당나라에서 보낸 모란꽃 그림이 너무나 아름다워 신라의 쟁쟁한 대신들과 덕만공주에게 보였다.

"당 태종이 왜 이 꽃을 우리에게 보냈는지 알고 있는가?"

진평왕의 질문에 아무도 대답하는 대신이 없었다. 쟁쟁한 학자들조차 당 태종의 진의를 파악하지 못해 전전긍긍했다.

"이 꽃은 비록 아름답기는 하나 향기가 없을 것입니다."

공주인 덕만이 모란꽃 그림을 자세히 살핀 뒤에 대답했다. 용춘은 고개를 갸우뚱했다. 그는 덕만공주의 말을 이해할 수 없었다.

"네가 그것을 어떻게 알고 있느냐?"

신하들이 웅성거리자 진평왕이 의아해하며 물었다.

"이 그림을 보니 꽃이 활짝 피었는데도 봉접(蜂蝶, 벌나비)이 날고 있지 않습니다. 대저 여자가 국색國色이면 남자들이 기뻐하면서 따르고 꽃에 향기가 있으면 벌나비가 따르는 법입니다. 이 꽃은 지극히 아름다우나 벌나비가 없으니 반드시 향기가 없을 것입니다. 한번 시험해보소서."

덕만의 말에 긴가민가하면서 진평왕은 모란꽃 꽃씨를 대궐 뜰에 심게 했다. 1년이 지나 뜰에 모란꽃이 활짝 피었는데 과연 향기가 없어서 벌나비가 날아들지 않았다.

"선재仙才로다."

진평왕은 덕만의 슬기로움에 무릎을 치면서 탄복했다.

'공주의 지혜가 하늘을 찌르는구나.'

용춘은 덕만공주의 지혜로움에 혀를 내둘렀다. 이러한 덕만공주였으니 진평왕의 사랑이 남달랐다. 진평왕은 오랫동안 재위에 있었으나 아들이 없었다. 신라 귀족들은 왕권의 향방에 촉각을 곤두세웠다. 용춘과 용수도 왕위 계승권을 갖고 있었다. 물밑에서 왕이 되기 위해 치열한 암투를 벌였다.

"동생이 지혜로우니 네가 물러나라."

진평왕이 천명공주에게 말했다. 천명공주는 효심이 깊었기 때문에 왕위 계승권을 덕만공주에게 양보하고 출궁했다.

"그대는 덕만공주에게 충성을 바치겠는가?"

진평왕은 중요한 귀족들을 왕궁으로 불러서 충성 서약을 받았다.

"신은 공주님을 위해 목숨을 바치겠습니다."

용춘도 왕궁에 불려가 진평왕에게 충성 서약을 했다. 염장과 비담을 비롯해 많은 귀족들이 차례로 충성 서약을 했다.

'이는 덕만공주가 뒤에서 조종을 하고 있는 것이다.'

용춘은 덕만공주가 진평왕을 조종하고 있는 것을 눈치 챘다.

"공은 나를 보좌하시오. 나는 그대를 지아비로 맞이할 것이오."

덕만공주가 은밀하게 용춘을 불러서 말했다. 덕만공주는 총명하고 아름다운 여인이다. 그러나 왕위에 오르기 위해 자신을 이용하고 있는 것이라고 생각했다.

"공주님이 총명하신데 소인은 감히 받들 수가 없습니다."

용춘이 덕만공주의 제안을 사양했다.

"그대는 덕만공주를 받들라."

진평왕이 용춘에게 명을 내렸다. 용춘은 어쩔 수 없이 진평왕의 명을 받고 덕만공주와 동침했다.

진평왕은 마야부인이 죽자 승만을 왕비로 책봉했다. 승만왕후가 아들을 낳자 덕만공주로부터 왕위 계승권을 빼앗으려고 했다.

"그대는 대궐을 피해 있어야 합니다. 승만왕후가 음모를 꾸미니 자칫하면 억울한 죽음을 당할 것입니다. 내가 대왕에게 아뢰어 고구려를 침공하게 할테니 전쟁터로 나가세요."

덕만공주가 용춘에게 말했다.

"공주님은 안전합니까?"

용춘은 자신이 떠난 뒤에 덕만공주가 위해를 당할까봐 두려웠다. 그러나 덕만공주는 지혜로웠기 때문에 능히 이를 헤쳐나갈 수 있었다.

서기 629년 8월, 진평왕이 대장군 김용춘, 김서현과 부장군 김유신을 보내 고구려의 낭비성(娘臂城, 충북 청원군)을 공격하게 했다. 용춘은 왕궁에서 나와 낭비성으로 달려갔다.

고구려 군사들은 성 밖에 나와 진을 치고 있었다. 고구려군의 진영은 기치창검이 삼엄하고 기세가 높았다. 신라군은 고구려군의 사나운 기세에 압도되었다.

"누가 적의 기세를 꺾겠는가?"

용춘이 휘하 장수들을 돌아보고 물었다.

"나는 옷깃을 잡고 흔들면 옷이 반듯해지고, 그물의 꼭지를 쳐들면 그물이 펴진다는 말을 들었습니다. 내가 그물의 꼭지와 옷깃이 되어 보겠습니다!"

김유신이 나서서 말했다.

"허락한다!"

용춘이 영을 내렸다.

김유신은 맹수처럼 포효하면서 칼을 뽑아 들고 적진을 향해 돌진했다. 신라군이 숨을 죽이고 지켜보는 가운데 김유신이 세 번이나 적진 속에 들어가 적장의 목을 베거나 깃발을 뽑아가지고 돌아왔다. 신라군이 창을 흔들면서 만세를 불렀다.

"김유신을 보라! 김유신이 저토록 용맹한데 그대들은 보고만 있을 것인가?"

용춘은 칼을 높이 들고 신라군에게 영을 내렸다. 신라군은 사기가 높아져 북을 치고 일제히 함성을 지르면서 진격했다. 신라군은 이 전투에서 고구려군 5천여 명을 목 베어 죽였다. 마침내 낭비성이 항복했다.

용춘은 당당하게 서라벌로 개선했다.

'승만공주가 낳은 왕자가 죽었다고?'

신라 왕궁에는 뜻밖에 승만왕후의 아들이 죽어 치열하게 왕위

쟁탈전을 벌이던 세력이 없어졌다.

"공주님, 왕자는 어떻게 죽은 것입니까?"

용춘이 덕만공주에게 물었다.

"갑자기 병으로 죽었습니다. 어린 아이라 급사하는 일이 많다는
군요."

덕만공주가 환하게 웃으면서 말했다.

'급사했다면 독살을 당해 죽은 것인가?'

용춘은 왕궁에서 일어난 일을 조사했으나 워낙 은밀하게 이루
어진 일이라 알 수 없었다. 진평왕은 용춘이 고구려와의 전쟁에서
공을 세우고 돌아오자 각간에 임명했다.

덕만공주가 즉위해 선덕여왕이 되자 용춘을 지아비로 맞이했
다. 용춘은 여왕의 남편이 된 것이다. 용춘과 선덕여왕 사이에는
자식이 없었다. 덕만공주와 1년이 지나도록 동침을 했는데도 태
기가 없자 용춘이 스스로 물러나겠다고 아뢰었다.

"공과 같은 영웅을 지아비로 모셨는데 자식이 없으니 안타까운
일입니다."

선덕여왕이 이번에는 용수를 지아비로 맞아들였다. 그러나 여
전히 자식을 낳지 못해 스스로 물러났다. 선덕여왕은 여러 남자들
과 정을 통했다.

"꽃가루가 분분히 날리는구나."

용춘은 선덕여왕이 여러 남자들과 동침을 하는 것을 보고 탄식
했다. 선덕여왕은 용춘을 물러나게 하고 흠반공과 을제공에게 국
정을 보좌하도록 했다.

용춘은 말년에 평화로운 나날을 보냈다. 그는 정처에게서 아들이 없었기 때문에 형 용수의 아들 김춘추를 아들로 삼았다. 천명과 호명 두 공주가 산속에 궁전을 짓고 용춘을 모셨다. 용춘은 술상을 앞에 놓고 바둑과 거문고로 소일했다. 시첩 다섯이 온화한 얼굴로 모셔 마치 신선과 같이 살았다고 한다.

말안장꾸미개

말재갈

말방울

말띠드리개

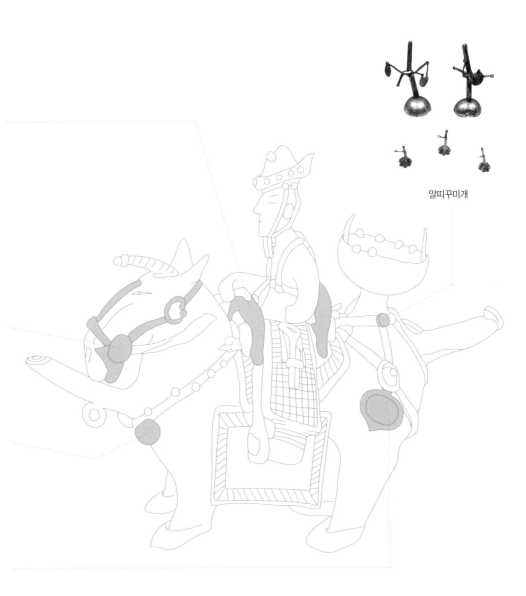

말띠꾸미개

신라 말갖춤

신라의 화랑들은 누구보다도 말을 많이 타고 달렸을 것이다. 당시 신라인들은 말에 어떤 장식을 했을까. 말을 안정적으로 타고 내리거나 말을 장식하는 데 사용되는 신라의 말갖춤은 안장, 발걸이, 재갈, 말방울, 말띠드리개, 말띠꾸미개 등이 있다. 이는 신분과 사회적 지위를 나타내는 수단이기도 했다.

9

신국의 주인을 꿈꾼 화랑

비담

《화랑세기》에 비담은 풍월주에 오르지 않았다.
그러므로 김대문이 찬을 짓지 않았다.

비담은 화랑의 주인인 풍월주에 오르지 않고 화백회의의 의장인 상대등까지 올랐다. 위화랑이 화랑을 창설한 후에 신라의 중요한 인물들이 대부분 화랑에서 배출되었다. 그러나 풍월주에 오르지 않은 인물들도 많았다. 이들은 낭도나 화랑이 되었다가 얼마 지나지 않아 왕궁이나 조정에 들어가 근무했다. 토함(5세 풍월주 사다함의 형)과 같은 인물이 대표적으로 풍월주를 거치지 않고 높은 관직에 올랐다. 알천, 필탄, 귀산, 추항, 품석도 풍월주를 거치지 않았다. 을제와 흠반도 풍월주에 오르지 않았으나 선덕여왕을 보좌해 국정을 좌우했다.

비담은 선덕여왕과 사촌이었다. 왕궁에서 함께 자라고 학문도 함께 배웠다. 선덕여왕은 비담을 오라버니로 부르면서 자랐다.

'어쩌면 저렇게 아름다울까?'

비담은 선덕여왕을 볼 때마다 가슴이 설레었다. 그녀와 얼굴이 마주치면 눈이 부셔서 감히 바라볼 수 없었다. 그러나 선덕여왕은 성장하자 용춘을 지아비로 맞아들였다.

《삼국사기》에는 선덕여왕의 남편에 대해서는 기록이 없다. 그러나 《화랑세기》에는 용춘과 용수가 선덕여왕의 남편이었으나 아들을 낳지 못해 물러난 것으로 기록하고 있다. 용춘과 용수가 물러난 뒤에 흠반과 을제 등이 선덕여왕을 보좌했다.

'여왕께서 줄타기를 하시는구나.'

비담은 선덕여왕이 용춘과 용수를 지아비로 맞이하고 흠반과 을제에게 국정을 보좌하게 하는 것을 보고 쓸쓸했다. 그와 같은 일들이 왕의 자리를 지키기 위한 고육지책이라고 해도 서글픈 일이었다.

"비담은 들으라. 그대는 나의 특사가 되어 국내의 홀아비, 과부, 고아, 자식 없는 노인으로서 자신의 힘으로 살아갈 수 없는 자들에게 곡식을 나누어 주어 구제하라."

선덕여왕(善德女王, 재위 632~647년)은 재위 1년에 비담에게 가난한 백성들을 구제하라는 영을 내렸다.

'여왕은 어질고 현명하다.'

비담은 선덕여왕의 영을 받들어 백성들을 구제하면서 기뻤다.

'여왕이 어질고 아름다우니 나는 그 분에게 충성을 바칠 것이다.'

비담은 선덕여왕의 충신이 되겠다고 스스로 결심했다. 선덕여왕은 즉위할 무렵 진골정통과 대원신통으로부터 견제를 받았다. 그들과 맞서기 위해 가야파인 김유신을 끌어들이고 을제와 흠반까지 자신의 세력으로 만드는 정치력을 발휘했다.

'아름답고 총명하나 가시가 있다.'

비담은 그렇게 생각했다. 선덕여왕의 아름다움은 서라벌 사람들에게 널리 알려져 한번 행차를 하면 군중들이 구름처럼 모여 들었다. 서라벌 사람들은 아름다운 여왕을 사랑했다. 지귀志鬼도 그런 인물 중의 하나였다. 하루는 그가 서라벌에 들어왔다가 영묘사에 행차하는 여왕을 보고 한눈에 반해 사랑하게 되었다.

'선녀인들 저렇게 아름다울까? 세상의 어느 꽃이 저렇게 아름다울까? 정녕 눈이 부셔서 바라볼 수가 없구나.'

여왕을 본 지귀는 가슴이 꽉 막히는 것 같았다. 그러나 수많은 군중들 틈에서 여왕을 바라보는 것은 한계가 있었다. 기치창검이 빽빽하고 군사들이 삼엄하게 호위를 했기 때문에 여왕에게 한 발자국도 다가갈 수 없었다. 여왕은 영묘사에서 불공을 드리고 서라벌의 왕성인 월성으로 돌아갔다. 지귀는 여왕의 아름다운 모습을 잊을 수가 없었다. 그는 자나 깨나 여왕을 생각했고 여왕을 잊지 못해 광인이 되어 갔다.

아름다운 여왕이여
지귀는 오직 그대만을 사랑한다네

지귀는 미치광이가 되어 노래를 부르면서 들로 산으로 뛰어다녔다. 서라벌 사람들은 지귀가 미쳤다고 손가락질을 하면서 비웃었다. 사랑 때문에 가슴앓이를 하던 지귀는 불덩어리가 되어 활활

타올랐다. 지귀의 몸에 붙은 불덩어리는 순식간에 영묘사까지 옮겨 붙어 절을 몽땅 태워버리고 말았다. 그 후 지귀는 화귀火鬼로 변해 세상을 떠돌아다니게 되었는데 그가 가는 곳에는 이루지 못한 사랑처럼 항상 불이 활활 일어나 불바다가 되었다. 이에 여왕은 화귀를 쫓는 주문을 지어 백성들에게 가르쳤다.

지귀는 마음속에서 불이 일어나
몸을 태우고 불귀신이 되었네
멀리 바다 밖으로 쫓아서
보지도 말고 친하지도 말지어다

백성들은 여왕을 신처럼 받들고 있었다. 그러나 선덕여왕이 신라의 왕이 되면서 백제와 고구려의 침략이 잦아졌다. 백제와 고구려는 여왕이 통치하는 신라를 허약한 나라, 망해 가는 나라로 생각했다. 여왕이 통치할 때 공격해 신라를 정복하려고 했다. 김유신, 김용춘, 김흠순 등은 전쟁이 일어날 때마다 군사들을 이끌고 출정했다.

"오라버니, 김유신 등은 전쟁을 하고 있으니 서라벌은 오라버니가 책임을 져야 해요."

선덕여왕이 비담을 불러서 은밀하게 말했다.

"신은 오로지 대왕께 충성을 바칠 것입니다."

비담은 머리를 조아려 대답했다. 선덕여왕을 위해서는 죽어도 좋을 것이라고 생각했다.

김춘추는 백제와 고구려의 침략이 잦아지자 당나라의 힘을 빌려 이들을 정벌하려고 했다.

　"당나라에 조공을 바치고 군사를 빌리는 것은 하책이오. 신국이 멀리 중국까지 가서 머리를 조아려야 하는가?"

　비담은 김춘추의 외교 정책을 비판했다.

　"우리는 수십 년 동안 백제로부터 침략을 받았소. 이 기회에 삼한을 통일해야 하오."

　김춘추는 당나라의 군사를 빌려 백제를 멸망시킨 뒤에 고구려까지 정벌해야 한다고 주장했다. 비담은 이 의견에 반대했으나 김유신은 이를 찬성했다. 당시 김유신의 가야파는 군사를 장악하고 있었고 비담은 서라벌의 귀족 세력을 장악하고 있었다. 따라서 그들의 대립은 해가 갈수록 격화될 조짐을 보였다. 그러는 사이 선덕여왕의 총애에 힘입어 김유신의 가야파는 어느 사이에 신라 조정까지 좌우할 정도로 세력이 커졌다.

　"누차에 걸쳐 전쟁을 하느라고 백성들의 삶이 피폐해지고 있습니다. 전쟁을 중단하고 백성들의 삶을 윤택하게 해야 합니다. 전쟁 물자가 많이 소비되어 백성들이 굶어 죽어가고 있습니다."

　비담이 선덕여왕에게 아뢰었다.

　"백제가 해마다 침략을 하고 있는데 공은 어찌 한가한 말씀을 하시는 것이오. 이는 백제의 속국이 되고자 하는 것이나 다를 바 없소."

　왕족인 김춘추를 비롯해 가야파 대신들까지 합세해 일제히 비담을 비난했다.

"전쟁을 계속하면 백성들이 먼저 굶어 죽을 것인데 전쟁을 고집하는 것은 올바른 방침이 아닙니다."

비담과 같이 서라벌파인 염종이 이들에게 반론을 폈다.

"삼한을 통일해야 하는 것은 우리 신국의 가장 중요한 정책입니다. 백제와 고구려는 여왕이 다스린다고 신라를 경멸하고 있습니다. 김유신 장군은 수고를 아끼지 말고 더욱 강력한 군사를 양성하세요."

선덕여왕은 가야파의 손을 들어주었다. 비담은 선덕여왕이 김춘추의 주장을 받아들이는 것을 보고 눈에서 불이 일어나는 것 같았다.

'아아, 어떻게 이럴 수 있는가. 내가 평생을 옆에서 지켜주었는데 김춘추의 손을 들고 있는가.'

비담은 살점이 조각조각 떨어져 나가는 것 같았다. 김춘추와 김유신이 군사들을 양성하고 군량을 비축하자 비담은 그들을 더욱 비난했다. 김춘추의 가야파도 물러서지 않고 비담과 맞섰다. 상전들이 치열하게 대립하자 종자들도 거리에서 공연히 시비를 걸어 싸웠다. 서라벌은 두 세력의 대립으로 흉흉했다.

"김유신에게 군사를 몰아주면 반란을 일으킬 수 있다. 김유신의 군사를 해산하게 하라."

비담을 따르는 서라벌 귀족들은 급기야 김유신의 군사를 해산하라고 주장했다. 가야파가 펄쩍 뛰면서 비담을 맹렬하게 비난했다.

"지금과 같은 위기 상황에서 군사를 해산할 수 없다."

선덕여왕은 귀족들의 주장을 단호하게 거절했다. 비담은 선덕여왕이 또다시 김춘추의 손을 들어주자 분노했다. 게다가 김유신

등이 비담을 상대등에서 해임하라고 아뢰어 선덕여왕이 이를 수용할 것이라는 소문이 나돌았다.

"여왕이 나의 말을 듣지 않으니 폐위시킬 것이다."

초읽기에 들어간 비담의 난

서기 647년 1월 비담은 염종 등과 함께 반란을 모의하기 시작했다. 서라벌은 긴박하게 움직이기 시작했다. 김춘추와 김유신 또한 상황을 주시하면서 군사적 대응까지 불사할 태세였다. 이렇게 비담의 서라벌파와 김춘추와 연합한 가야파가 대립하고 있는 가운데 선덕여왕이 병을 앓기 시작했다. 여왕이 병석에 눕자 그녀의 후계 문제가 수면 위로 떠올랐다. 선덕여왕은 진평왕의 동생인 국반 갈문왕의 딸 승만공주를 후계자로 지목하려고 했다.

"여왕이 국반 갈문왕의 딸 승만을 후사로 정하려고 하는데 이는 옳지 않다. 신국을 또다시 여왕이 통치해야 하는가? 여왕이 나라를 다스리니 고구려와 백제가 자주 침략을 하지 않는가? 또다시 여왕이 통치하게 되면 신라는 망할 것이다."

비담이 화백회의에서 주장했다.

"맞소. 공이 신국을 다스리시오. 우리가 공을 보좌하겠소."

염종이 비담에게 말했다.

"공들이 나를 보좌해 뜻한 바를 이루게 해준다면 일생 동안 부귀를 같이 하겠소."

비담은 염종을 비롯해 화백회의에 참여한 귀족들에게 굳게 약속했다.

"너희 나라는 여자를 임금으로 삼았다. 그러기에 이웃 나라로부터 경멸을 당하고 있으며, 주인을 잃은 채 도적이 들끓고 있으니 편안한 시절이 없는 것이다."

때마침 당나라에 구원병을 청하러 갔던 사신이 돌아와서 당 태종의 말을 전했다. 신라는 선덕여왕을 비하하는 당 태종의 말에 발칵 뒤집혔다. 김춘추와 김유신은 분개했고 비담을 비롯한 서라벌 귀족들은 환영했다. 비담에게 명분이 생긴 셈이었다.

"여왕은 나라를 다스릴 수 없다."

비담은 마침내 귀족들을 설득해 반란을 일으켰다. 그는 군사들

월성 성터
신라 화랑들의 용맹과 충심이 서려 있는 월성 옛터의 모습. 경주 인왕동에 위치한 신라시대 성으로 반월성이라고도 불린다. 사적 제16호.

을 이끌고 월성으로 쳐들어갔다.

때마침 월성에 있던 김춘추는 성문을 굳게 닫아걸고 김유신에게 다급하게 파발을 보냈다. 김유신은 김춘추의 파발을 받자 즉시 군사를 휘몰아 서라벌로 달려왔다.

'월성을 함락하지도 않았는데 김유신의 군사가 들이닥치다니….'

비담은 군사들을 명활산성으로 퇴각시키고 각주에 파발을 보내 군사들을 모으기 시작했다. 김유신이 군사를 거느리고 오자 선덕여왕의 군사들 사이에 활기가 돌았다.

"경이 때맞춰 오는 바람에 사직을 보존할 수 있게 되었소."

선덕여왕이 초췌한 모습으로 말했다. 그녀의 아름다운 얼굴은 병마로 인해 수척해 있었고 눈에는 총기가 사라져 있었다. 김유신은 선덕여왕이 회복하지 못할지도 모른다는 생각을 하자 가슴이 아팠다.

"전군은 들으라! 고구려와 백제의 침입이 계속되어 나라가 누란의 위기에 빠져 있는데 비담이 반란을 일으켰다. 나는 이자들을 반드시 토벌해 신라 천년의 대업을 지킬 것이다. 군사들은 나를 따르라!"

김유신은 군사들에게 선언하고 적진으로 달려갔다. 군사들이 함성을 지르면서 일제히 뒤를 따랐다.

'김유신은 신라의 맹장이다. 내가 과연 김유신을 격파할 수 있을 것인가?'

명활산성으로 퇴각한 비담은 근심이 되었다. 그러나 각 주에서

축성연대는 알 수 없으나, 《삼국사기》〈실성왕기實聖王記〉에 405년(실성마립간 4) 왜병이 명활산성을
공격하였다는 기록으로 보아 그 이전인 것만은 확실하다. 왜의 침략이 극심한 때를 전후하여 이를
대비하기 위해 쌓은 것임을 알 수 있다. 사적 제47호.

반란에 참여하려는 귀족들의 군사가 속속 모여들고 있었기 때문
에 비담에게도 승산이 있었다. 그때 김유신이 군사들을 거느리고
달려오기 시작했다.

"적이 온다!"

군사들이 놀라서 소리를 지르며 우왕좌왕했다.

"듣거라! 김유신의 군사들은 멀리서 왔기 때문에 지쳐 있고 여
왕은 병들어 있다. 승리는 우리 것이니 최선을 다해 싸우라! 공을
세운 자에게 벼슬을 내리고 황금을 하사할 것이다. 나는 너희들을
평생 동안 부귀하게 살게 해줄 것이다."

비담도 군사들을 이끌고 출전했다.

"반란군을 죽여라!"

"오합지졸에 불과한 김유신의 군사를 도륙하라!"

비담의 군사들과 김유신의 군사들은 치열하게 맞서 싸웠다. 김유신의 군사들은 벌판을 가득 메우고 비담의 군사들을 향해 달려왔다. 비담은 용맹하게 싸웠다. 김유신은 신라 제일의 화랑으로 불리는 맹장, 그가 거느린 군사들은 파도가 몰아치듯이 비담의 반란군을 공격했다.

"싸움에 임하면 물러서지 않는다. 적군을 물리쳐라."

비담의 군사들 또한 기세를 몰아 김유신의 군사에 맞서 싸웠다. 명활산성 앞 평야에서 일대 혼전이 벌어졌다. 피아간에 죽이고 죽는 사투가 치열하게 전개되었다. 관군과 반란군의 전투는 하루 종일 계속되었다.

'김유신은 과연 신라 최고의 맹장이다.'

비담은 밤이 되자 군사를 철수시키고 명활산성의 성루에서 별이 빼곡한 밤하늘을 바라보고 탄식했다. 김유신을 설득했더라면 반란이 성공했을 것이라는 아쉬움이 일어났다. 비담은 김유신의 군사들을 격파하는 일이 쉽지 않을 것이라고 생각했다. 그때 북쪽 하늘에서 유난히 반짝이는 별 하나가 갑자기 월성 쪽으로 꼬리를 물고 길게 떨어지고 있었다.

'저게 뭐지?'

비담은 깜짝 놀라서 눈의 심지를 돋우고 별이 떨어지는 방향을 바라보았다. 군사들도 웅성거리면서 유성이 떨어지는 것을 보고 있었다.

"별이 떨어졌다!"

군사들이 일제히 소리를 질렀다. 그때 비담의 뇌리로 섬광처럼 떠오르는 생각이 있었다.

"군사들은 들어라! 별이 떨어진 자리에는 반드시 피가 흐른다는 말이 있으니 이는 여왕이 패할 징조다. 별은 여왕이고 별이 떨어진 것은 여왕이 죽는다는 것을 뜻한다!"

비담이 군졸들에게 소리를 지르자 함성이 천지를 흔들었다. 비담의 군사들은 하늘이 선덕여왕을 멸망하게 하는 것이라고 기뻐하면서 사기가 충천했다.

별을 쏘아 올린 유신

월성에 별이 떨어지는 것을 김유신의 군사들 또한 보고 있었다. 병사들이 불길한 일이라고 웅성거리고 선덕여왕도 초조하고 두려워했다.

"폐하, 길흉에는 일정한 법칙이 없으니 오직 사람이 하기에 달린 것입니다. 붉은 새가 모여 들어 주나라가 멸망한 것이고, 기린을 잡았기 때문에 노나라가 쇠퇴한 것입니다. 이로써 덕은 요사한 것을 이긴다는 것을 알 수 있으니 별의 변괴는 두려워할 것이 없습니다. 대왕께서는 근심하지 마소서."

김유신이 선덕여왕에게 아뢰었다. 붉은 새는 흉조를 의미하고 기린은 상서로운 동물이다. 덕이 있으면 자연까지 감화되어 돕는다는 뜻이다.

"그대에게 계책이 있는가?"

선덕여왕이 김유신에게 물었다.

"신에게 어찌 계책이 없겠습니까?"

김유신은 말을 마치고 군사들에게 지시해 허수아비를 만들었다. 그리고 허수아비에 불을 붙여서 연에 실어 하늘로 올려 보냈다. 멀리서 바라보자 마치 별이 하늘로 날아 올라가는 것 같았다.

"어제 밤에 별이 떨어졌다가 다시 하늘로 올라갔다고 소문을 퍼트려라."

김유신이 군사들에게 지시했다. 군사들이 백성들에게 소문을 퍼트리고 백성들이 입에서 입으로 소문을 전했다. 비담의 첩자들이 소문을 듣고 비담의 군사들에게 전했다. 비담의 군사들은 하늘이 다시 선덕여왕을 돕는 것이라고 생각하고 사기가 떨어졌다.

'이는 김유신이 책략을 부린 것이다. 이제는 모든 것이 하늘에 달렸다. 신국의 왕이 되지 않으면 나는 죽을 것이다.'

비담은 비장하게 입술을 깨물고 전투 준비를 했다.

김유신은 백마를 잡아서 별이 떨어진 자리에서 제사를 지내기 시작했다.

"하늘의 도리에는 양이 강하고 음이 부드럽고, 사람의 도리에는 임금이 높고 신하가 낮습니다. 만일 이 순서를 바꾸면 천지간에 큰 혼란이 일어납니다. 지금 비담의 도당이 신하로서 임금을 모해하고, 아랫사람으로서 윗사람을 범하고 있습니다. 이러한 자를 일컬어 난신적자라고 하는 것입니다. 이러한 자는 사람과 신령이 함께 미워할 일이요, 하늘과 땅이 용납하지 못할 일입니다. 지금 하늘이 무심해 도리어 별의 변괴를 비담이 있는 왕성에 보인 것이라면, 이는 신이 믿을 수 없는 일이니 사실을 알 수 없습니다. 하늘의 위엄으로서 인간이 소망하는 대로, 선을 선으로 여기고 악을 악으로 여기게 해, 신령을 탓하는 일이 없게 하소서."

김유신은 천지신명에게 기도를 하고 얼굴에 백마의 피를 발랐다. 김유신의 장수들도 일제히 백마의 피를 발랐다.

김유신은 군사들을 이끌고 출정했다.

비담도 군사들을 이끌고 나왔다.

둥둥둥둥.

양군이 일제히 북을 치기 시작했다.

마침내 관군과 반란군이 치열한 전투를 벌이기 시작했다. 비담은 군사들의 선두에 나가서 치열하게 싸웠다. 그는 긴 창을 휘두르며 사납게 돌진해 적을 무수히 베었다. 김유신의 군사들은 사기가 충천해 개미떼처럼 몰려오고 있었다. 비담이 창을 휘두르며 김유신의 군사들을 수없이 찌르고 베어도 그들은 물러서지 않고 달려들고 있었다.

여기저기서 처절한 비명소리가 들리고 피가 뿌려졌다.

아침에 시작한 전투가 한낮이 되어도 그치지 않았다.

비담은 창을 움켜쥔 채 개미떼처럼 새까맣게 몰려 올라오는 김유신의 군사들을 쏘아보았다. 그는 기진맥진해서 가쁜 숨을 몰아쉬었다. 그런데도 김유신의 군사들은 끝없이 밀려오고 있었다. 중립을 지키고 있던 알천도 승만공주를 앞세우고 비담의 반란군을 공격했다.

'알천이 승만공주를 앞세우고 우리를 공격하는 것은 여왕이 죽으면 상대등이 되려는 것이다.'

비담은 알천이 김유신의 군사에 가세했으나 물러서지 않았다. 벌판은 이미 양군의 시체로 즐비했다. 비담을 따르는 반란군도 적과 혈투를 벌이느라고 피투성이가 되어 있었다.

그때 눈이 내리기 시작했다. 잿빛의 하늘에서 하얀 눈송이들이 자욱하게 떨어졌다.

비담은 무념의 상태로 돌입하려고 애를 썼다. 죽음에 대한 공포와 반드시 살아야 한다는 집념을 버리려고 했다. 무예의 상승 경지는 무념 상태에서 얻어진다고 하지 않는가. 비담은 지쳐 있었다. 그가 휘두르는 장창은 천근처럼 무거워져 있었다.

김유신의 군사들이 점점 가까이 육박해왔다.

"비담은 지쳐 있다. 비담을 먼저 죽여라!"

김유신이 별의 기운을 받았다는 보검을 휘두르며 맹수처럼 소리를 질렀다.

"군사들은 물러서지 마라!"

비담은 천근처럼 무거워진 창을 움켜쥐고 처절하게 외쳤다. 눈송이들이 목덜미를 조금씩 적셔왔다.

비담은 김유신의 군사들이 파도가 몰아치듯이 공격해오자 눈 위에서 춤을 추듯이 보법을 전개하며 창을 휘둘렀다.

김유신의 군사들을 죽여야 한다는 생각은 하지 않았다. 그것조차 어리석은 생각이었다. 비담은 무아의 상태에서 춤을 추듯 자욱한 눈보라 속에서 창을 휘둘렀다. 그가 창을 휘두를 때마다 김유신의 군사들이 피를 뿌리며 죽었다.

'황홀한 솜씨다….'

김유신이 눈보라 속에서 비담이 무예를 펼치는 것을 보고 넋을 잃었다. 눈 속에서 종횡하면서 싸우는 비담의 동작이 마치 춤을 추는 것처럼 아름다웠다. 붉은 나비가 창공을 훨훨 날 듯, 봄바람에 꽃잎이 분분히 날리듯 아름다운 몸짓이었다. 무예가 상승경지에 이르면 무舞가 된다는 고인들의 말을 김유신은 비로소 이해할 수 있었다.

그러나 곳곳에서 반란군은 피를 뿌리며 쓰러졌다. 김유신의 군사들이 삼삼오오 무리를 지어 파도처럼 공격을 해오자 반란군은 시체가 되어 나뒹굴었다.

"퇴각하라!"

비담은 더 이상 김유신과 싸우는 것이 무용하다는 사실을 깨달았다. 반란군은 그때서야 살았다는 표정으로 분분히 물러가기 시작했다. 그들은 무수한 시체를 남기고 퇴각했다. 설원에 가득한 반란군의 시체 위에 눈보라가 자욱하게 날리고 흰 눈이 시체와 피를 덮었다.

"반란군을 추격하라! 비담과 염종을 놓치지 마라! 정의가 무엇인지 보여주어야 한다!"

김유신이 군사들에게 명령을 내렸다. 군사들이 함성을 지르면서 반란군을 도륙했다. 비담은 마침내 대패해 염종과 함께 도망치기 시작했다. 그러나 김유신은 이들을 추격해 죽이고 구족을 처형했다.

비담의 반란은 신라가 백제의 침략을 받고 있던 시기에 일어난 것으로 서라벌파와 가야파의 대립으로 촉발된 것이다.

비담은 《삼국사기》나 《화랑세기》 어디에도 출신성분이 기록되어 있지 않다. 그러나 그가 신라 최고의 관직인 상대등에 있었기 때문에 진평왕의 동생인 갈문왕 국반이나 백반의 아들로 추정된다.

10

삼국통일을 완수한 화랑

김유신

가야의 우두머리 신국의 영웅이네.
삼한을 통일해 통치하니 혁혁한 공이 해와 달처럼 빛나네.

신라의 역사를 이야기할 때 가장 먼저 떠오르는 인물이 김유신
(金庾信, 595~673년)이고 《삼국사기》 열전에도 가장 많은 분량을 차지
하고 있어서 상중하로 나뉘어 있다. 특히 열전 가운데 김유신 편
은 마치 영웅전을 다룬 것처럼 방대하다. 김부식이 이렇게 많은
부분을 할애해 김유신 전을 다룬 것은 삼국통일을 가장 중요한 역
사적 사건으로 보았고 삼국통일을 완수한 인물로 김유신을 첫 손
가락에 꼽았기 때문이다.

김유신 역시 화랑 출신이고 15세 풍월주를 역임했다.

김유신은 가야를 세운 김수로왕의 12대 손으로 서라벌에서 출생
했다. 김유신의 12대조인 김수로왕은 구지봉에 올라가 가락의 아홉
촌九村을 내려다보고 나라를 세울 적지라고 생각해 그곳으로 가서
국가를 건설하고, 국호를 가야라 했다가 후에 금관국으로 고쳤다.

신라인들은 스스로 소호 금천씨의 후예라고 생각해 성을 김이라 한다고 했고, 유신의 비문에도 '헌원의 후예이며, 소호의 종손'이라 했다.

헌원과 소호는 모두 중국 전설의 시대에 삼황오제 가운데 황제와 그 아들을 말한다. 《삼국사기》〈김유신 열전〉에 나오는 기록으로 비문은 현존하지 않는다. 김유신의 비문에 헌원의 후예이고 소호의 후손이라고 한 것은 비문을 새긴 후대의 사대주의事大主義에 기인한다. 군사를 빌리려고 한 외교전술이 어느 사이에 속국으로 전락한 것이고 당나라와의 관계가 오랫동안 지속되면서 조상마저 중국인이라고 기록하는 사대주의로 발전한 것이다.

금관가야의 김구해왕(구해는 이름, 구중대왕은 시호)은 신라에 항복했고 그의 아들 김무력은 신라의 왕족과 혼인해 진골이 되면서 가야파를 이끌었다. 김무력은 백제 성왕을 죽이고 3만여 명의 백제군을 몰살시킨 맹장이었다.

김유신의 부친 김서현은 김무력의 아들로 낭비성에서 크게 전공을 세워 명성을 떨쳤다. 이렇게 보면 김유신이 무장 가문의 후예로서 신라의 대장군이 되어 삼국을 통일한 것은 당연한 귀결인지 모른다.

김유신의 어머니는 만명부인이다. 김서현과 만명부인은 혼인도 하기 전에 사랑해 정을 통했다. 갈문왕 입종의 아들인 숙흘종肅訖宗은 딸 만명이 김서현과 사통한다는 소문이 퍼지자 대노해 딸을 별채에 가두었다. 만명부인은 울부짖으면서 자신의 사랑을 허락해 달라고 간청했으나 숙흘종은 가신을 시켜 감시했다.

"하늘이시여, 우리 사랑을 이루어주소서."

만명부인이 간절하게 빌자 갑자기 일진광풍이 몰아치면서 세차게 비가 내리기 시작했다. 이어 벼락이 대문에 떨어져 만명부인을 감시하던 가신이 혼비백산해 달아났다. 만명부인은 별채에서 나와 빗속에서 김서현에게 달려갔다. 김서현과 만명부인은 사랑의 야반도주를 해 김서현의 부임지인 만노군(萬弩郡, 충북 진천)으로 갔다.

김서현이 경진일 밤에 잠을 자는데 화성과 토성 두 별이 불덩어리가 되어 자기에게 내려오는 꿈을 꾸었고, 만명부인도 황금 갑옷을 입은 동자가 구름을 타고 집안으로 들어오는 꿈을 꾸었다. 두 사람이 서로 기이한 꿈 이야기를 하고 기뻐하면서 동침했는데 태기가 있었고 스무 달 만에 김유신을 낳았다.

"내가 경진일 밤에 좋은 꿈을 꾸어 이 아이를 얻었소. 그러므로

김유신 장군상

신라의 명장이자 15세 풍월주. 가야국의 시조 수로왕의 12대손으로 660년(태종무열왕 7) 당나라 소정 방과 함께 백제를 멸하고 668년(문무왕 8)에 고구려를 정벌한 후 당나라 군사를 축출하는 데 힘써 삼국통일의 초석을 마련했다.

마땅히 이 날짜로 이름을 지어야 할 것이오. 그러나 예법에는 날짜로 이름을 짓지 않게 되어 있소. 그런즉 경庚은 유庾와 글자가 서로 비슷하고, 진辰은 신信과 발음이 서로 비슷하며, 더구나 옛날의 현인 중에도 유신이라는 이름을 가진 사람이 있었으니 유신이 좋은 이름인 것 같소.”

김서현은 아들의 이름을 유신이라고 지었다.

김유신은 15세 때 화랑이 되었고 많은 낭도들이 그를 따라서 이들을 용화향도라 불렀다. 성품은 대쪽처럼 강직했다. 그는 풍월주가 되어서는 자신이 한 말을 철저하게 지켰다. 진골정통, 대원신통, 가야파 등으로 나눠진 화랑을 강력한 지도력으로 통솔하면서 세 파의 분파 활동을 금지했다.

“나리께서는 가야 정통이니 저를 승진시켜 주십시오. 가야파가 화랑을 장악해야 합니다.”

가야파 낭도 가운데 어떤 사람이 김유신에게 승진을 청탁했다.

“나는 만호태후의 손자이고 공명정대한 대인이 되려는 사람이다. 나는 내 사람을 승진시키지 않는다. 공이 있으면 저절로 승진할 것인데 어찌 공을 세울 생각은 하지 않고 청탁을 하는가?”

김유신은 인사 청탁을 하는 낭도를 꾸짖었다. 가야파 낭도들은 김유신에게 두 번 다시 청탁을 하지 않았다.

김유신은 풍월주로 있으면서 강력한 지도력을 발휘했다. 사람들이 그에게 임금의 자질이 있다고 할 정도로 화랑을 잘 이끌었다.

“우리의 대업은 삼한통일이다. 아무리 험난하고 기나긴 역경이 닥쳐와도 우리는 소명을 다하지 않을 수 없다. 화랑은 삼한통일의 전사가 되어야 한다.”

김유신은 삼한통일을 위해 낭도들을 강력한 군사로 훈련시키는
데 열중했다. 그는 풍월주로 취임하는 날에도 말을 훈련시키고 병
장기를 만들었다.

“전쟁에 나가서 죽지 않으려면 훈련을 하라. 오늘 흘리는 땀 한
방울이 그대들의 목숨을 구해줄 것이다.”

김유신이 17세가 되었을 때 고구려, 백제, 말갈 등이 국경을 침
범해 하루도 평안한 날이 없음을 알고 자신이 기필코 외적을 평정
해야 한다는 뜻을 지니고 중악에 있는 석굴로 갔다. 그는 석굴 속
에서 목욕재계하고 기도했다.

“천지신명이시여, 어리석은 신라인 유신이 간절히 기도합니다.
무도한 외적들이 변경을 침략하지 않는 날이 없어 신하로서 나라
의 환란을 제거하고 삼한통일의 대업을 이루기로 뜻을 세웠습니
다. 허나 하늘이 돌보지 않으면 이룰 수 없으니 천지신명이시여,
굽어 살피소서.”

김유신은 매일 같이 경건하게 기도했다. 김유신이 석굴에서 간절
하게 기도하자 4일째 되는 날 허름한 갈옷을 입은 노인이 나타났다.

“여기는 독충과 맹수가 많아서 사람이 오지 않는 곳인데 공자
는 무엇을 하고 있는 것인가?”

노인이 허연 수염을 쓰다듬으면서 물었다.

“노인장께서는 어디서 오셨는지 존함을 알려 주실 수 있겠습니까?”

김유신이 공손하게 물었다.

“나는 일정한 주거가 없어서 구름 따라 바람 따라 떠돌면서 인

연 닿는 대로 가고 머무는 난승難勝이다.”

노인이 빙긋이 웃으면서 말했다. 노인의 이름 난승은 어려움을 이긴다는 뜻이어서 김유신은 범상한 인물이 아니라는 사실을 깨닫고 재빨리 절을 했다.

“저는 신라인으로서 환란에 빠진 나라를 구하려고 합니다. 그러나 일신에 지닌 재주가 없어서 이곳에서 기인을 만나기를 간절하게 바라고 있습니다. 엎드려 비옵건대 어르신께서는 기인이 분명하니 저의 정성을 불쌍히 여기시어 방술을 가르쳐 주소서.”

김유신이 재배한 뒤에 간절하게 청했다. 노인은 묵묵히 수염을 쓰다듬고 있었다. 그런데도 그의 몸에서 신묘한 기운이 뿜어지고 태산과 같은 위압감이 느껴졌다.

“저는 비록 어리석으나 삼한을 통일해 전쟁이 없는 나라를 만들어 백성들을 편히 살게 하고 싶습니다.”

김유신은 눈물을 흘리면서 예닐곱 번이나 간청했다.

“그대가 어린 나이로 삼국을 병합하려는 뜻을 품고 있으니, 이 또한 장하지 않은가?”

노인은 말을 마치고 김유신에게 비법을 가르쳐주기 시작했다.

“부디 함부로 전하지 말라. 만약 이를 의롭게 사용하지 않는다면 재앙을 받으리라.”

노인은 김유신에게 비법을 전수하고 작별을 했다. 노인이 2리쯤 갔을 때 김유신이 뒤쫓아 가 그를 찾아보았으나 그의 흔적은 온데간데 없고 오직 산 위에 오색찬란한 빛이 서려 있었다.

김유신은 노인으로부터 비법을 전수받은 다음해에 인박산 깊은 골짜기로 들어갔다. 김유신은 달의 정기가 가장 강성한 8월 15일 향을 피워 놓고 하늘에 고했다.

"천지신명이시여, 유신에게 감응하시어 제 보검이 천검天劍이 되게 하소서. 반드시 삼한을 통일하겠나이다!"

김유신이 보검을 축원하고 맹세하면서 칼을 높이 들었다. 그때 천관신(북두칠성의 신)이 빛을 비추며 보검에 영기를 쐬어 주었다. 3일째 되는 날 밤에 허수(이십팔수의 열한 번째 별자리)와 각수(이십팔수의 첫째 별자리) 두 별자리의 빛이 환하게 내려오자, 칼이 흔들리는 것 같았다.

'아아, 드디어 하늘이 내 검에 감응했구나.'

김유신이 기뻐하면서 보검으로 바위를 내리치자 바위가 무처럼 베어졌다. 김유신이 산을 내려오자 이 소문을 들은 호림공이 풍월주의 자리를 물려주었다. 이에 15세 풍월주가 되었다.

629년(진평왕 51) 8월에 왕이 이찬 임영리, 파진찬(波珍飡, 신라의 17관등 중 4위 관직) 용춘과 백룡, 잡찬(迊飡, 신라의 17관등 중 3위 관직으로 소판이라고도 함) 대인과 김서현 등에게 군사를 주어 고구려의 낭비성을 공략하게 했다. 그때 고구려인들이 군사를 출동시켜 반격해오자 신라군이 패해 죽은 자가 많았고 여러 사람들의 사기가 꺾여 더 이상 싸울 생각을 못하게 되었다. 김유신은 당시 중당 당주로 부장군이었다. 그는 부친 앞으로 나아가 투구를 벗고 말했다.

"아버님."

"무슨 일이냐?"

"우리 군사가 패했습니다. 제가 평생 충효를 다하기로 기약했으니 전쟁에 임해 용감히 싸우지 않을 수 없습니다. 옷깃을 들면 갖옷(짐승의 털가죽으로 안을 댄 옷)이 바르게 되고, 벼리(그물의 위쪽 코를 꿰어서 놓은 줄)를 당기면 그물이 퍼진다고 들었으니, 제가 옷깃과 벼리가 되겠습니다."

김유신은 말을 마치고 말에 올라 칼을 뽑아 들었다. 그리고 참호를 뛰어넘어 적진을 드나들며 적장의 머리를 베어들고 돌아왔다. 신라군이 이를 보고 사기가 충천해 일제히 달려 나가 고구려군 5천여 명의 목을 베고 1천 명을 사로잡았다. 성안의 고구려인들은 공포에 떨면서 성을 나와 항복했다.

김유신은 압량주(押梁州, 경북 경산) 군주로 있다가 선덕여왕 13년에 잡찬이 되었다. 그해 9월이 되자 선덕여왕은 김유신을 상장군으로 임명하고 군사를 주어 백제의 가혜성, 성열성, 동화성 등의 일곱 성을 공격하게 했다. 김유신은 대승을 거두고 가혜에 나루를 개설했다.

김유신은 해가 바뀌어 1월이 되자 서라벌로 돌아왔다. 그러나 미처 선덕여왕을 만나지도 못했는데 백제의 대군이 매리포성(경남 거창)을 공격한다는 파발이 날아왔다.

"공은 서라벌로 오지 말고 속히 매리포에 가서 백제군을 방어하라."

선덕여왕은 김유신에게 상주장군을 제수하고 매리포성을 방어하라는 영을 내렸다. 김유신은 왕명을 받자 미처 처자도 만나지 못하고 말을 몰아 매리포성으로 달려가 백제군을 역습해 패주시키고 2천 명의 머리를 베었다.

"공이야말로 신라의 보배요."

김유신이 3월에 서라벌에 돌아와 선덕여왕에게 복명하자 왕이 기뻐하면서 말했다. 그때 백제병이 다시 출병해 국경에 주둔하면서 장차 군사를 크게 동원해 신라를 침략하려 한다는 급보가 날아왔다.

"공이 이제 겨우 서라벌에 돌아왔는데 또다시 외적이 오고 있구려. 공은 수고를 마다하지 말고 속히 국경으로 가서 적의 대군이 도착하기 전에 대비하오."

선덕여왕이 영을 내렸다. 김유신은 또다시 집에 들르지도 않고 군사를 소집하고 병기를 수선해 서쪽 국경으로 달려갔다.

그때 김유신의 가족들은 모두 문밖에서 그가 오기를 기다리고 있었다. 그러나 김유신은 집 앞을 지나면서도 뒤를 돌아보지 않았다. 김유신의 처자들이 모두 눈물을 흘렸다. 김유신은 집에서 50보 가량 떨어진 곳에 이르렀을 때야 말을 멈추고 부관에게 지시해 자기 집의 물을 떠오게 했다.

"핫핫핫! 우리집의 물맛이 아직도 옛맛 그대로구나."

김유신이 호탕하게 웃은 뒤에 말했다.

"대장군이 집 앞을 지나면서도 처자를 만나지 않았는데 우리가 어찌 가족을 만나겠는가?"

군사들은 김유신에게 감동해 비장하게 전의를 다졌다. 김유신의 군대가 국경에 도착하자 백제군은 대오가 삼엄한 것을 보고 스스로 물러갔다.

겨울이 되자 백제 군사가 방향을 바꾸어 침입해서 무산, 감물,

동잠 등의 세 성을 포위했다. 김유신은 보병과 기병 1만 명을 거느리고 달려가서 이를 방어했다. 그러나 김유신의 군사들은 계속된 전투와 이동으로 지쳐 있었다. 김유신은 지친 군사들로 인해 백제군에 고전했다.

"상황이 우리에게 불리하다. 그대가 아니면 누가 군사들의 마음을 격려할 수 있겠는가? 앞에서 돌진해 군사들의 사기를 돋우라!"

김유신이 부장 비녕자를 불러서 영을 내렸다.

"소장이 대장군의 영을 따르겠습니다."

비녕자가 절을 하고 적진으로 질풍처럼 달려갔다. 그의 아들 거진과 종 합절 또한 그를 따라 적의 칼과 창 속으로 돌진해 전력을 다해 싸우다가 죽었다. 군사들이 비녕자의 장렬한 죽음에 감동해 서로 앞을 다투어 진격해서 백제군을 대파하고 3천여 명의 머리를 베었다.

김유신이 압량주 군주로 있을 때였다. 그는 군무는 살피지 않고 매일 같이 술을 마시고 풍악을 울리며 수개월을 지냈다. 고을 사람들은 김유신을 용렬한 장수라고 생각했다.

"김유신이 신라 제일의 장군이라고 하더니 헛소문인가? 백성들이 편하게 생활한 지가 오래 되었고 군량에도 여유가 있어 한바탕 싸울 만한데 장군이 저렇게 나태하니 이 일을 어찌할까?"

압량주의 백성들이 김유신을 비방했다.

"신이 민심을 살피니 이제 전쟁을 할 때가 되었습니다. 청컨대 군사를 일으키라는 영을 내려주십시오. 대량주(경남 합천)를 다시 수복해야 합니다."

김유신은 압량주 백성들이 싸움에 적극적으로 임하겠다는 의지가 강하다는 사실을 알고 진덕여왕에게 아뢰었다. 대량주는 선덕여왕 때 백제군의 침략으로 품석 장군과 그의 아내이자 김춘추의 딸 고타소가 죽음을 당한 곳인데, 여전히 백제에 점령되어 있었다.

"대량주를 탈환하는 것은 나의 오랜 숙원이오. 허나 작은 군사로 큰 군사를 건드리면 위태롭지 않겠소?"

진덕여왕이 근심스러운 표정으로 물었다.

"전쟁의 승패는 세력의 크고 작음에 있는 것이 아니라 오직 백성들의 민심에 좌우되는 것입니다. 그러므로 주(紂, 은나라의 마지막 왕)에게는 억조의 백성이 있었으나, 인심이 떠나고 덕이 떠나버려 주(周)나라 열 명의 신하가 한마음 한뜻으로 뭉친 것만도 못했습니다. 지금 우리는 민심이 한마음이 되어 생사를 같이 할 수 있으니 백제를 두려워할 필요가 없습니다. 신이 반드시 대량주를 수복하겠습니다."

김유신은 민심을 얻고 군사들의 사기가 높아 백제군을 충분히 격파할 수 있다고 판단했다.

"공에게 일임하겠소. 반드시 대량성을 수복하시오."

김유신은 진덕여왕이 허락하자 각 주의 병사를 소집해 훈련시킨 뒤에 대량성으로 달려갔다.

'강한 적을 이기려면 병법을 사용해야 한다.'

김유신은 대량성 밖에 진을 치고 전략을 세웠다. 백제군이 성 밖을 나와 일제히 공세를 취하자 거짓으로 패해 달아났다. 그렇게 여러 번을 되풀이하자 백제군은 신라군을 오합지졸이라고 판단하고 일거에 섬멸할 계획으로 대군을 일으켜 공격해 왔다.

"퇴각하라!"

김유신은 군사들에게 계속 퇴각 명령을 내려 백제군을 옥문곡으로 유인했다. 백제의 대군이 옥문곡으로 쏟아져 들어오자 양쪽 계곡에 매복하고 있던 신라군이 일제히 함성을 지르면서 백제군의 앞뒤를 공격했다. 백제군은 김유신의 함정에 빠져 대패했다. 김유신은 백제 장수 8명을 생포하고 1천 명의 목을 베었다. 대량성은 다시 신라의 수중에 들어왔다.

"우리 군주 품석과 그 아내 김씨의 유골이 너희 나라에 묻혀 있다. 생각하면 항복한 너희 군사들을 모두 도륙하고 싶다. 허나 비장 8명이 우리에게 사로잡혀서 살려달라고 애원하고 있다. 하물며 여우와 표범도 죽을 때 머리를 제 고향으로 두는데 인간이야 오죽하겠는가? 나는 그들이 가련하여 죽이지 않는다. 너희는 죽은 두 사람의 유골을 여덟 명의 장수들과 바꾸는 것이 어떠한가?"

김유신이 백제에 사신을 보내 말했다. 김유신이 사신을 보내자 백제는 발칵 뒤집혔다.

"우리가 유골을 보냈는데 저들이 우리 장수를 돌려보내지 않고 죽이면 어찌하겠는가?"

의자왕이 분노해 말했다.

"신라인의 해골을 백제에 두어 어디에 쓰겠습니까? 저들이 속인다고 하더라도 손해 볼 것이 없습니다."

백제의 좌평 충상이 아뢰었다.

"속는다면 농락당하는 것이 아닌가?"

"만일 김유신이 약속을 지키지 않으면 신의를 잃는 것입니다. 신의를 잃으면 민심이 떠나는 법이니 우리는 잃을 것이 없습니다."

충상이 의자왕에게 고하고 품석 부부의 유골을 파서 관에 넣어 보냈다. 신라군은 품석 부부의 유골이 돌아오자 백제 장수 8명을 돌려보내지 말자고 주장했다.

"잎사귀 하나가 떨어진다고 해서 무성한 숲이 상하지 않으며, 티끌 하나가 더 쌓인다고 해서 큰 산이 높아지는 것이 아니다."

김유신은 장수들의 주장을 일축하고 포로가 된 백제 장수들의 귀환을 허락했다.

"백제는 사기를 잃고 있다. 전군은 돌격하라!"

김유신은 승세를 휘몰아 백제 경내에 깊숙이 쳐들어가 악성 등 12성을 함락시키고, 2만여 명의 수급을 베는 대승을 거두었다. 사로잡은 포로는 9천 명이나 되었고 전리품이 수백 대의 수레로 실어 날라도 부족했다.

"공의 대승을 축하해 이찬의 작위를 내리고 상주 행군 대총관에 명한다."

진덕여왕이 영을 내렸다. 진덕여왕 시대는 백제와의 전쟁이 하루도 그치지 않고 계속되었다. 김유신은 다시 백제의 경내에 들어가서 진례성 등의 9개의 성을 공격해 9천여 명의 머리를 베고, 6백 명을 사로잡는 승리를 거두었다. 이 무렵 김유신은 전쟁마다 연전연승했다.

그때 김춘추가 당나라에서 원병 20만을 얻기로 약속하고 돌아오다가 김유신을 찾아왔다.

"내가 살아서 돌아와 유신공을 만나니 천명인 것 같소."

김춘추는 김유신을 만나자 의미심장한 말을 했다.

"나는 오로지 공이 돌아올 때를 기다렸습니다."

김유신도 심중에 있는 말을 했다.

"정세는 어떻소?"

"내가 군사를 맡아 백제와 크게 싸워서 20개의 성을 빼앗고 3만여 명의 머리를 베었습니다. 또한 포로로 잡은 백제 장수 8명과 품석공과 부인의 유골을 바꾸어 향리로 돌아오게 했습니다."

"아아, 공이 나의 원수를 갚았으니 큰 공을 세우셨소."

김춘추가 기쁨의 눈물을 흘렸다.

"이는 나라의 힘에 의지하고 영령이 도운 탓입니다. 제가 무슨 공로가 있겠습니까?"

"서라벌의 정세는 어떻소?"

"여왕폐하께서 환후 중에 있습니다."

"나는 서라벌로 속히 돌아가야 하겠소. 공도 서둘러 서라벌로 돌아와 나를 도우시오."

김춘추가 김유신의 손을 굳게 잡았다. 이는 진골인 김춘추가 대권에 도전하겠다는 강력한 의지의 표시였고 김유신이 후원하겠다는 무언의 약속이었다. 그러나 김유신은 백제군과의 전쟁이 계속되어 서라벌로 돌아갈 수 없었다.

해가 바뀌자 백제 장군 은상이 대군을 이끌고 신라로 쳐들어와서 석토성 등의 일곱 성을 공격했다. 진덕여왕은 김유신과 죽지, 진춘, 천존 등의 장군들에게 명령을 내려 백제군을 방어하게 했

 신라를 뒤흔든 16인의 화랑

다. 그들은 삼군을 다섯 길로 나누어 백제군에게 총공세를 퍼부었다. 그러나 좀처럼 승패가 나지 않았다. 신라군과 백제군은 10일이 지나도록 치열하게 전투를 전개했다. 쓰러진 시체가 들에 가득하고, 피가 내를 이루어 흘렀다. 절굿공이가 뜰 정도로 피가 흐르는 상황이 매일 같이 계속되었다.

"군사들을 쉬게 하라."

김유신은 도살성 아래 주둔하면서 말을 쉬게 하고 군사들을 배불리 먹인 뒤에 다시 공격하기로 했다. 이때 물새 한 마리가 동쪽으로 날아가다가 김유신의 군막을 지나갔다. 군사들이 이것을 보고 흉조라고 웅성거렸다.

"이것을 괴이하게 생각할 필요가 없다."

김유신이 웃으면서 말했다.

"장군, 어찌해 이것이 괴이한 일이 아닙니까?"

진춘장군이 의아하여 김유신에게 물었다.

"저 새는 집에서 기르는 새로 백제군의 것이다. 오늘 밤에 반드시 정탐하는 백제의 첩자가 올 것이다. 너희들은 수상한 자가 나타나도 절대로 모르는 체하고 누구냐고 묻지도 말라!"

김유신이 신라군에게 명령을 내렸다. 머지 않아 밤이 왔다. 김유신은 장수들에게 각 진영으로 돌아다니면서 큰소리로 외치게 했다.

"성벽을 굳게 지키고 움직이지 말라. 내일 원군이 도착한 다음 결전을 할 것이다."

첩자가 숨어들어 왔다가 이 말을 듣고 백제군 진영으로 돌아가 은상에게 보고했다. 은상 등은 신라의 병력이 증가된다는 사실에 두려움을 갖지 않을 수 없었다. 백제군 진영에 첩자의 말이 순식간에 퍼져 사기가 저하되었다. 그들은 기회를 보아 도망을 가거나 선두에 나서 싸우지 않겠다고 속으로 생각했다.

마침내 날이 밝았다. 김유신은 신라의 전군을 동원해 총공세를 퍼부었다. 백제군은 신라군의 구원병이 온 것으로 생각해 소극적으로 전투에 임했다. 김유신은 공포에 떠는 백제군을 파도처럼 몰아쳐 대승을 거두었다. 신라군은 백제 장군 달솔 정중과 군사 1백 명을 포로로 사로잡고, 좌평 은상과 달솔 자견 등 10명과 군사 8천9백8십 명의 목을 베었다. 전리품으로는 말 1만 필과 갑옷 1천8백 벌을 노획했다. 신라군이 개선할 때 길에서 백제의 좌평 정복이 군사 1천 명을 데리고 와서 항복했다. 김유신은 이들을 모두 풀어주어 가고 싶은 곳으로 가게 했다.

김유신이 개선군을 이끌고 서라벌로 돌아오자 진덕여왕(眞德女王, 재위 647~654년)이 성문까지 나와서 환영했다.

"김유신 장군 만세!"

백성들이 거리를 메우고 김유신 장군 만세를 불렀다.

서기 654년 신라의 두 번째 여왕인 진덕여왕이 사망했다. 신라의 군권을 장악하고 있던 김유신은 상대등 알천과 상의해 김춘추를 왕으로 추대했다. 김춘추는 즉위해 태종무열왕(太宗武烈王, 재위 654~661년)이 되었다.

무열왕이 즉위하면서 삼한통일의 기운은 점점 왕성해져 갔다. 이렇게 신라가 강성해지고 있는데 비례해 백제는 쇠락의 길을 걷기 시작했다. 백제 의자왕은 초기에 선정을 펼치고 군사를 강병으로 양성해 신라를 공격했으나 말년이 되자 주색에 빠져 정사를 돌보지 않았다. 직언을 하는 충신을 조정에서 몰아내고 간신을 등용해 나라가 어지러웠다.

김유신은 백제를 병합할 때가 왔다고 생각했다.

의자왕이 주색에 빠지자 백제는 괴변이 자주 일어났다. 660년 2월에 서울의 우물이 핏빛으로 변하고 4월에는 두꺼비 수만 마리가 나무 위에 모여들었다. 아무 일도 일어나지 않았는데 사람들이 까닭없이 놀라 달아나다가 쓰러져 죽은 자가 1백여 명이나 되었고 재물을 잃어버린 것은 헤아릴 수 없이 많았다. 검은 구름이 용과 같이 일어나 서로 싸웠다. 한 귀신이 궁중으로 들어와서 크게 부르짖기를 '백제가 망한다' '백제가 망한다' 하고 땅속으로 들어갔다.

"백제가 무도해 죄악이 심하니, 이제는 실로 하늘의 뜻에 따라 백성을 불쌍히 여기어 그 죄를 다스릴 때입니다."

김유신이 백제 정벌군을 일으키겠다고 말하자 무열왕이 허락했다.

서기 660년(무열왕 7) 6월, 신라는 마침내 백제를 공격하기 위해 군사를 일으켰다. 김유신은 5만의 정병을 거느리고 백제로 진격했다. 무열왕은 태자 법민을 데리고 신라군의 후원을 맡으면서 남천에 이르러 진을 쳤다. 이때 당나라에 원군을 청하러 갔던 파진찬 김인문이 당나라 대장군 소정방, 유백영과 함께 군사 13만 명을 거느리고 바다를 건너 덕물도에 이르러 사자를 보냈다. 김유신은 태자와 장군 진주, 천존과 함께 큰 배 1백 척에 병사들을 태우고 가서 전략을 논의했다.

"당군은 해로로 공격할 것이니 신라군은 육로로 공격해 7월 10일에 백제의 왕도 사비성에서 만납시다."

소정방이 김유신에게 말했다. 김유신이 소정방과 약속하고 돌아와 무열왕에게 고한 뒤에 군사들을 거느리고 사비성으로 달려가기 시작했다.

소정방과 김인문은 해안을 따라 의벌포에 이르렀으나 해안이 갯벌이어서 걸을 수가 없었다. 그들은 버들을 자리로 만들어 깔아놓고 군사들을 하선하게 했다. 백제는 나당연합군이 들이닥치자 부랴부랴 방어에 나섰다. 김유신은 황산벌에서 계백 장군과 마주쳐 그의 결사대 5천 명을 격파하고 당군과 합세했다.

백제의 충신 흥수와 성충은 귀양지에서도 글을 올려 나당연합군을 막을 계책을 알려주었으나 의자왕은 따르지 않았다. 의자왕이 간신들의 말을 듣고 우왕좌왕하고 있는 동안 나당연합군은 풍우가 몰아치듯이 빠르게 달려왔다. 조정의 명령이 내려오지 않자 백제군은 방어망을 펼치지도 못하고 곳곳에서 무너졌다. 나당연합군은 무인지경으로 백제를 휩쓸고 사비성으로 육박했다.

"외적을 막고 나라를 구하라."

의자왕이 영을 내렸으나 백제의 도읍 사비성은 도망가는 백성들로 아수라장이 되었다. 나당연합군이 들이닥쳤을 때 사비성은 텅텅 비어 있었고 황궁을 지키는 군사들만이 겨우 남아 있었다. 백제군은 무수한 사상자를 내면서 싸웠으나 수적으로 열세해 패하고 말았다.

'성충의 말을 듣지 않은 것이 후회되는구나.'

의자왕은 웅진성으로 탈출했다가 마침내 눈물을 흘리면서 나당 연합군에게 항복했다. 백성들이 몰려나와 통곡하고 하늘에서는 궂은비가 내렸다.

'마침내 백제를 병합해 삼한통일의 일보를 내디뎠구나.'

김유신은 비장들을 거느리고 부소산에 올라가 사비성을 내려다 보면서 감회에 젖었다.

백제는 이렇게 해서 멸망했다. 의자왕이 태자와 함께 웅진성으로 피난을 갔을 때 사비성에 있던 궁녀들은 당나라군을 피해 부소산으로 올라갔다가 절개를 유린당하지 않기 위해 낙화암에서 백마강으로 뛰어들어 자진했다.

"나는 황제의 명을 받아 백제를 멸했다. 그대들이 공을 세웠으므로 빼앗은 백제 땅을 그대들에게 식읍으로 나누어주려고 하는데 어떤가?"

소정방이 김유신, 김인문, 양도 등 세 사람에게 물었다. 이는 김유신 등에게 백제 땅을 나누어주고 신라를 당나라에 복속시키려는 음모였다.

"대장군이 천병을 거느리고 와서 우리 임금의 소망에 따라 작은 나라의 원수를 갚았으니, 온 나라 신민들이 기뻐하고 있습니다. 그러나 우리들이 홀로 상을 받아 스스로의 이익만 얻으려고 한다면 이를 어찌 의로운 일이라고 하겠습니까?"

김유신 등은 소정방이 주는 식읍을 받지 않았다.

당나라는 백제를 멸망시키자 사비 지역에 진을 치고 신라군을 공격하려는 음모를 꾸미고 있었다. 그들은 신라군이 방심하고 있는 틈을 타서 일제히 공격하려고 준비했다. 당군의 수상한 움직임이 보고되자 신라군은 바짝 긴장했다.

"당군이 우리를 공격하려고 하는데 우리가 앉아서 당할 수는 없습니다. 선제공격을 해 당군을 몰아내야 합니다."

태자 법민이 무열왕에게 말했다.

"당군은 13만 명이나 되니 우리 군사로 대적해 이길 수가 없습니다."

장수들은 의논이 분분했다.

"기습을 하면 충분히 승산이 있습니다. 우리 신라군을 백제군으로 위장하고 공격하면 그들은 신라군까지 합세할까봐 겁이 나서 달아날 것입니다. 이때 그들을 공격하면 성공할 수 있을 것입니다."

다미공이 나서서 말했다.

"대장군의 의견은 어떻소?"

무열왕이 김유신에게 물었다.

"다미공의 계책이 옳습니다. 취할 만하니 시행하기 바랍니다."

김유신이 말했다.

"당군이 우리를 도와 백제를 멸망시켰는데 우리가 그들을 공격하면 신의를 잃는 것이오."

"개는 주인을 두려워하지만 주인이 자기의 다리를 밟으면 무는 법입니다. 국난을 당해 어찌 자위책을 취하지 않겠습니까? 대왕께서 이를 허락하소서."

김유신이 강경하게 말하자 무열왕이 허락했다. 김유신은 주력 부대를 후방으로 빼돌린 뒤에 백제병으로 위장하게 했다. 소정방은 신라군이 대항할 움직임을 보이자 신라군을 공격하려는 계획을 포기했다.

'양군이 부딪치면 피아간에 막대한 희생자가 발생한다. 그렇게 되면 백제를 멸망시킨 군공도 사라진다.'

소정방은 백제 의자왕과 대신 93명, 군사 2만 명을 취해서 9월 3일에 배를 타고 당나라로 돌아갔다. 낭장 유인원에게는 백제에 남아서 수비하게 했다. 소정방이 장안에 이르러 당 고종에게 복명하고 포로를 바쳤다.

"장군은 어찌해 신라를 공격하지 않았는가?"

당 고종이 소정방을 추궁했다.

"신라왕은 어진 인물로 백성들을 사랑해 신하들이 충심으로 받들고 있습니다. 나라는 적지만 군사는 강해 앞으로 우리가 고구려를 공격할 때 우익이 될 수 있을 것이기에 멸하지 않았습니다."

소정방이 머리를 조아려 아뢰었다. 이로써 신라마저 복속시키려는 당 고종의 계획은 이루어지지 않았다. 무열왕과 김유신은 신라군을 이끌고 당당하게 서라벌로 개선했다.

백제는 멸망했으나 여러 곳에서 부흥군이 일어나 신라에 저항하기 시작했다. 백제인은 백제 부흥을 꿈꾸면서 줄기차게 항쟁했다.

"백제의 잔당이 저항을 하니 이들을 토벌하라."

무열왕은 이찬 품일, 잡찬 문왕, 대아찬 양도에게 영을 내려 백제 부흥군을 치게 했으나 승리하지 못했다. 무열왕은 다시 이찬

흠순, 진흠, 천존과 잡찬 죽지 등을 보내 신라군을 도와 백제 부흥군을 공격하게 했다.

충절과 신의로 삼한을 통일하다

서기 661년 탁월한 외교전술가인 무열왕이 죽고 그의 아들 태자 법민이 문무왕(文武王, 재위 661~681년)으로 즉위했다.

문무왕은 김유신의 외조카였다. 김유신은 오랜 벗이었던 무열왕 김춘추가 죽자 깊은 슬픔을 느꼈다. 자신도 속절없이 늙어서 어느덧 70세가 넘어 있었다. 생각해 보면 평생 동안을 전쟁터에서 보낸 셈이었다. 말할 수 없는 회한이 일어나 비감했다.

'나에게는 오직 한 가지 일이 남았다.'

김유신은 고구려를 병합하는 일이 자신에게 주워진 마지막 과제라고 생각했다.

당 고종은 소정방에게 영을 내려 군사를 이끌고 고구려를 정벌하게 했다. 당나라에서 숙위하던 김인문이 당 고종의 명을 받고 와서 출병 기일을 보고하고 신라에서도 출정하라고 요청했다. 문무왕은 즉시 김유신, 김인문, 문훈 등과 함께 대군을 이끌고 평양을 향해 질풍처럼 달리다가 남천주에 이르렀다. 부여에 주둔하던 당나라 장군 유인원도 휘하의 군사를 거느리고 사비성에서 남천주(경기도 이천)로 달려와 진을 쳤다. 그러나 그들 앞에 뜻밖의 백제 부흥군이 자리 잡고 있었다.

"백제의 부흥군이 옹산성(충남 대전 인근)에서 길을 차단하고 있습니다. 앞으로 나가면 분명히 배후를 칠 것입니다."

당나라 장수가 돌아와서 보고했다. 김유신이 군사를 동원해 웅산성을 포위했다.

"백제의 잔당은 속히 나와서 투항하라!"

신라군이 웅산성을 향해 소리를 질렀다.

"백제의 원수들아, 너희들이야말로 항복하라!"

성 위에서는 백제군들이 신라군을 향해 야유를 퍼부었다.

"백제는 왕이 무도하고 대국에 공손하지 않았기 때문에 토벌된 것이다. 이제 백제는 멸망했으니 성문을 열고 투항하라. 투항하는 자는 살려줄 것이고 거부하는 자는 죽음을 당할 것이다."

유신이 사자를 보내 백제군을 향해 말했다.

"우리는 대대로 백제의 땅에서 살았고 백제왕의 은혜를 입었다. 비록 작은 성이지만 병기와 군량이 충분하고 병사들은 용맹하다. 죽을지언정 맹세코 항복하지 않을 것이다."

성루에서 백제 장수가 외쳤다.

유신이 웃으며 말했다.

"궁지에 몰린 새나 짐승이 무서움을 모른다고 하는 것은 이를 두고 하는 말이로구나."

김유신은 웃으면서 공격 명령을 내렸다. 신라군이 선봉이 되어 일제히 북을 치면서 돌진했다. 백제 부흥군은 완강하게 저항했다. 문무왕이 높은 망루에 올라 손수 북을 치면서 신라군을 독전했다. 신라군은 마침내 성벽을 기어 올라가 백제 장수의 목을 베고 웅산성을 점령했다.

"백성들은 죄가 없다. 모두 석방하라."

문무왕은 포로가 된 백성들을 풀어주었다. 그때 군량을 청하는 소정방의 다급한 파발이 왔다.

"황제의 명을 받고 만 리 밖에서 바다를 건너와 고구려를 토벌하기 위해 해안에 배를 정박한 지 이미 한 달이 넘었습니다. 그러나 대왕의 군사가 오지 않고 군량의 수송이 계속되지 않아 심히 위태로우니 속히 대책을 세워주소서."

소정방의 파발을 받은 문무왕이 장수들과 대책을 논의했다.

"소정방에게 가려면 적진을 지나야 합니다. 어찌 군량을 가지고 적진으로 들어갈 수 있겠습니까?"

장수들이 일제히 반대했다.

"신이 과분한 은총으로 대장군의 직책에 있습니다. 지금이야말로 나라의 은혜를 갚아야 할 때니 신이 가겠습니다."

김유신이 앞으로 나가서 말했다.

문무왕은 자리에서 일어나 김유신의 손을 잡고 눈물을 흘렸다.

"공은 이미 연로했는데 어려운 곳에 보내게 되었구려. 공이 군량을 무사히 운반해 당군의 어려움을 구한다면 그대의 공덕은 천추에 빛날 것이오."

김유신은 군량을 운반할 준비를 하고 현고잠(懸鼓岑, 높은 봉우리)에 있는 동굴 안 절로 갔다. 그는 목욕재계하고 영실로 들어가 홀로 앉아 향을 피우고 기도했다.

"나는 이번 행군에서 죽지 않을 것이다."

김유신은 사흘 만에 영실에서 나와 군사들에게 말했다. 군사들이 크게 기뻐하고 그의 막하로 몰려왔다. 김유신이 떠나려 할 때

문무왕이 친서를 주었다.

"국경을 나선 뒤에는 상벌권賞罰權을 마음대로 해도 좋다."

김유신은 12월 10일, 부장군 김인문, 진복, 양도 등 아홉 장군과 함께 군사를 거느리고 양곡을 수레에 싣고 고구려로 향했다. 날씨가 살을 엘 듯이 추웠기 때문에 군량을 운반하는 일이 쉽지 않았다. 눈보라를 헤치고 전진하는 악전고투 끝에 해가 바뀌어 1월 23일에 군량수송단은 칠중하(七重河, 임진강)에 이르렀다. 군사들은 두려워서 배를 타려고 하지 않았다.

"강을 건너는 것이 어찌 두려운가? 강을 건너는 것도 두려워하면서 어찌 나를 따라왔는가?"

김유신은 장졸들에게 호통을 치고 스스로 먼저 배를 타고 칠중하를 건넜다. 장졸들이 그때서야 두려움에서 벗어나 군량을 가지고 칠중하를 건넜다.

"이제부터는 고구려 영내다. 큰 길을 피하고 산이나 험로로 길을 잡으라."

김유신은 군량수송단을 이끌고 험하고 좁은 길을 택해 산양(森壤, 개성 인근)에 도착했다.

"고구려, 백제 두 나라가 우리 강토를 침노해 우리 인민을 살해하고, 혹은 장정들을 포로로 끌고 가 살육하고, 혹은 어린 소년들을 사로잡아 노비로 삼으니 통탄하지 않을 수 있는가? 내가 지금 죽음을 두려워하지 않고 어려운 곳으로 가는 것은, 대국의 군사를 빌려 두 나라를 멸망시켜 나라의 원수를 갚으려는 것이다. 아울러 삼한통일의 대업을 완수해 이러한 일이 다시는 없게 하려는 것이다. 나는 지금 나의 마음을 하늘에 알리어 음조(陰助, 도움 받는 사람도 모르게 넌지시 뒤에서 도와줌)를 바라고자 한다. 한마음으로 적을 두려워하지 않으면 성공할 것이고 적을 두려워하면 실패할 것이다."

김유신의 도도한 말에 장졸들의 얼굴이 바짝 긴장했다.

"마음을 하나로 뭉치면 혼자서 백 사람을 이길 수 있다."

"장군의 명령을 받들어 감히 살려고 하는 마음을 갖지 않겠습니다."

장졸들이 일제히 대답했다. 군량수송단은 북을 치고 행진해서 평양으로 향했다. 도중에 고구려군을 만나면 역습해서 많은 갑옷과 무기를 노획했다. 이렇게 어려움을 겪으며 장새(障塞, 황해도 수안)에 이르자 강풍이 몰아쳐 날씨가 몹시 추웠다. 사람과 말이 지쳐서 쓰러져 죽는 일까지 벌어졌다.

"가자!"

김유신은 옷을 벗어 붙이고 말에 채찍을 가해 앞으로 달려갔다. 장졸들이 김유신의 그런 모습을 보고 땀을 흘리면서 힘껏 달려 감히 춥다는 말을 하지 못했다. 군량수송단은 마침내 평양 인근에 이르렀다.

'군량이 부족해 당군이 절박한 처지에 있을 것이니 먼저 소식을 알려야겠다.'

김유신은 보기감(步騎監, 신라시대의 무관직) 열기裂起를 불렀다.

"어릴 때부터 너와 나는 함께 살아서 네 지조와 절개를 잘 알고 있다. 이제 소정방 장군에게 군량이 온다는 것을 알리려고 하는데 사람을 구하기 어렵다. 그대가 가겠는가?"

"소인이 어리석은데도 중군직에 있는 것은 장군의 은혜인데 항차 장군의 명령을 욕되게 하겠습니까? 비록 오늘 죽는다고 하더라도 후회가 없습니다."

열기는 15명의 결사대를 이끌고 소정방의 진영으로 달려가서 군량이 오고 있다는 사실을 알렸다. 소정방이 크게 기뻐해 편지를 보내 사례했다. 김유신은 양오에 도착해 군량을 당군에 인도했다. 그러나 당군은 식량이 떨어지고 추위에 시달리는 등 어려움을 겪고 있다가 군량이 오자 더 이상 싸우려고 하지 않고 당나라로 돌아갔다. 김유신이 악전고투 끝에 군량을 전달했으나 소용이 없게 된 것이다.

그 후 668년이 되었을 때 당 고종은 연개소문이 죽고 그의 아들들이 권력 투쟁을 벌이자 대장군 이적李勣에게 군사를 주어 고구려를 공격하게 하고 마침내 신라에도 군사를 출정하게 했다. 문무왕은 김흠순과 김인문을 출정군의 대장으로 임명했다.

"만일 유신과 함께 가지 않으면 후회할 일이 있을까 염려됩니다."

김흠순이 문무왕에게 아뢰었다.

"공들 세 신하는 국기의 보배라, 만약 한꺼번에 전장에 나갔다가 불의의 일격을 당하면 장차 나라 일을 어떻게 하겠는가. 그러니 유신공을 서라벌에 남아 있게 해서 뒤를 염려하지 않게 하려는 것이다."

김흠순과 김인문은 문무왕의 뜻을 거역하지 못하고 김유신에게 가서 계책을 물었다.

"재주가 부족한 우리가 대왕을 모시고 앞날을 예측할 수 없는 곳으로 가는데 계책을 알려주십시오."

"대저 장수란 나라의 간성이고 임금의 조아(爪牙, 손발)가 되어 화살과 돌이 나르는 전쟁터에서 승부를 가르는 것이다. 위로는 천도를 얻고 아래로는 지리를 얻으며 가운데는 민심을 얻은 연후에야 가히 성공할 수 있다. 지금 우리나라는 충절과 신의를 지켜 살아남아 있고, 백제는 오만해서 멸망했다. 고구려는 교만으로 인해 위태롭게 되었다. 의로써 불의를 치면 뜻대로 이루어질 것이다. 싸움에 임해서는 부지런히 힘쓰고 조금도 게으름이 없도록 하라."

김유신이 두 사람에게 당부했다.

"공의 뜻을 받들어 감히 실책이 없도록 하겠습니다."

김흠순과 김인문이 절을 하면서 말했다.

668년 마침내 문무왕은 당나라 대장군 이적과 함께 평양을 격파해 고구려를 멸망시켰다. 이로써 신라는 백제에 이어 고구려까지 병합하고 삼한통일을 이루게 되었다.

문무왕이 개선해 서라벌로 돌아오다가 남한주에 이르러 여러 신하들에게 말했다.

"옛날에 백제의 성왕이 고리산에 있으면서 신라를 침략했다. 이 때 유신의 조부인 무력 각간이 장군이 되어 백제를 역습해서 그 왕과 재상 네 명과 사졸들을 사로잡아 그들의 야심을 꺾었다. 또한 유신의 부친 서현은 양주 총관이 되어 여러 차례 백제와 싸워서 우리 변경을 침범하지 못하게 했다. 이로써 변경의 백성들은 편안히 농잠에 종사했고, 임금과 신하는 나라에 대한 근심이 없게 되었다. 지금은 유신이 조부와 부친의 거룩한 업적을 계승해 사직의 충신이 되었다. 나아가서는 양장(良將, 재주와 꾀가 많은 훌륭한 장수)의 일을 했고, 들어오면 현상(賢相, 어진 재상)의 일을 했으니 그 공적이 매우 크다. 만약 공의 일문에 의지하지 않았더라면 국가의 흥망을 가히 짐작조차 할 수 없었을 것이다. 그를 가장 높은 직위에 명하려고 하는데 어떤가?"

여러 신하들이 말했다.

"대왕의 뜻대로 하소서."

문무왕은 김유신에게 태대서발한(太大舒發翰, 신라 17관등 중 1위 관직인 각간보다 명예를 높인 직위)의 직위를 제수하고, 식읍 5백 호를 하사했다. 또한 수레와 지팡이를 하사하고, 정치를 논하는 자리에 오를 때도 빨리 오르지 않게 했으며, 그의 부하들도 모두 승진시켰다.

유신의 눈물어린 마지막 충언

서기 673년, 문무왕 13년 봄에 요성妖星이 나타나고 지진이 발생하자 문무왕이 이를 근심했다.

"오늘의 변괴는 그 액厄이 노신에게 있는 것이지 국가의 재앙이 아닙니다. 대왕께서는 근심하지 마십시오."

김유신이 수염을 쓰다듬으면서 말했다.

"만약 그렇다면 과인은 더욱 근심이 되오."

문무왕은 기도를 해 김유신에게 닥친 재액을 물리치도록 담당 관리에게 영을 내렸다. 6월에 난데없이 군복을 입고 병기를 든 수십 명의 군사들이 김유신의 집에서 나와 울며 가다가 갑자기 사라지는 것을 사람들이 보았다.

"이는 필시 몰래 나를 보호하던 음병陰兵이 나의 복이 다한 것을 알고 떠나는 것이니, 나는 곧 죽을 것이다."

김유신은 그 일이 있고 나서 10여 일이 지나자 병들어 누웠다. 문무왕이 친히 김유신의 집에 행차해 위로했다.

"신은 대왕의 팔다리가 되어 충성을 다 바쳤으나 신의 병이 깊어 오늘 이후로 두 번 다시 용안을 우러러 뵈올 수 없겠나이다."

김유신이 문무왕에게 작별 인사를 했다.

"과인은 경이 있었기 때문에 물고기가 물에 있는 것과 같았는데 만일 피치 못해 경이 돌아가게 되면 백성들은 어찌하고 사직은 또 어떻게 하리오?"

문무왕이 울면서 말했다.

"신은 어리석고 불초해 국가에 큰 도움이 되었을 리 없습니다. 다행스럽게도 밝은 임금께서 의심 없이 발탁하고, 의심 없이 임무를 맡겼기에, 밝은 대왕을 도울 수 있었습니다. 조그만 공로를 이루어 삼한이 한 나라가 되고 백성들에게 두 마음이 없게 되었습니다. 아직은 태평성대라고 할 수 없으나 그저 편안하게 되었다고는

안압지
궁궐에 만든 연못으로 원래 명칭은 임해전지臨海殿址인데, 안압지雁鴨池로 많이 알려져 있다. 삼국통일 후 674년(문무왕 14)에 조성되었다. 사적 제 18호. 경북 경주시 인교동 소재.

볼 수 있습니다. 신이 역대 왕들의 치적을 살펴보니 처음에는 잘 못하는 분이 없지만, 나중에는 잘하는 분이 드물었습니다. 그래서 여러 대의 공적을 하루아침에 망쳐버리니 이를 통탄하는 바입니다. 엎드려 바라옵건대 공을 이루는 것이 쉽지 않다는 것을 아시고, 수성하는 일 또한 항상 어렵다는 것을 생각하소서. 소인을 멀리하고 군자를 가까이 하시어, 위로는 조정이 화목하고 아래로는 백성이 안정되게 하시면 화란이 일어나지 않을 것입니다. 국가의 기업이 무궁하게 된다면 신은 죽어도 유감이 없겠습니다."

김유신이 말을 마치자 문무왕이 울면서 충언을 받아들였다.

7월 1일, 김유신은 자기 집 침실에서 향년 79세로 운명했다. 문무왕이 부음을 듣고 몹시 통곡하고 채색 비단 1천 필과 벼 2천 석을 부의로 보내 장사에 쓰게 하고 군악의 고취수 1백 명을 보내주었다. 금산원에 장사하고 담당 관리에게 명해 비를 세워서 그의 공적을 기록하게 했다.

11

백제를 멸망시킨 화랑

김춘추

찬하여 이른다. 세상을 구제한 영걸한 임금이라 덕이 사방에 미치네.
나아가면 해와 같고 바라보면 구름 같도다.

삼국통일을 이룬 장군은 김유신이고 삼국통일의 초석을 다진 왕은 김춘추金春秋다. 김유신은 백제, 고구려, 신라가 치열한 공방전을 벌일 때 장수로서 군대를 이끌어 신라를 강대하게 만들었고 김춘추는 눈부신 외교 활동으로 당나라를 끌어들이는 데 성공해 백제와 고구려를 꺾는 주역으로 활약했다. 김춘추가 무열왕으로 즉위할 때도 김유신이 지원을 했고, 화랑의 주인인 풍월주가 될 때도 김유신이 적극적으로 도왔다. 김유신이 김춘추를 이렇게 도운 것은 자신의 여동생이 김춘추의 부인이기도 했으나 김춘추가 신라의 그 어떤 귀족보다도 학문이 높고 지략이 출중했기 때문이었다.

김춘추는 24세에 18세 풍월주가 되었다. 그는 처음에 김유신의 부제로 활약했다.

"내가 굳이 부제를 할 필요가 있습니까?"

김유신이 부제로 천거하자 김춘추가 사양했다.

"그대가 부제가 되는 것은 화랑의 주인이 되는 것입니다. 반드시 부제를 거쳐 풍월주를 역임해야 그대의 앞날이 열릴 것입니다."

김춘추는 김유신의 천거로 부제가 되었다. 김유신이 풍월주에서 물러났을 때 곧바로 풍월주에 오를 수 있었으나 16세 풍월주 보종, 17세 풍월주 염장에게 양보를 한 뒤에야 풍월주에 올랐다. 이는 신라의 미묘한 정치적 역학 관계 때문이었다. 김유신의 가야파 세력이 김춘추를 풍월주에 오르게 할 정도의 실력을 갖추지 못해서였다. 김춘추는 달변가이면서 사물을 꿰뚫어보는 눈을 갖고 있었다. 그는 반대 세력을 설득하고 김유신의 지원까지 얻어서 풍월주에 오른 것이다.

김춘추는 4년 동안 풍월주로 활약했다. 다른 화랑들보다 늦은 나이에 풍월주에 올랐으나 화랑을 완전히 장악했다. 그는 학문과 지략을 겸비했기 때문에 화랑을 이끌다가 28세가 되었을 때 풍월주에서 물러났다.

꿈을 산 여인, 춘추의 아내가 되다

김춘추와 김유신은 축국(蹴鞠, 장정들이 공을 땅에 떨어뜨리지 않고 차던 놀이)을 같이 할 정도로 교분이 두터웠고 화랑도 같이 지냈다.

이때 김춘추는 보량궁주를 정처로 삼고 있었다.

'춘추는 서라벌에서 찾아보기 어려운 인재다. 내 여동생들이 그에게 시집을 가면 부귀를 누릴 수 있을 것이다.'

김유신은 김춘추를 볼 때마다 수려한 용모와 기개에 감탄했다.

그러나 그에게는 이미 부인이 있었기 때문에 아쉬워만 할 뿐이었다. 김유신에게는 보희와 문희라는 두 동생이 있었다. 문희는 김춘추를 은밀하게 사모하고 있었다. 김춘추가 김유신을 찾아와 환담을 나누거나 바둑을 두면서 삼국통일에 대해서 도도하게 이야기할 때 멀리서 듣고 마음을 설레고는 했다. 그러나 그는 이미 부인이 있었고 엄격한 가풍 때문에 사랑을 고백할 수도 없었다.

보희가 하루는 꿈에 서산에 올라가 오줌을 누는데 폭포처럼 쏟아져 서라벌에 가득 찼다. 보희가 깨어나서 동생인 문희에게 꿈 이야기를 하자 문희가 자신에게 꿈을 팔라고 졸랐다.

"꿈을 팔라니 꿈이 무슨 물건이라도 된다는 말이냐?"

보희가 터무니없는 일이라는 듯이 비웃었다.

"언니 꿈이 좋은지 나쁜지는 모르겠어. 그렇지만 좋은 꿈일 것 같아. 언니, 나한테 팔아. 응?"

문희가 생글생글 웃으면서 보챘다.

"얘가 왜 이래? 좋은 꿈이라면 왜 너에게 팔겠니?"

"언니가 원하는 것은 무엇이든지 줄게. 응?"

"무슨 물건을 나에게 줄 건데?"

보희가 곰곰이 생각하다가 문희에게 물었다.

"비단치마를 줄게."

"좋다."

보희가 허락하자 문희가 옷깃을 벌려 꿈을 받았다.

"어젯밤 꿈을 너에게 준다."

보희가 말하자 문희가 재빨리 치마를 덮어 꿈을 받는 시늉을 했다. 보희가 그 모양을 보고 까르르 웃음을 터뜨렸다. 분희는 약속대로 보희에게 아끼던 비단치마를 주었다. 보희가 문희에게 꿈을 판 이야기는 집안의 화제가 되었다. 어른들이 웃으면서 문희가 어리석은 짓을 했다고 말했다.

'보희의 꿈은 무슨 의미가 있는 것일까?'

김유신은 두 동생의 꿈 이야기를 듣고 고개를 갸우뚱했다.

'춘추는 왕위 계승권을 갖고 있는 진골이다. 어떻게든 춘추와 두 동생을 맺어주어야 한다.'

김춘추 영정
18세 풍월주이자 신라 최초의 진골출신 왕 (재위 654~661년). 웅변에 능하고 외교적 수완이 뛰어나서 사신으로 일본과 당나라에 다녀왔다. 특히 당나라에는 여러 차례 왕래하면서 외교적 성과를 거두고 군사원조까지 약속받아 삼국통일의 토대를 닦았다.

김유신은 그렇게 생각하고 김춘추를 집으로 자주 불렀다. 열흘이 지나자 김춘추가 김유신의 집 앞에서 축국을 하면서 놀았는데 김유신이 일부러 옷깃을 밟았다. 이에 김춘추의 옷깃이 찢어져 떨어졌다.

"이런 내가 큰 실수를 했습니다. 집에 들어가서 꿰맵시다."

김유신이 김춘추를 청해 집으로 들어오게 한 뒤에 보희에게 꿰매게 했다.

"어찌 하찮은 일 때문에 귀공자와 얼굴을 가까이 하겠습니까?

이는 점잖은 규수의 도리가 아닙니다."

보희가 거절하자 김유신은 문희에게 대신 꿰매게 했다. 김유신은 자리를 피하고 보지 않았다. 김춘추가 바느질을 하는 문희를 보자 아리땁기 그지없었다.

김춘추는 바느질을 하는 문희에게 반해 정을 통하고 1년이 지나자 임신을 하게 되었다.

김춘추의 부인은 보종공의 딸로 보량부인이었다. 보량부인은 아름다워 김춘추가 지극히 사랑했는데 나중에 품석 장군의 부인이 되는 딸 고타소를 낳다가 죽게 된다. 문희는 배가 불러 오자 걱정이 되었다. 김유신도 이 사실을 알고 전전긍긍했다. 여러 날이 지나자 김유신이 마침내 하나의 계책을 세웠다.

"네가 부모의 허락도 받지 않고 임신을 했으니 죽어 마땅하다. 모월모일 너를 화형에 처할 것이다."

김유신은 서라벌에 문희를 불태워 죽인다는 소문을 널리 퍼트리고 선덕여왕이 남산으로 행차할 때 나무를 쌓아놓고 불을 질렀다. 선덕여왕이 남산에서 서라벌을 내려다보자 연기가 자욱했다.

"서라벌에 연기가 난다. 저 연기가 어디서 나는 것인가?"

선덕여왕이 수행하는 귀족들에게 물었다.

"유신공의 집에서 나는 것입니다."

화랑 출신의 비담이 빙글빙글 웃으면서 대답했다. 김춘추는 얼굴이 붉어지고 머리를 잔뜩 숙였다.

"유신공의 집에 불이 났는가? 속히 군사들에게 일러 끄도록 하라."

선덕여왕이 깜짝 놀라서 영을 내렸다.

"집에 불이 난 것이 아니라 유신공이 누이동생을 불태워 죽이려고 하는 것입니다."

귀족들이 김춘추를 힐끔거리면서 대답했다. 귀족들의 얼굴에도 웃음기가 가득했다.

"누이동생이 무슨 죄를 지었는가?"

"남편없이 임신을 했습니다."

"누구의 소행인가?"

이때 김춘추가 옆에 있었는데 안색이 크게 변했다. 귀족들은 김춘추를 살피면서 웃기만 할 뿐 대답을 하지 않았다.

"그대의 소행이구나. 속히 가서 구하라."

김춘추가 김유신의 집에 달려가 왕명으로 화형을 중지하게 했다. 김춘추는 선덕여왕의 영으로 문희와 혼례를 올렸다. 문희는 보량궁주가 죽자 정처가 되고 훗날 왕비가 된다.

이 무렵 신라는 백제와 고구려에 대항하기 위해 중국의 통일왕조인 수나라·당나라와 적극적인 외교 관계를 유지하고 있었다. 김춘추는 삼국의 전쟁이 치열하던 시대에 외교 분야에서 주로 활동했다.

서기 642년(선덕여왕 11) 7월 백제 의자왕이 군사를 크게 일으켜 서쪽 지방의 40여 성을 공격하여 빼앗고, 8월에 다시 고구려와 동맹을 맺고 당항성을 빼앗아 신라와 당나라의 사신이 오고 가는 길을 차단하는 등 신라에 대한 총공세를 펴고 있었다.

"신라는 중국에 구원을 청해 백제와 고구려를 멸망시키려고 하고 있다. 대야성을 공격해 신라를 압박하라."

의자왕이 백제의 맹장 윤충允忠에게 명령을 내렸다.

"백제의 군사들은 대야성으로 돌격하라!"

윤충은 의자왕의 명령이 떨어지자 대야성으로 1만 군사를 휘몰아 달려갔다.

대야성은 도독(都督, 주를 담당했던 신라의 지방 장관) 품석과品釋과 사지(舍知, 신라의 17관등 중 13위 관직) 죽죽竹竹이 방어하고 있었다. 김춘추는 백제군이 대야성을 공격하자 걱정이 되었다. 대야성의 성주 품석은 그의 사위였고 딸이 사위와 함께 대야성에 가 있었다.

윤충의 백제군과 품석의 신라군은 치열한 공성전을 벌였다. 그러나 윤충이 여러 날 동안 공격을 해도 대야성은 완강하게 버티었다. 윤충은 대야성을 포위하고 고사 작전을 펼쳤다. 그때 대야성의 사지 벼슬에 있던 검일黔日이 비밀리에 성을 나와 백제 윤충을 찾아왔다. 품석이 자기의 휘하인 검일의 아내가 아름다워 그녀를 빼앗아 간음한 일이 있었다. 검일은 품석에게 이를 갈면서 원통해하다가 윤충이 대야성을 공격하자 아내를 범한 품석에게 복수하기 위해 윤충을 찾아온 것이다.

"나는 반드시 품석이 죽는 것을 보고 싶소."

검일은 윤충에게 품석을 죽이게만 해주면 무엇이든지 하겠다고 말했다.

"그대는 군량창고에 불을 지르라. 그렇게 하면 반드시 품석을 죽이게 될 것이다."

윤충이 기뻐하면서 말했다. 검일은 대야성으로 돌아와 밤이 되자 군량창고에 불을 질렀다. 화염이 충천해지면서 군량창고가 순식간에 타버리자 대야성의 신라군은 사기가 떨어지고 민심이 흉흉해졌다.

'대야성의 군량창고가 불에 탔다고? 그렇다면 대야성이 위태롭지 않은가?'

김춘추는 대야성에서 파발이 날아오자 잠을 이루지 못하고 근심했다. 대야성이 함락되면 딸의 목숨도 위태로워진다. 그러나 백제의 공격이 여러 곳에서 이루어지고 있었기 때문에 구원병을 파견할 수 없었다.

대야성의 품석은 군량창고가 불에 타자 전의를 잃고 말았다. 군량이 떨어져 굶어가면서 싸울 수는 없었다.

품석의 비장인 아찬 서천이 성에 올라가 백제 진영의 윤충을 향해 말했다.

"장군이 우리를 죽이지 않는다면 성문을 활짝 열고 항복하겠습니다. 장군께서 약속할 수 있습니까?"

서천의 말에 윤충은 크게 기뻐했다.

"약속할 수 있소. 투항하는 군사를 죽이지 않는 것은 군자의 행동이오."

"장군은 어떻게 약속을 하겠습니까?"

"장부의 일언은 중천금이라고 했소. 만약 약속을 하고도 지키지 않는다면 하늘이 노할 것이니 밝은 태양을 두고 맹세하리다. 신라 군사들은 모두 병기를 버리고 맨손으로 성 밖으로 나와야 하오. 우리가 술과 고기를 준비해 기다리겠소."

윤충은 하늘을 가리키면서 맹세했다. 서천이 비로소 품석과 여러 장병들에게 권해 성 밖으로 나가려고 했다.

"백제는 번번이 말을 바꾸는 나라이므로 믿을 수 없습니다. 윤충의 말이 달콤한 것은 우리를 유인하려는 계책입니다. 성 밖으로 나가면 반드시 복병이 기다리고 있다가 우리를 도륙할 것입니다. 포로가 되어 쥐새끼처럼 사는 것보다는 차라리 호랑이처럼 용감하게 싸우다가 죽는 편이 더 낫습니다."

죽죽이 분연히 외치면서 항복을 반대했다. 품석은 죽죽의 말을 듣지 않고 성문을 열었다. 병사들이 먼저 나가자 백제가 복병을 매복시키고 있다가 닥치는 대로 도륙하기 시작했다. 죽죽은 황급히 성문을 닫고 성 아래를 내려다보았다. 매복하고 있던 백제군에게 포위당한 신라군이 처절한 비명을 지르면서 죽어가고 있었다. 그들의 처절한 비명소리에 신라군은 공포에 떨었다.

'아아, 내가 판단을 잘못해 우리 군사들이 억울하게 죽었구나. 장차 황천에 가서 무슨 낯으로 그들을 만나겠는가?'

품석은 비통한 마음에 자기의 처자를 죽인 다음 자신의 목을 찔러 자결했다.

품석과 딸이 죽었다는 소식은 즉시 김춘추에게 날아왔다. 품석의 부인은 김춘추가 애지중지하면서 키운 딸이다. 김춘추는 급보를 받고 온종일 기둥에 기대서서 눈도 깜빡이지 않은 채, 사람이나 물체가 앞을 지나가도 알아보지 못했다.

"무엇으로 위로를 해도 공의 아픈 가슴을 위로할 수는 없을 것이오. 이럴 때일수록 기운을 차려 적을 반드시 멸합시다."

김유신이 김춘추를 찾아와 위로했다. 김춘추는 딸이 죽었다는 소식에 한없이 애통해 했다.

죽죽은 남은 군사를 수습해 대야성을 방어하기 시작했다. 백제군은 또다시 세차게 대야성을 공격해 왔다. 그러나 죽죽은 군사들을 격려하면서 완강하게 저항했다.

'식량이 떨어졌을 텐데도 항복을 하지 않는구나.'

윤충은 대야성을 방어하는 죽죽에게 감탄해 항복을 권고했다.

"우리 군사는 군량창고가 불에 타서 굶주리고 있다. 전세가 이러하니 틀림없이 성을 보전할 수 없을 것이다. 차라리 항복하고 살아서 후일을 도모하는 것이 낫지 않겠는가?"

사지 벼슬에 있는 용석이 죽죽에게 말했다. 신라군은 며칠 동안이나 굶어서 여기저기 쓰러져 있었다.

"백제군이 우리를 살려줄 것 같은가? 항복한 우리 군사들을 도륙한 백제군을 어찌 믿으라고 하는가?"

죽죽이 분노하여 소리를 질렀다.

"항복을 하지 않아도 우리는 며칠 안에 굶어 죽을 것이다. 군사들이 며칠째 밥을 먹지 못해 창을 들 힘도 없다."

"그대의 말이 옳다. 그렇다면 이래도 죽고 저래도 죽을 것이니 성을 나가 싸우다가 죽자."

"항복을 해서 후일을 도모하는 것이 낫지 않은가?"

"나는 죽을 때까지 싸울 것이다. 아버지가 내 이름을 죽죽이라고 지은 것은 나로 하여금 날씨가 추워도 시들지 말고, 꺾일지언정 굽히지 말라는 것인데 어찌 죽기가 두렵다고 항복하겠는가?"

죽죽은 용석의 권고를 뿌리치고 용맹하게 싸웠다. 죽죽은 사력을 다해 적군을 막다가 피로가 누적되어 쓰러졌다. 백제군은 마침내 성 위로 새카맣게 올라왔다. 백제군은 질풍노도처럼 성 위로 올라와 신라군을 공격했다. 신라군은 탈진해 성루에 주저앉거나 누워서 꼼짝도 하지 못하고 있었다.

사지 죽죽과 용석은 마지막 기운을 다해 백제군과 싸우다가 장렬하게 전사했다. 윤충은 당당하게 대야성으로 입성했다. 대야성은 윤충이 생각했던 것보다 훨씬 더 비참한 상태에 빠져 있었다. 대야성 곳곳에 신라 백성들의 시체와 해골이 나뒹굴어 목불인견의 참상이 벌어져 있었다. 그러나 최후까지 항전한 신라 군사들은 의연했다. 굶주리고 지친 모습이 역력했으나 신라군은 한결같이 비굴함을 보이지 않았다.

'신라의 죽죽은 참으로 훌륭한 인물이로구나.'

윤충은 신라군의 의연한 모습에 감탄했다.

선덕여왕은 죽죽과 용석이 전사했다는 소식을 듣고 슬퍼하며 죽죽에게는 급찬(신라 17관등 중 9위 관직)을 추증하고, 용석에게는 대나마(신라 17관등 중 10위 관직)를 추증했으며, 그들의 처자에게 상을 주어 왕도로 옮겨 살게 했다.

이는 《삼국사기》 죽죽 열전에 있는 기록이다. 그러나 〈백제본기〉는 약간 다르게 기록하고 있다.

의자왕 2년 8월, 장군 윤충을 보내 군사 1만 명을 거느리고 신라의 대야성을 공격했다. 성주 품석이 처자를 데리고 나와 항복하자 윤충이 그들을 모두 죽이고 그의 목을 베어 서울에 보내고 남녀 1천여 명을 사로잡아 서쪽 지방의 주, 현에 나누어 살게 하고 군사를 남겨 그 성을 지키게 했다. 왕이 윤충의 공로를 표창해 말 20필과 곡식 1천 석을 주었다.

춘추를 살린 '토끼와 거북이 이야기'

"딸의 복수를 하지 않으면 장부가 아니다. 아아! 대장부가 어찌 백제를 이길 수 없으랴!"

몇 날 며칠을 식음까지 하지 못해서 얼굴이 수척해진 김춘추가 선덕여왕을 찾아갔다.

"폐하, 폐하께서 윤허하시면 신이 고구려에 가서 군사를 빌리겠습니다. 고구려의 군사를 빌려 백제에 대한 원한을 갚겠습니다."

김춘추가 무릎을 꿇고 아뢰었다.

"고구려가 신라와 연합할 까닭이 있는가? 그들은 반드시 죽령을 내어주지 않으면 연합하지 않을 것이다."

선덕여왕은 지혜로운 여인이다. 김춘추가 고구려에 사신으로 가도 실패할 것이라는 사실을 예측하고 있었다.

"신이 어찌 나라의 땅 한 평이라도 내어줄 수 있겠습니까?"

"거짓으로 내준다고 할 수 있지 않소?"

"사신이 하는 약속은 그 나라 임금이 하는 약속입니다. 신의를 버리는 임금은 덕이 있는 군주가 될 수 없습니다."

"혹여 그대와 같은 인재를 잃을까봐 걱정이 되오."

"신에게 계책이 있습니다."

선덕여왕은 김춘추가 강력하게 원하자 이를 허락했다.

김춘추는 길을 떠나기 전에 김유신을 찾아가 만났다.

"나와 공은 오랫동안 우정을 나누어 일심동체와 같소. 이번에 내가 고구려에 들어가 불행한 일을 당한다면 공은 어떻게 하겠소?"

김춘추가 김유신에게 물었다.

"공이 만일 돌아오지 못한다면 나 역시 살아 있지 않을 것이오. 나의 말발굽이 반드시 고구려와 백제 두 왕의 궁정을 짓밟을 것이오. 만약 그렇게 하지 못한다면 무슨 면목으로 장차 황천에 가서 그대의 영혼을 만날 수 있겠소?"

김유신이 비장하게 말했다.

김춘추가 감격해서 김유신과 함께 서로 손가락을 깨물어 피를 마시고 맹세했다.

"나는 60일이면 돌아올 것이오. 만일 이 기한이 지나도록 오지 않는다면 공은 군사를 이끌고 고구려 경내로 들어오시오."

김춘추는 김유신과 작별하고 고구려로 들어갔다. 김춘추가 대매현에 도착했을 때 고을 사람 두사지豆斯支 사간沙干이 푸른 베 3백 보를 선물했다.

고구려 경내에 들어가자 보장왕이 태대대로(太大對盧, 고구려의 13관등 중 1위 관직) 직책에 있는 연개소문을 보내 객관을 정해주고 연회를 열어 환영했다. 김춘추가 고구려인들을 매수해 정정을 탐문하자 고구려는 연개소문淵蓋蘇文이 영류왕榮留王을 시해한 뒤에 보장왕寶藏王을 세운 지 몇 달 되지 않은 정황이었다. 연개소문이 영류왕에게 충성하는 대신들을 모조리 살해했기 때문에 평양이 살벌했다. 이런 계엄 상황에서는 군사를 빌리기는커녕 살아 돌아가는 일도 쉽지 않을 것 같았다.

고구려의 보장왕은 김춘추의 명성을 잘 알고 있었다. 보장왕은 김춘추와 회담을 하는 자리에 군사들을 삼엄하게 배치했다.

"이번에 온 신라 사자는 지혜로운 인물이라고 합니다. 이번에 그가 온 것도 우리의 형세를 정탐하려는 것이 분명하니 대왕께서는 그를 살려 보내서는 안 됩니다."

연개소문이 보장왕에게 말했다. 보장왕이 그렇게 하겠다고 약속하고 김춘추를 어전으로 불러들였다.

"마목현과 죽령은 본래 우리나라 땅이니 돌려주지 않는다면 사신은 결코 살아서 돌아가지 못할 것이다. 사신은 어떻게 하겠는가?"

보장왕은 김춘추가 대답하기 어려운 질문을 해 그를 곤혹스럽게 만들었다.

"국가의 영토는 신하가 마음대로 할 수 있는 것이 아닙니다. 외신은 감히 명령을 따를 수 없습니다."

김춘추는 고구려 군사들이 삼엄하게 에워싸고 있는데도 당당하게 대답했다. 보장왕이 분노해서 그를 가두고 죽이려 하다가 객관에 연금했다. 김춘추는 두사지가 준 푸른 베 3백 보를 보장왕의 총신 선도해에게 뇌물로 바쳤다. 선도해가 음식을 준비해 와서 함께 술을 마시고 취하자 농담으로 말했다.

"그대도 일찍이 거북이와 토끼의 이야기를 들었을 것이오."

선도해는 은밀하게 토끼와 거북이의 이야기를 꺼냈다. 토끼가 거북이에게 속아 용궁으로 가다가 자기의 간을 취하려는 것임을 알고 육지에 두고 왔다고 거짓말을 해서 살아나온 이야기다. 이는 마목현과 죽령을 거짓으로 고구려에 바친다고 말해 살아 돌아가라는 암시였다.

선도해의 말에 김춘추는 고개를 끄덕거렸다.

"마목현과 죽령은 본래 고구려의 땅입니다. 외신이 곰곰이 생각하니 주인에게 돌려주어야 하는 것이 당연한 일입니다. 외신에게 귀국을 허락하시면 돌아가서 왕에게 아뢰어 돌려보내도록 하겠습니다."

김춘추는 편지를 써서 보장왕에게 보냈다. 보장왕은 그제야 기뻐했다. 김춘추가 고구려에 들어간 지 60일이 지나도 돌아오지 않자 김유신은 용사 1만 명을 뽑아 놓고 선언했다.

"위기를 당하면 목숨을 내놓고, 어려움을 당하면 한 몸을 돌보지 않는 것이 충신이라고 나는 들었다. 한 명이 목숨을 바쳐서 백 명을 대적하고, 백 명이 목숨을 바쳐서 천 명을 대적하고, 천 명이 목숨을 바쳐서 만 명을 대적한다면 어찌 천하를 마음대로 할 수 없겠는가? 지금 이 나라의 어진 재상이 타국에 구금되어 있으니 나와 함께 구하러 가지 않겠는가?"

김유신의 목소리가 연무장을 쩌렁쩌렁 울렸다.

"비록 만 번 죽고 한 번 살 수밖에 없는 사지死地라고 해도 어찌 두려워하겠습니까? 우리는 오직 장군의 명령에 복종하겠습니다!"

군사들이 일제히 함성을 지르면서 외쳤다. 김유신은 마침내 선덕여왕에게 고하고 고구려를 향해 출정했다. 이때 고구려의 첩자인 승려 덕창이 첩보를 입수해 고구려에 보냈다.

연개소문을 비롯한 고구려의 장군들이 김춘추를 죽여야 한다고 보장왕에게 말했다. 그러나 보장왕은 사신을 죽일 수가 없어서 선뜻 명령을 내리지 못했다. 그때 1만 신라군이 국경에 접근하고 있다는 소식이 첩보병을 통해 보고되었다.

"신라의 장군이 누구인가?"

연개소문이 덕창에게 물었다.

"김유신이라고 합니다."

덕창의 말에 연개소문이 눈살을 찌푸렸다. 신라의 명장 김유신이 1만 군사를 거느리고 온다면 상대하기가 쉽지 않은 일이었다. 피비린내 나는 정변으로 고구려는 민심이 흉흉했다. 신라와 전쟁을 할 수 있는 상황이 아니었다.

"김춘추를 돌려보내십시오."

연개소문이 권하자 보장왕이 김춘추를 석방했다. 고구려 국경을 벗어나자 김춘추가 호송한 고구려 장수에게 말했다.

"내가 백제에 원수를 갚기 위해 고구려에 와서 군사를 빌리려고 했으나, 대왕은 이를 허락하지 않고 도리어 땅을 요구했다. 그러나 이것은 신하가 마음대로 할 수 있는 일이 아니다. 이전에 대왕에게 보낸 글은 죽음을 모면하려는 계책이었을 뿐이다."

김춘추의 말에 고구려 장수는 얼굴이 하얗게 변해 돌아갔다.

김유신이 군사를 이끌고 한강을 건너 고구려의 남쪽 변경으로 들어가자 돌아오는 김춘추와 만날 수 있었다. 김유신이 결사대 1만 명을 이끌고 고구려 국경을 넘은 것은 김춘추의 탁월한 지략에 의한 결과였다.

647년(선덕여왕 16) 비담의 난이 일어났다. 김유신은 압량주에 군주로 있다가 군사를 이끌고 와서 비담의 난을 진압했으나 선덕여

선덕여왕릉
제27대 왕(재위 632~647)으로, 신라 최초의 여왕이다. 내정에서는 선정을 베풀어 민생을 향상시켰고 구휼사업에 힘썼다. 자장법사를 당에 보내 불교 전파에 힘썼으며, 첨성대와 황룡사 구층탑을 건립하는 등의 업적을 남겼다. 사적 제182호. 경북 경주시 보문동 소재.

왕이 죽고 말았다. 선덕여왕은 말년에 백제의 잦은 침략과 '여왕이 통치하기 때문에 외적의 침입이 잦다'는 당나라의 주장 등 내우외환을 겪다가 진골 귀족들이 일으킨 반란의 와중에 죽음을 맞이한 것이다. 선덕여왕은 비담의 난이 진압되자 낭산에 묻혔다.

당의 지원군을 얻어낸 춘추의 지략

이러한 위기 속에서 진덕여왕眞德女王이 왕위에 올랐다. 그녀의 이름은 승만이며, 진평왕의 동복아우인 갈문왕 국반의 딸이었다.

어머니는 박씨 월명부인이다. 진덕여왕은 자태가 곱고 아름다웠으며, 키가 7척이었고, 팔을 늘어트리고 있으면 그 길이가 무릎을 넘었다.

진덕여왕이 즉위했어도 백제와 고구려의 위협은 계속되었다. 서기 648년 진덕여왕은 김춘추와 그의 아들 문왕文王을 당나라에 파견했다. 당 태종은 광록경 유형을 교외까지 내보내 그들을 맞이했다. 김춘추는 예물을 바치고 중원과 한반도의 정세에 대해서 도도하게 연설을 했다. 아울러 치도治道와 선정善政에 대해서 이야기를 해 당 태종을 감동시켰다.

"외신은 당나라의 국학을 참관하도록 청합니다."

김춘추는 당나라의 문화를 배우고 싶어 했다.

"어찌 국학을 참관하려고 하는가?"

"외신은 당나라의 높은 학문을 배우고자 합니다."

"경은 사신일 뿐 아니라 선비다. 신라에 경과 같은 선비가 있으니 크게 발전할 것이다."

당 태종은 기뻐하면서 자신이 지은 〈온탕비溫湯碑〉, 〈진사비晉祠碑〉와 새롭게 펴낸 《진서晉書》를 선물했다. 김춘추는 당나라의 국학을 참관한 뒤에 많은 선비들을 보내 당나라의 학문을 배워 오게 한다.

"그대에게 무슨 소원이 있는가?"

당 태종이 하루는 김춘추를 연회에 불러 황금과 비단을 하사하면서 물었다.

"신의 나라가 멀리 바다 한 구석에 있어 대국을 섬긴 지 여러 해가 되었습니다. 그러나 백제가 강성하고 교활해 침략을 일삼아 왔습니다. 더구나 지난 해에는 대군을 거느리고 대대적으로 침입하여 수십 개의 성을 점령해, 대국에 입조(入朝, 외국 사신이 조공을 바치러 들어오는 일)할 길을 막았습니다. 만약 폐하께서 군사를 보내 그 흉악한 무리들을 없애지 않는다면, 우리나라 백성은 모두 포로가 될 것이며, 육로와 수로를 거쳐 대국에 술직(述職, 왕에게 직무의 상황을 아뢰는 일)하는 일도 다시 기대할 수 없을 것입니다."

김춘추는 도도한 언변으로 군사를 청했다.

"짐이 반드시 군사를 파견해 백제를 멸하겠다."

당 태종이 군사의 파견을 승낙했다.

"외신은 신라로 돌아가 관리들의 휘장과 복식을 바꾸어 중국의 제도를 따르겠습니다."

김춘추의 말에 당 태종은 크게 기뻐하면서 내관으로 하여금 진귀한 의복을 김춘추와 수행원들에게 하사하게 했다. 당 태종은 김춘추가 귀국할 때, 3품 이상의 관리들을 모아 연회를 베풀고 전별했다.

"저의 자식이 일곱입니다. 원컨대 그 중의 하나인 법민으로 하여금 폐하의 곁을 떠나지 않는 숙위가 되게 해 주소서."

김춘추가 당 태종에게 말했다. 당 태종은 김춘추의 아들 문왕에게 숙위(宿衛, 황제를 호위한다는 명목으로 속국의 왕족이 볼모로 가서 머무는 것)하게 했다. 이는 사실상 김춘추가 자신의 아들까지 당나라에 인질로 맡기고 군사를 청한 것이다.

654년 진덕여왕이 죽었다. 진덕여왕은 자식이 없었기 때문에

무열왕릉과 무열왕릉비

신라 제29대 태종무열왕(재위 654~661년)의 무덤(사적 제20호) 앞에 그를 기려 세운 석비다(우측). 중국 비석의 영향을 받아 받침돌은 거북 모양을 하고 있고 머릿돌에는 이무기의 모습을 새겨 놓았다. 이 머릿돌 앞 중앙부에 태종무열대왕지비太宗武烈大王之碑라고 새겨져 있어, 이 무덤이 무열왕의 능임을 알게 되었다. 비의 몸체는 현재 전하지 않는다. 국보 제25호. 경북 경주시 서악동 소재.

김춘추는 상대등 알천과 김유신 등의 추대로 왕위에 올랐다.

　김춘추는 659년 백제가 자주 국경을 침범하자 동맹을 맺고 있던 당나라와 함께 백제를 공격할 준비를 했다.

　660년 3월 당나라 고종이 소정방이 이끄는 13만 명의 군사를 파견하자 김춘추는 5월에 친히 군사를 거느리고 출정했다. 남천정(南川停, 지금의 이천)에 이르러 당나라에서 돌아온 태자 법민을 소정방이 머물고 있는 덕물도(德物島, 덕적도)로 보내 작전을 세운 후, 스스로 금돌성(今突城, 상주 백화산)까지 나가 진두지휘하며 김유신, 품일品日, 흠춘欽春 등에게 정병精兵 5만 명을 거느리고 당군과 연합해서 백제를 공격하도록 했다.

　김유신은 백제의 계백이 이끄는 5천 명의 결사대를 황산벌에서 격파하고 백제를 멸망시켰다.

  김춘추는 661년 백제부흥군을 격파하고, 백제의 유민遺民을 위무하던 중 59세의 나이에 병으로 죽었다.

  18세 풍월주 김춘추는 탁월한 지략가이자 외교가였다. 왕위에 오르기 전부터 여러 차례 당나라에 사신으로 가서 외교 관계를 돈독하게 해서 명성을 떨쳤다. 진덕여왕 시절 진골정통과 대원신통 사이에 치열한 왕권 다툼이 있었으나 가야파인 김유신의 지지로 무열왕으로 즉위해 마침내 백제를 무력으로 합병하고 삼국통일의 서장을 마련했다.

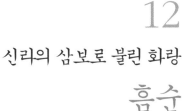

12

신라의 삼보로 불린 화랑

흠순

찬하여 이른다. 하늘을 뒤덮는 공은 좋은 짝을 얻은 데서 비롯되었으니
덕이 만세에 이르리라.

19세 풍월주 흠순欽純은 김유신의 동생으로 가야파였다.

　가야파는 이미 서라벌에서 일정한 영역을 확보하고 있었다. 진
흥왕 이후 중앙집권체제가 강화되면서 혈통보다 이 체제에 필요
한 인물들이 대거 요직에 발탁되었다. 법흥왕이나 진흥왕은 자신
들의 체제를 강화시키기 위해 왕족들과 혼인까지 시키면서 가야
파를 끌어들였다. 가야파는 신라의 왕자나 공주들과 혼인하면서
신라의 골품이 되었고, 진골정통이 되어 왕위에까지 오른다. 가야
파의 성장에 반발해 반란을 일으킨 인물이 칠숙柒宿이다. 그러나
《삼국사기》에는 반란의 원인이 기록되어 있지 않고 결과만이 기
록되어 있다.

　진평왕 말년 칠숙은 가야파가 지지하는 넉만공주가 후사를 잇
는 것을 격렬하게 반대했다.

"굴러온 돌이 박힌 돌을 빼낼 수는 없다. 신라가 가야인들 손에 넘어가면 무덤 속의 조상들이 통곡할 것이다."

칠숙은 서라벌 세력을 규합해 노골적으로 불만을 터트렸다.

"칠숙의 말은 옳지 않다. 가야와 서라벌 사람은 서로 혼인해서 같은 조상을 모시고 같은 후손을 두고 있다. 이는 덕만공주가 여자이기 때문에 반대하는 것이다."

덕만공주를 지지하는 세력들이 칠숙에 맞서 대응했다.

"여자가 후사를 잇는 것도 옳지 않다."

칠숙은 덕만공주가 진평왕의 후사를 잇는 것도 반대했다.

"남자들 중에 성골이 끊어졌다. 미실이 새주가 되어 국정을 좌우할 때는 입을 다물고 있더니 어찌해 나에게 반발하는가?"

덕만공주는 칠숙이 반발하자 분노했다. 이에 왕궁시위대의 대감(大監, 시위대의 대장)인 비담에게 칠숙을 체포하라는 영을 내렸다. 비담이 왕궁 군사들을 이끌고 칠숙의 집으로 달려갔다.

"칠숙은 분명히 반란을 일으킬 것이니 공들이 남산에 매복하고 있다가 치세요."

덕만공주는 흠순과 용춘에게 영을 내렸다. 흠순과 용춘은 즉시 군사를 이끌고 서라벌 남산으로 달려가 매복했다.

가야파에 반발한 칠숙의 난

"공주가 이찬인 나를 체포할 수 있는가?"

칠숙은 아찬 석품과 함께 반란을 일으켰다. 비담이 이끌고 온 시위대 군사를 물리치고 왕궁으로 달려가기 시작했다.

칠숙의 난을 진압하기 위해 결전을 벌인 경주 남산. 남산은 옛 서라벌을 지키는 요새로서 큰 역할을
했고 신라시대의 불교 유적지로 널리 알려져 있다.

"칠숙이 반란을 일으켰다. 전군은 칠숙을 죽여라!"

흠순과 용춘이 군사들에게 영을 내리고 창을 휘두르며 칠숙에
게 달려갔다. 흠순은 화랑 가운데서도 맹장으로 삼보三寶로까지 소
문나 있었다. 흠순이 긴 창을 휘두르며 공격하자 칠숙의 반란군은
삽시간에 와해되었다. 칠숙은 흠순의 창에 찔려 죽고 석품은 달아
났다.

"반란을 일으킨 자는 구족을 참하라."

덕만공주는 매서운 영을 내렸다. 덕만공주는 비담, 용춘, 흠순
등과 손을 잡고 칠숙의 난을 진압하고 서라벌의 동시東市에서 구족

을 참수했다. 석품은 백제 국경까지 도망갔으나, 처자가 보고 싶어 낮에는 숨고 밤이면 걸어서 총산까지 돌아왔다. 그는 그 곳에서 나무꾼을 만나 그의 남루한 옷과 자신의 옷을 바꾸어 입고 나무를 지고 몰래 집에 돌아왔으나 체포되어 처형당했다.

신흥 귀족이 된 가야파는 칠숙의 난을 진압하면서 더욱 명성이 높아졌다. 게다가 이들이 자주 전쟁에 출정했기 때문에 정예군사를 거느리게 되었다. 더구나 김유신, 김흠순이 풍월주를 역임하면서 이들은 화랑까지 장악해 신라의 중심 귀족이 되었다.

장비와 같은 풍모를 지닌 흠순

"김서현의 둘째 아들은 호랑이 상을 갖고 태어났으니 장차 장상將相이 될 것이다."

흠순을 본 사람들이 칭송했다. 흠순은 어릴 때부터 기골이 장대하고 눈이 부리부리했다. 자라면서 용력이 비상해서 서라벌에서 대적할 자가 없었다. 활을 쏘면 백발백중이고 황소를 맨주먹으로 때려잡았다. 유신과 함께 낭문에 들어가 무예를 연마했다.

흠순은 처음에 염장의 부제가 되었는데 유신이 김춘추에게 양보하라는 말을 듣고 물러나 김춘추가 풍월주를 역임한 뒤에야 풍월주가 되었다. 김유신은 지智, 덕德, 용勇을 두루 갖추었으나, 흠순은 지덕을 갖추지 못한 대신 용勇은 서라벌에서 가장 뛰어났다. 성품도 호방해 김유신과는 여러모로 달랐다.

김서현과 김유신이 낭비성을 공격해 큰 공을 세웠다. 김서현은 아버지였고 김유신은 형이었다.

"나에게는 어찌 도성만 지키라고 하는 것인가? 나도 지금부터 는 전쟁에 출정할 것이다."

흠순은 형인 김유신이 공을 세웠다는 말을 듣고 소리를 버럭 질 렀다. 흠순의 성품은 《삼국지》의 장비와 흡사한 면이 있었다. 성 품이 급하면서도 아무것도 두려워하지 않았다.

김유신이나 흠순이 활약하던 시대는 전쟁의 시대였다. 화랑들 은 다투어 전쟁에 나가 공을 세우는 것을 자랑으로 생각했다. 흠 순은 풍월주가 되었으나 낭문의 업무는 태만하게 보고 오로지 전 쟁터를 떠돌아다니면서 싸우는 것을 좋아했다. 낭도들의 업무인 낭정은 부제인 예원이 처리했다.

"나는 전쟁을 알 뿐 정사는 모른다. 실제로 낭정을 보는 사람이 풍월주가 되어야 한다."

흠순은 풍월주의 자리를 예원에게 물려주었다.

보단낭주를 만나 애처가가 되다

김유신은 신라에 명성이 높아 모든 사람들이 그를 공경하고 두 려워했다. 흠순은 성품이 불 같았으나 부인인 보단낭주를 만나면 서 온순해졌다. 보단낭주는 보리공의 딸이었다.

흠순은 18세가 되었을 때 전방화랑이 되어 상선(풍월주를 역임한 사 람)을 두루 찾아다니면서 인사를 했다. 보리공을 남산의 자택에서 알현할 때 예원의 누나 보단낭주를 보게 되었다. 보단낭주는 불과 16세로 9세의 예원을 데리고 연못가에 있었다. 연못가에서 바람 에 날리는 수양버들 꽃솜을 잡으러 뛰어다니는 보단낭주의 모습이 선녀처럼 아름다웠다. 흠순은 넋을 잃고 바라보다가 며칠 후에 다시 와서 보리공에게 청혼을 했다.

"남자가 삼가야 하는 것은 색이다. 네가 나의 딸을 사랑하되 다른 여자를 많이 거느리지 않으면 허락할 수 있다. 그렇지 않으면 안 된다."

보리공이 웃으면서 말했다.

"천지신명께 맹세하겠습니다."

흠순이 맹세를 하자 보리가 허락했다.

보단낭주는 선녀처럼 아름다웠을 뿐 아니라 서라벌 여인으로는 드물게 현숙한 여자였다. 보리공에게 학문을 배우고 부덕을 배웠다. 흠순과 혼인을 하자 정성을 다해 받들어 칭송을 받았다. 흠순은 아내에게 흠뻑 빠져 집안이 언제나 화기애애했다. 스스로 처리하기 어려운 일이 있으면 보단낭주의 의견을 묻고 결정했다. 보단낭주와의 사이에서 아들을 일곱이나 낳았는데 그중에 하나가 계백 장군과 황산벌에서 싸울 때 전사한 화랑 반굴이다.

"내가 전쟁터에서 용감하게 싸울 수 있었던 것은 내 처로 인한 것이다."

흠순이 항상 주위사람들에게 말했다. 김유신은 큰일이 있으면 집을 그냥 지나쳐 갔는데 흠순은 큰일이 있으면 반드시 집에 들려 보단낭주와 이야기를 하고 갔다.

김유신이 하루는 백제군과 싸우고 서라벌로 돌아와 선덕여왕을 알현하려고 했다. 그때 백제군이 또다시 변경을 침략했다는 급보가 서라벌로 날아왔다. 선덕여왕이 김유신에게 속히 변경으로 출정하라는 영을 내렸다. 김유신은 집에도 들리지도 않고 출정해 백제군을 격파하고 2천 명의 목을 베었다. 3월에 김유신이 서라벌로 돌아와 선덕여왕에게 복명하고 미처 집에도 돌아가지 못하고 있었다. 그때 백제가 다시 침략해 온다는 급보가 날아왔다. 선덕여왕은 사세가 급하다고 판단하고 김유신에게 영을 내렸다.

"나라의 존망이 공의 한 몸에 달렸으니, 노고를 마다하지 말고 가서 대책을 도모하라!"

김유신은 또다시 집에 돌아가지 않고 바로 군사를 이끌고 출정했다. 그가 서쪽으로 행군하는 도중에 자신의 집 앞을 통과하게 되었다. 온 집안 식구들이 나와 김유신을 바라보면서 눈물을 흘렸다. 그러나 김유신은 돌아보지도 않고 싸움터로 갔다.

김유신의 충심에 감동한 서라벌 사람들이 그의 강직함을 두려워했다.

"어리석은 형이 무엇이 두려운가?"

흠순은 김유신을 전혀 두려워하지 않고 콧방귀를 뀌었다.

"어찌해 그대의 형이 어리석은가? 그는 충심으로 집에도 들리지 않고 전쟁터로 나갔는데 비웃을 수 있는가?"

사람들이 흠순을 꾸짖었다.

"집에 들러서 아내와 아이들과 이야기한다고 전쟁에 패하는가? 나는 아내와 아이들을 만나보고도 전쟁에 패하지 않았다."

흠순의 말에 사람들이 모두 웃음을 터트렸다. 김유신도 동생인 흠순이 일을 잘못해도 웃음으로 용서했다.

흠순이 전쟁에서 많은 공을 세웠기 때문에 문무왕이 그를 삼보

三寶라고 불렀다. 삼보는 김유신, 김흠순, 김인문을 일컫는 것으로 문무왕이 고구려를 정벌할 때 '공들 세 사람은 국가의 보배'라고 불렀기 때문에 유래되었다.

당나라 고종이 이적에게 군사를 주어 고구려를 공격하게 하고 마침내 신라에도 군사를 동원하라고 연락했다. 문무대왕이 군사를 출동시켜 이에 호응하고자 흠순과 인문을 장군으로 임명했다. 흠순은 문무왕을 모시고 평양까지 진격해 고구려를 멸하고 개선했다.

흠순은 언제나 전쟁터에 있었는데 보단낭주는 원망하지 않고 항상 기도를 하고 흠순이 집으로 돌아오면 온 가족들이 웃고 떠들면서 화락하게 지냈다.

흠순은 술을 좋아해 말술을 마셨다. 보단낭주는 그를 위해 언제나 술을 빚어서 다락에 두었다. 하루는 흠순이 집에 오자 보단낭주가 술상을 차리기 위해 다락에 올라갔는데 한참이 지나도 내려오지 않았다. 흠순이 이상하게 생각하고 다락에 올라가자 뱀이 술독에 들어가 취해 있었다. 보단낭주는 뱀을 보고 놀라서 다락에 넘어져 일어나지 못하고 있었다. 흠순이 보단낭주를 업고 내려온 뒤로 다시는 술을 마시지 않았다.

"아내를 사랑하는 것이 이와 같은데 둘째 딸을 주어도 상관이 없다."

보리는 그 말을 듣고 보단낭주의 동생 이단낭주를 흠순에게 시집보냈다. 이단낭주는 세 딸과 두 아들을 낳았다. 흠순은 집에 돌아오면 두 부인과 아이들과 방안에서 뒹굴고 놀았다. 그의 모습

은 마치 천진난만한 어린아이와 같았다. 그런 그가 삼한의 대영
웅이라는 것을 누가 눈치챌 수 있겠는가. 전쟁에 임하면 산천초
목이 벌벌 떨고 집안에 돌아오면 닭과 개가 업신여긴다는 말을
들을 정도로 그는 온순했다.

흠순은 재물을 돌보지 않았다. 돈이 궁하면 늘 염장공에게 구했다.

"네가 나를 곳간으로 삼는데 내 아이를 기르지 않으면 나만 손
해다."

염장이 웃으면서 흠순에게 말했다. 흠순은 아들들에게 염장의
딸을 부인으로 맞게 했다. 염장의 딸들이 재산을 나누어 가지고
시집왔다.

"염장공은 색을 좋아하고 재물을 탐하니 그 딸을 맞이하면 가
풍이 상하게 될지 모릅니다."

보단낭주가 한숨을 내쉬고 걱정을 했다.

"색을 좋아하는 것은 모든 남자들의 성품이요. 그대와 같이 어
진 아내가 없었다면 나 역시 염장과 같았을 거요. 내가 재물을 탐
했으면 부유해져서 그대가 고생을 하지 않았을 터이니 호색탐재
도 나쁘지만은 않소."

흠순이 웃으면서 말했다.

19세 풍월주 흠순은 김서현의 아들이자 김유신의 동생으로 무장
가문의 영예를 드날렸다. 풍월주가 되어서는 인덕과 신의가 깊어
크게 존경을 받았다. 나당연합군이 백제를 정벌할 때는 품일 장군
과 함께 김유신을 도와 계백의 백제군을 황산벌에서 격파했다.

흠순은 백제 부흥군이 일어나자 장군 천존天存과 함께 백제의 거

열성(居列城, 지금의 경남 거창)을 공격해 빼앗고 7백여 명의 목을 베었으며, 거물성(居勿城, 전북 남원)과 사평성(沙平城, 전남 구례)을 쳐서 항복을 받았다. 이어 덕안성(德安城, 지금의 은진)을 쳐서 천여 명의 부흥군을 토벌했다.

668년 6월 신라가 고구려를 정벌할 때는 이미 각간의 지위에 올라 있었으나 김인문, 천존, 문충 등과 함께 대당총관(大幢摠管, 신라의 군 지휘관)이 되어 출정했다. 고구려 정벌이 끝나자 신라는 부흥 운동을 하는 백제와 고구려의 유민을 포섭하면서 당나라군을 축출하는 데 앞장섰다. 이때 흠순은 대당 전쟁의 중심에 있었다.

《화랑세기》에 의하면 흠순은 서기 680년(문무왕 20)에 부인인 보단낭주와 함께 83세의 천수를 누리다가 죽었다고 한다. 많은 자손을 두어 다복했으니 실로 그 부인과의 화목함 덕분이라 하겠다.

13

인간적인, 너무나 인간적인 화랑

예원

찬하여 이른다. 선화의 으뜸이고 문장이 높았도다.
청렴한 덕을 나라를 위해 바치니 신선이 누구냐 물어도 공公이라 할 것이오,
성현이 누구냐 물어도 공公이라 할 것이다.

20세 풍월주인 예원禮元은 보리의 아들로 만룡낭주가 낳았다.
예원은 어릴 때부터 사서삼경을 공부해 명성이 높았다. 특히 예禮
에 밝았다. 흠순을 따라 다니면서 무예를 배웠다. 염장공이 풍월
주가 되었을 때 전방화랑이 되었다. 전쟁에 나가서는 선봉이 되어
물러서지 않았고 돌아오면 방대해진 화랑조직을 잘 이끌기 위해
노력했다.

염장공이 물러나자 흠순이 풍월주가 되고 예원이 부제가 되었
다. 그는 성품이 조용하고 차분했다. 항상 자신을 낮추고 낭정(郎
政, 낭도들의 업무)을 개혁하는 데 전력을 기울였다. 예원이 겸손했기
때문에 많은 낭도들이 이화랑의 손자는 다르다고 칭송을 아끼지
않았다.

이 무렵 화랑은 진골정통, 대원정통, 가야파 등이 항상 암투를

벌이고 있었다.

"부제는 진골정통을 우대한다. 이는 가야파를 무시하는 일이다."

예원이 흠순의 부제로 있을 때 가야파의 낭도들이 진골정통을 보호한다면서 예원을 비난했다. 이는 예원이 한 일이 아니라 실제로는 가야파인 흠순이 한 일이었다. 하지만 그는 도리어 귀족사관학교인 화랑에 가야파를 대대적으로 진출시킨 장본인이기도 했다. 진골정통에서 불만을 가져야 하는데 오히려 가야파 낭두들이 예원을 비난한 것이다. 그것은 가야파 낭두들이 예원이 풍월주가 되는 것을 막으려고 한 음모였다.

"부제는 나의 수족이다. 천하는 가야와 신라가 하나가 되어 있는데 이제 와서 가야와 진골을 운운하는 것은 파벌을 이루고 권력에 아부하려는 못된 짓이다."

흠순은 대노해서 가야파를 내쫓고 진골정통의 낭두들을 대거 진출시켰다. 가야파의 낭두들은 하루아침에 축출되자 갈 곳이 없었다. 가야파 낭두들은 상선인 염장을 찾아가서 구해달라고 청했다.

"예원이 너희들을 구하지 않느냐?"

염장이 첩을 품에 안고 있다가 가야파 낭두들에게 물었다. 염장은 호색한으로 유명해서 첩이 많았다.

"풍월주가 한 일을 자신이 마음대로 고치지 않겠다고 합니다."

"알았다. 예원을 부를 테니 기다리라."

염장이 종자를 낭문으로 보내 예원을 집으로 초대했다. 화랑은 전대 풍월주를 아버지처럼 받들고 섬겨야 한다. 화랑의 낭정을 보면서도 틈틈이 상선들을 찾아가 알현을 하는 것이 전통이었다. 예원이 염장의 집에 이르자 그가 정자에서 첩을 품에 안고 희롱하고 있었다. 예원은 눈살이 찌푸려졌으나 공손히 인사를 했다.

"그대가 비록 나이는 어리나 화랑을 잘 이끌고 있다는 말을 들었다."

염장이 예원에게 술을 권하면서 말했다. 이는 은근하게 예원을 비난하는 말이다. 가야파의 낭두들은 모두 염장의 마당에서 무릎을 꿇고 앉아 있었다.

"모두가 상선의 가르침 덕분입니다."

예원은 술을 받지 않고 공손하게 대답했다.

"이들은 모두 나에게 충성을 하는 자들이다. 나를 믿고 그대에게 불손한 것 같으니 매로 다스려야 마땅할 것이다."

염장의 눈초리가 사납게 찢어지면서 목소리에 날이 섰다. 전대 풍월주의 명이니 받들지 않을 수 없다.

"이들 중에 불손한 자는 없습니다. 신 또한 그들을 처벌할 생각이 없습니다. 다만 흠순공께서 노하신 것은 쓸데없는 말이 여러 차례 귀에 들어갔기 때문입니다. 흠순공의 노여움이 가라앉으면 신은 마땅히 저들을 다시 임명할 것입니다."

예원이 얼굴을 붉히면서 대답했다.

"핫핫핫! 그대는 진실로 겸손하고 너그럽다. 나는 이미 그대의 가문이 훌륭한 화랑의 가문이라는 것을 알고 있다. 낭도들은 본래 네 가문의 종들이다. 그러니 이자들도 또한 너의 종이다."

염장이 갑자기 너털대고 웃음을 터트린 뒤에 말했다.

"너희들이 죄를 진실로 뉘우치니 내가 모른 체할 수 없다. 내가 너희들의 참 마음을 알았으니 돌아가서 기다리라.”

예원의 말에 가야파 낭두들이 머리가 땅에 닿도록 절을 하고 목숨을 바쳐 충성을 하겠다고 맹세했다. 예원이 가야파 낭두들을 용서하겠다고 하자 염장이 정자에 오르라고 지시했다. 예원은 정자에 올라가 염장 앞에 앉았다.

“나에게 너의 첩으로 삼을 만한 딸들이 있다. 너희들은 속히 나와서 예원랑에게 절을 올려라.”

염장이 안을 향해 소리치자 기다리고 있었던 듯 서녀(庶女, 첩의 딸) 세 명이 나와서 날아갈 듯이 절을 했다.

“어떤가? 이 아이들에게 제법 미색이 있지 않은가? 이들은 모두 나의 서녀들이다. 그대에게 주려고 하는데 받겠는가?”

“신의 모친이 엄격해 감히 명을 따를 수 없습니다.”

예원이 조용히 사양했다.

“어머니는 걱정할 것이 없다.”

염장공이 예원에게 말했다.

“그대는 총명하고 낭정을 잘 이끌고 있다. 그대로 인해 화랑이 더욱 발전할 것이다. 너희들은 풍월주를 모시지 않고 무엇을 하느냐?”

염장이 딸들에게 호통을 쳤다. 염장의 세 딸이 손수 지은 옷을 예원에게 바치고 온갖 애교를 부렸다. 예원이 감히 거절하지 못하고 거두어 돌아왔다. 그러나 염장의 서녀들을 첩으로 삼지는 않았다.

염장은 색을 좋아해 첩이 17명이나 되었다. 진골정통에서 5명, 대원신통에서 4명, 가야파가 8명이었다. 모두 낭두의 딸이었는데 그들은 딸을 미끼로 높은 벼슬을 얻으려고 했다.

염장은 걸핏하면 예원을 집으로 불렀다. 예원이 인사를 올리러 찾아가면 염장은 항상 첩을 무릎에 앉히거나 가슴에 품고 있었다.

"왔느냐? 아무개는 이 아이의 오라버니다. 너는 나를 위해 그를 도와주어라. 나는 첩들 때문에 고생하다가 죽을 것이다. 나의 마음은 이런 청탁을 하지 않고 싶지만 첩들이 난리를 치니 어쩌겠는가?"

염장이 씁쓸하게 웃으면서 말했다.

"상선의 말씀을 신이 어찌 따르지 않겠습니까? 허나 옳지 않은 일을 하면 낭도들에게 크게 인심을 잃을 것입니다."

예원이 공손하게 말했다.

"예원은 어리지만 말하는 것이 빈틈이 없다. 내가 부끄러울 지경이다. 너희는 나를 강요해 어린 예원에게 체면을 잃지 않게 하라."

염장은 예원이 물러가자 첩들에게 말했다. 첩들은 예원이 어머니 만룡낭주에게 효성스러운 것을 알고 그녀에게 뇌물을 바쳤다.

만룡낭주는 미실궁주의 손녀 우야雨若공주를 예원과 혼인하게 했다. 예원은 우야공주를 사랑해 첩을 두려고 하지 않았다. 그러나 염장이 딸을 첩으로 삼아달라고 간절하게 원했기 때문에 차마 거절할 수 없었다.

선품善品은 미실궁주의 딸 보화공주 소생이었다. 예원은 선품과 형제처럼 친하게 지내 부제로 삼았다. 그러나 많은 낭도들이 그가 대원신통이라는 것을 문제 삼았으나 예원은 가볍게 일축했다.

가야파의 진주眞珠가 좌방화랑으로 있었으나 풍월주가 되지 못했다. 사람들이 진주를 부제로 삼을 것을 예원에게 권했다. 진주는 예원의 인척으로 가야파 화랑들 사이에서 신망이 높았다.

"진주는 나의 형인데 어찌 동생 밑에서 부제로 있게 할 수 있는가?"

예원이 웃으면서 거절했다. 진주는 풍월주의 부제가 되지 못하자 병부에 들어가 나중에는 병부령이 되고 백제 정벌에도 큰 공을 세워 대장군이 된다. 그러나 뒤에 대당 총관이 되었을 때 남천주 총관 진흠과 함께 거짓으로 병을 핑계대고 방탕하게 놀면서 국사를 돌보지 않았다. 문무왕은 그들의 목을 베고 동시에 그 일족을 모두 처형했다.

예원과 선품은 3파를 골고루 등용해 화랑들의 신망을 얻었다. 예원은 풍월주로 3년을 있다가 예부禮部로 들어갔다. 예원은 선덕여왕의 총애를 받았다. 선덕여왕이 죽자 벼슬에서 물러나 학문에 정진했다.

김춘추와 당나라 사신길에 오르다

김춘추가 당나라에 사신으로 가려고 할 때 문장이 뛰어나고 풍채가 좋은 사람을 찾았는데 사람들이 예원을 천거했다.

"나는 이미 모든 벼슬에서 물러나 한가로이 지내고 있습니다."

예원이 사양했다.

"나라의 운명이 풍전등화와 같은데 어찌 한가로이 지낼 수 있는가?"

김춘추가 말하자 예원은 당나라 사신 일행으로 동행하게 되었다. 조정에서는 당나라 사람들이 색을 좋아한다고 해서 유화 3명을 데리고 가려했다.

"색으로 사람을 유혹하는 것은 도리가 아닌데 하물며 유화인가?"

예원이 반대를 했으나 사람들이 유화를 데리고 가야 한다고 강력하게 주장했다. 예원은 반대를 했으나 김춘추가 찬성을 해서 어쩔 수가 없었다. 마침내 당나라로 출발하기 위해 배를 탔는데 풍랑이 심하게 일어났다. 뱃사람들이 해신이 노했으니 여자를 바다에 던져 제사를 지내야 한다고 주장했다.

"인명은 극히 중한데 어찌 바다에 던지는가?"

예원이 화를 내며 반대했다.

"형은 여자를 중하게 여기면서 우리 주공은 중하게 생각하지 않습니까? 만약 주공이 위험에 빠지면 어떻게 하겠습니까?"

양도가 눈을 부릅뜨고 말했다. 양도는 보종의 아들로 훗날 풍월주를 역임한다.

"죽으면 함께 죽고 살면 함께 사는 것이다. 어찌 사람을 죽여 삶을 도모하려고 하는가?"

예원이 말을 마치자 갑자기 바람이 자고 비가 그쳤다. 사람들은 해신이 예원의 말을 듣고 감동해서 풍랑을 그치게 한 것이라고 말했다.

예원은 다른 귀족 화랑과 달리 서민들까지 사랑했다. 유화를 당나라에 데리고 가는 일을 반대한 것이나 그녀들을 바다에 던져 풍랑을 가라앉히려고 하는 뱃사람들과 양도에게 인간의 목숨은 누구나 소중한 것이라고 일갈한 데서 알 수 있듯이 그는 인품이 뛰어난 인물이었다.

"당나라는 과연 대국입니다. 당나라에게 청병을 하는 것이 옳은 일인지 모르겠습니다.”

예원이 김춘추에게 말했다.

“백제와 고구려의 침략으로 신라가 위험에 빠지지 않았는가? 당나라군을 빌리지 않으면 삼한통일을 이룰 수 없다. 삼한통일을 이룬 뒤에야 전쟁이 그칠 것이다.”

김춘추가 단호하게 말했다. 예원은 당나라의 도성으로 향하면서 많은 것을 듣고 배웠다. 특히 장안에 이르자 높고 큰 집들이 즐비하고 인파가 물결처럼 흐르고 있어서 새삼스럽게 대국이라는 사실을 알 수 있었다. 사신 일행은 황궁에 들어가 당 태종 이세민을 예방하고 청병 요청을 했다. 그러나 당 태종은 쉽사리 군대를 보내겠다고 약속하지 않았다. 당나라 사람들은 예원이 원광법사의 조카라는 사실을 알고 찾아와 도道를 논했다. 특히 유향이라는 인물이 신선의 도에 대해서 많은 질문을 했다. 예원은 유향과 도도하게 논전論戰을 펼쳤다. 김춘추를 비롯해 신라의 사신단은 예원의 박학다식한 학문에 다시 한 번 놀랐다.

“그대는 연서燕書를 아는가?”

유향이 예원을 시험하기 위해 물었다. 예원은 연나라의 역사책 연서를 한 글자도 틀리지 않고 암송해 유향을 놀라게 했다.

“신라는 어떻게 혼인을 하는가?”

당나라 재상이 예원에게 물었다.

“신의 뜻에 따른다.”

“어떤 신이 시조인가?”

“일광日光의 신이다.”

신라의 시조를 묻는 질문에 예원은 일광의 신이라고 답을 해 시조가 하늘에서 내려왔다고 대답한다.

"일광과 금천씨金天氏가 같은가?"

당나라 재상이 이런 질문을 한 것은 신라의 사신이 금천씨를 조상으로 섬긴다고 했기 때문이다.

"금천이 어떻게 신이 되겠는가?"

유향은 말문이 막혀 대답을 하지 못했다. 유향은 다시 신라가 근친 간에 혼인을 하는데 이는 오랑캐들이나 하는 짓이라고 비난했다. 예원과 양도는 유향의 말에 큰 충격을 받았다. 당나라의 혼인 풍속을 살피자 과연 근친 간에는 혼인을 하지 않고 있었다. 양도는 이때 충격을 받아 근친 혼인을 하지 않으려고 했으나 훗날 어머니와 아버지의 강권으로 친누나와 혼인을 하게 된다.

"당나라에는 당나라의 법이 있고 신국에는 신국의 법이 있다."

예원은 가까스로 유향에게 대답했다.

"너희 나라와 백제는 서로 혼인을 하면서 동맹을 맺은 적이 있는데 지금은 어찌해 전쟁을 하고 있는가?"

당나라 재상이 예원에게 물었다.

"백제가 고구려에게 쫓겨 남쪽으로 내려와 우리가 군대를 보내 구원을 했다. 백제는 신하로서 우리에게 의지했는데 고구려가 물러가자 우리 땅을 침범했다."

"가야와는 무엇 때문에 전쟁을 했는가?"

"가야는 우리에게 항복해 신라에 복속된 지 오래되었다. 그런데 백제가 가야의 서쪽 땅을 빼앗고 돌려주지 않고 있다. 탐욕스럽기

짝이 없다. 그러므로 천병을 얻어 토벌하고자 한다.”

“너희 나라가 언제부터 건원칭제建元稱帝를 했는가?”

“멀리 상고시대다. 먼저 온 사신이 법흥왕 때라고 한 것은 단지 문자 사용을 말한 것뿐이다.”

건원칭제란 연호를 세우고 왕을 황제라 칭함을 일컫는다. 이는 신라가 당나라와 대등한 천자天子의 나라임을 나타내는 것이다.

“가야가 너희 나라를 부용국(附庸國, 강대국에 종속된 나라)으로 삼았는 가? 너희가 가야를 부용국으로 삼았는가?”

“우리나라는 한 선제(중국 전한의 제10대 황제, 재위 기원전 74년~기원전 49년) 5년에 섰고 가야는 광무제(중국 후한의 초대 황제, 재위 25~57년) 때 섰다.”

당나라의 재상이 더 이상 묻지 못했다.

“너희들이 데리고 온 유화는 말이 통하지 않고 풍토에 익숙하지 않기 때문에 아름다우나 우리와 함께 살 수 없다. 데리고 가라.”

당나라 사람들이 유화를 돌려보내려고 했다. 유화도 신라로 돌아오고 싶어했으나 종자들이 귀찮으니 그녀들을 버리고 가자고 주장했다.

“유화도 부모 형제가 있는데 어찌 버릴 수 있는가?”

예원은 유화까지 모두 데리고 돌아왔다. 그러나 오는 도중 고구려군의 순라병(병졸)을 마주치게 되었다. 예원은 온군해溫君解에게 김춘추로 위장해 고구려군의 눈을 속이게 하고 김춘추와 함께 신라로 돌아왔다.

예원은 여러 차례 벼슬이 올라 직위가 이찬에 이르렀으나 67세로 죽었다.

20세 풍월주 예원은 《삼국사기》에 '이찬 예원을 중시中侍로 임명했다'라고 딱 한 줄밖에 나오지 않지만 《화랑세기》에 의하면 외교가로서도 맹활약을 했다는 것을 알 수 있다. 또한 학문이 뛰어나고 예의에 밝았다. 그는 천민들을 차별하지 않고 하찮은 유화의 목숨까지 소중하게 여긴 사실에서도 알 수 있듯이 공명정대한 인물이었다. 풍월주가 되어서는 파벌보다 인품을 보고 등용했으니 가히 성현의 가르침에 어긋나지 않았다고 할 것이다.

14.

친누나와 부부가 되다

양도

찬하여 이른다. 나라의 간성이 되어 쌓은 공이 천지를 덮었고
어려움에 처해 몸을 던지니 만 리에서 혼을 불러 장사 지냈도다.

양도良圖는 하종의 손자이고 모종의 아들로 어머니는 진평왕의
딸 양명공주였다. 17세 풍월주인 염장을 따라 화랑이 되었고 열
두 살이 되었을 때 어린 나이에 이미 학문으로 명성을 떨쳤다. 문
장이 뛰어나고 검술에 능해 신라 여인들의 마음을 사로잡았다. 얼
굴의 피부색이 희고 눈이 유난히 아름다웠다.

신라의 화랑이 꽃 화花자를 쓴 것은 미륵선화에서 따온 것이기
도 하지만 조금만 달리 해석하면 '꽃미남'이라는 뜻도 된다. 화
랑이나 풍월주는 세습이 되는 측면도 있었으나 용모가 단정해야
했다.

양도는 천하를 경영하려는 큰 포부를 가슴에 품고 있어서 영웅
의 풍모를 갖고 있었다.

신라를 뒤흔든 16인의 화랑

그의 어머니 양명공주는 진평왕의 딸이었으나 미실궁주에게 잘 보이기 위해 그녀의 아들 보종에게 시집을 가서 딸 보라와 보량을 낳았다. 보종의 동복 형제인 하종에게는 아들 모종이 있었는데 보종이 자기 아들처럼 사랑했다. 보종이 모종에게 문장과 필법을 가르치자 보종의 부인 양명공주도 함께 배웠다.

하루는 양명공주가 꿈에 난새가 날아드는 꿈을 꾸고 은밀하게 보종을 끌어당기면서 동침할 것을 이야기했다.

"길조가 어찌 나에게만 있느냐?"

보종은 양명공주의 청을 거절하고 대자로 누워버렸다. 보종의 동복형제인 하종의 아들 모종이 옆에서 묵화를 치고 있었는데 보종이 잠결에 벼루를 발로 차서 먹물을 쏟아 모종의 옷이 더러워졌다.

"어머나, 이를 어째? 먹물을 빼드리게 저를 따라오세요."

양명공주가 깜짝 놀라서 모종을 내실로 데리고 들어갔다. 모종이 사양했으나 양명공주가 눈웃음을 치면서 잡아끌었다. 그녀는 물을 떠다가 모종의 옷에 묻은 먹물을 빼기 시작했다. 대청에서는 보종이 코를 골고 자고 있었고 내실은 조용했다. 규방이라 내실은 은은하게 여인의 향내까지 풍기고 있었다. 모종은 자신의 가슴께에 바짝 얼굴을 가져와서 먹물을 빼고 있는 양명공주에게 강렬한 유혹을 느꼈다. 그리깊이도 보종 몰래 은밀한 눈짓을 보내던 양명공주였다.

"우리 보종공은 여자를 좋아하지 않아요."

양명공주가 때때로 한숨을 내쉬면서 은밀한 눈짓을 보낼 때마다 모종은 마음이 싱숭거렸다.

"보종공은 색사를 좋아하지 않으니 아름다운 꽃이라도 벌나비가 없으면 무슨 소용인가요?"

양명공주의 노골적인 유혹이었다. 모종은 대청에서 자고 있는 보종의 눈치를 살핀 뒤에 양명공주를 포옹했다. 양명공주가 기다렸다는 듯이 안겨왔다. 이렇게 해서 두 사람은 사랑을 나누어 아들을 낳았으니 그가 양도였다.

보종은 양명공주가 모종을 사랑하는 것을 알고 있었다. 그는 양명공주를 미워하는 것보다 그녀의 사랑을 맺어주려고 했다. 보종은 기회를 보다가 일부러 벼루를 발로 차서 모종의 옷을 더럽게 만들었던 것이다. 이날 이후 모종과 양명공주는 깊은 사랑을 나누었다. 양도에 대해 집안에 소문이 파다하게 나돌았으나 보종이 묵인하고 아들로 키웠다. 양명공주는 모종을 지극히 사랑해 제공弟公이라고 불렀다.

"그림은 제공의 아들만한 사람이 없을 것이다."

보종이 말하자 보량공주가 기뻐했다.

양도는 어릴 때부터 총명했다. 일곱 살이 되었을 때 자신의 이름이 왜 양도인지 보량공주에게 물었다. 보량공주는 선뜻 대답을 할 수 없어서 그림을 잘 그리라는 뜻이라고 이야기했다. 양도는 그 말을 그대로 믿고 그림을 그리는 일을 더욱 열심히 했는데 특히 진도陳圖를 잘 그렸다.

"병장기가 너무나 자세해 마치 전쟁을 하는 것 같구나."

사람들이 양도가 그린 그림을 보고 찬탄해 마지않았다. 양도가 이 시기에 군사들의 진법을 다룬 진도를 그린 것은 신라가 언제나 전쟁에 휘말리고 있었다는 것을 의미한다. 전쟁은 신라인들의 일 상사였다.

양명공주는 보종을 남편으로 섬겼으나 염장(17세 풍월주)과 모종 두 사람을 사신私臣으로 거느렸다. 양도는 모종을 숙공叔公이라고 불렀다. 장성을 한 뒤에 모종이 친아버지라는 사실을 알고 효도를 다 했다.

"너는 나의 아들이지만 보종공이 사자(嗣子, 상속자)로 삼았으니 그가 아버지다."

모종은 양도가 자신을 아버지라고 부르는 것을 허락하지 않았다.

양도는 아버지가 염장공인 형 장명을 뛰어넘어 낭문에 먼저 발 탁되었다.

"형이 있는데 제가 어찌 낭문에 먼저 발탁이 됩니까?"

양도가 장명에게 사양하려고 했다.

"나라에도 그렇고 가정에도 사자가 있으면 그가 먼저다. 아버지 의 명이 지엄한데 이를 따르지 않으면 아무리 형제간에 우애가 좋 더라도 아버지에게 죄를 짓는 것이다."

염장이 엄중하게 말하고 장명에게는 양도를 받들라고 지시했다. 이에 형인 장명이 양도에게 몸을 낮춰 존대를 했다.

양도의 누나인 보량은 보종과 양명공주의 딸로 진평왕의 후궁 이 되었다. 승만왕후가 질투를 해 그녀를 내친 뒤에 종신에게 시 집보내려고 했다. 그러나 보량공주는 처음부터 양도를 사랑해 다 른 사람에게 시집을 가려고 하지 않았다. 보량공주가 진평왕에게 청해 양도에게 시집을 가게 되었다. 보종도 보량공주를 며느리로 맞이하는 것을 찬성했다. 양도는 어머니(양명공주)가 같은 누이와 혼인하는 것을 싫어해 거절했다.

양도가 보량공주와의 혼인을 거절한 것은 가까운 인척과 결혼을 하지 않는 중국의 풍속을 따르고자 했기 때문이다. 양도는 학문이 깊어 근친결혼이 바람직하지 않다는 사실을 잘 알고 있었다. 그러한 악습이 사라져야 한다고 생각했는데 뜻밖에 누나가 청혼을 한 것이다. 게다가 누나는 진평왕의 후궁이었다. 승만왕후에게 내침을 당해 혼자 살고 있었으나 마음이 내키지 않았다.

남매가 혼인을 하는 것은 성에서 자유로운 신라에서조차 꺼리는 일이었다. 양도가 부인으로 맞이하지 않자 보량공주는 양도를 지나치게 사랑한 나머지 병을 앓게 되었다. 잠을 자도 양도의 생각뿐이고 수를 놓아도 양도의 얼굴만 떠올랐다.

"너는 어찌해 보량과 혼인하는 것을 거절하느냐?"

어머니 양명공주가 하루는 양도를 불러 책망했다.

"제가 누나를 사랑하지 않는 것이 아닙니다. 다만 사람들이 뒤에서 수군거릴 것이 분명하니 이 점을 걱정하는 것입니다. 근친 간에 혼인을 하는 것은 오랑캐의 악습입니다. 혼인을 허락하면 모두가 좋아하겠지만 이는 오랑캐의 풍속이고 짐승과 같은 짓입니다."

양도가 슬퍼하면서 말하자 양명공주가 그를 감싸 안았다.

"신국에는 신국의 법도가, 당나라에는 당나라의 법도가 있다. 근친혼을 하는 것은 신국의 오래된 풍습인데 이를 어찌 오랑캐 풍속이라고 하느냐?"

양도는 어쩔 수 없이 보량공주를 부인으로 맞이했다. 보량공주는 양도와 혼인을 하자 꿈처럼 행복했다. 금단의 열매를 쟁취하자 더 이상 바랄 것이 없었다. 그러나 여러 날이 흐르면서 양도의 모호한 태도에 실망했다. 양도는 그녀를 부인으로 생각하는 것이 아니라 누나로 생각하고 있었다. 색사를 즐기려고 하지 않고 누나로 깍듯이 공경했다. 그것은 두 사람 사이에 아들이 태어난 뒤에도 마찬가지였다.

"너는 내가 나이가 많다고 사랑하지 않느냐? 우리가 부부가 된 지 3년이 되었고 나는 너의 아들까지 낳았다. 내가 너를 잠시도 사랑하지 않은 적이 없는데 너는 나를 사랑하지 않으니 무슨 일이냐? 내가 아름답지 않기 때문이냐?"

하루는 보량공주가 참다못해 화를 냈다.

"누나가 아름답지 않다니 어찌 그런 말씀을 하십니까? 누나는 세상 어떤 여자보다도 아름답습니다."

양도가 공손하게 대답했다.

"너는 나를 누나로 대우하고 있을 뿐 여자로 생각하지 않고 있다. 내가 불상도 아니고 신상도 아닌데 어찌 공손히 받드는 것만 좋아하겠느냐?"

"누나가 나의 부인이 되었는데 어찌 사랑하지 않겠습니까?"

"나는 네가 안아주는 것을 좋아하고 너와 색사를 나누기를 원한다."

"우리는 혼인을 한 부부입니다. 저라고 누나와 색사를 즐기고 싶지 않겠습니까? 옛말에 이르기를 '큰 사랑은 공경하기를 산과 같이 하고 작은 사랑은 희롱하기를 옥과 같이 한다'고 했습니다. 저는 큰 사랑으로 누나와 사랑하기를 원하지 누나이기 때문에 그런 것이 아닙니다. 색사의 즐거움은 물거품 같은 것이어서 끝나면 바로 사라지는 것입니다."

양도가 보량공주를 살며시 포옹하고 말했다.

"아아, 내가 너의 진정을 몰랐구나."

보량공주는 감동해서 눈물을 흘렸다. 이날 이후 보량공주도 양도를 지아비로 깎듯이 공경했다. 그녀는 언제나 양도와 한날한시에 죽기를 바랐다. 스스로 작은 칼을 가지고 다니면서 양도가 운명하면 자신도 같이 죽으려고 결심했다.

양도는 부제를 거쳐 22세 풍월주가 되었다. 보량공주는 자신의 아름다움이 쇠했다고 생각해 화주花主를 마다하려 했다. 화주는 풍월주의 부인이지만 풍월주가 신처럼 받들어지기 때문에 권력이 막강했다.

부패한 화랑에 개혁의 바람이 불다

"나는 보종의 양자로 혈통을 이었으나 대원신통에 지나지 않는다. 진골의 혈통은 그대에게 이어져 있다. 그대가 화주가 되지 않으면 내가 어찌 풍월주가 될 수 있겠는가?"

양도는 보량공주에게 화주에 취임할 것을 강력하게 권했다. 이에 보량공주가 화주에 취임해 낭도들의 축하를 받았다. 양도의 나이 28세고 보량공주의 나이 33세였다. 양도는 낭도들의 일 대부분을 보량공주에게 처리하도록 했다. 보량공주가 비록 자신의 부인이라고 해도 진골 혈통을 갖고 있었다. 그러나 화주가 처리하기 어려운 일은 자신이 뒤에서 조용히 처리했다. 이에 많은 낭도들이 보량공주가 남편인 양도를 무시하고 낭정을 처리한다고 생각했다.

양도는 풍월주가 되자 화랑의 조직을 대대적으로 개편했다. 서민의 자제들은 용모가 단정하고 문무에 출중하면 낭문郎門에 들어가 낭도가 되었다. 13, 4세가 되면 소년단이라고 할 수 있는 동도童徒, 18, 9세에는 청년단이라고 할 수 있는 평도平徒, 23, 4세에 본격적인 낭도라고 할 수 있는 대도大徒가 되었다. 대도 중 화랑이 될 수 있는 입망자는 망두라고 불렀다.

양도는 보량공주와 함께 능력이 출중한 자를 가려 신두로 선발했다. 신두는 낭두가 될 수 없었고 오직 망두만이 낭두가 되었다. 대도가 30세가 되면 병부에 속하거나 농공에 종사하는 일로 향리의 장이 되었다. 비록 화랑이 되지 못해도 화랑의 무리에서 훈련을 받은 자들이 월등한 대우를 받았던 것이다.

낭두 가운데 화랑이 되는 입망은 상선(上仙, 풍월주를 역임한 인물)이나 상랑(上郎, 화랑을 역임한 인물)의 마복자가 아니면 될 수 없었다. 그래서 낭두들의 처가 임신하면 선문에 들어가 탕비(湯婢, 임시로 화랑의 여종이 되는 것)가 되었다. 마복자는 유력한 신분의 대자代子나 다름없었다.

상선이니 상랑을 정성으로 받들면 그들의 여자가 임신한 아이를 마복자로 삼았다. 마복자는 화랑이 될 수 있었기 때문에 많은 서민들이 이를 원했다. 몇 달 동안 높은 신분의 상선과 상랑의 총애를 얻어 돌아오게 되면 남편이 재물을 갖추어 예로 맞이했다.

아들을 낳아 석 달이 되면 다시 선문에 들어가서 상선이나 상랑의 총애를 얻어서 돌아왔다.

이러한 제도는 마복자가 되기 위해 심지어 뇌물을 주고받는 폐단까지 낳았다. 서민들은 신분 때문에 화랑이 될 수 없어서 전 현직 화랑의 마복자가 되는 편법을 사용하게 된 것이다. 이렇게 되니 낭두가 아이를 많이 낳으면 재산이 기울게 되고 상선이나 상랑의 재물은 엄청나게 불었다.

여자들은 임신을 하지 않았어도 선문에 들어가 탕비가 되었다. 그 과정에서 선문의 예졸(隸卒, 화랑조직에 소속된 병졸)과 사통하거나 화랑과 사통해 폐단이 많았다. 양도가 22세 풍월주가 되었을 무렵 신라를 이끌던 화랑조직이 부패하고 비리가 만연한 곳으로 변질된 것이다.

"인재를 선발하는 데 반드시 마복자여야 할 필요는 없다."

양도는 어지러운 입망의 법을 개혁해 인재를 선발했다.

낭두의 딸은 선문에 들어가 일을 하는데 이를 봉화奉花라고 불렀다. 상선이나 상랑의 사랑을 받지 못하면 시집을 갈 수 없었다. 총애를 받은 여자를 봉로화, 아들을 낳은 여자를 봉옥화라고 불렀다. 이 역시 신분의 벽을 뛰어 넘으려는 서민들의 고육지책이었다. 귀족이 되려는 신라인들의 노력은 눈물겹기까지 하다.

봉화가 아니면 낭두에 새로 선발된 자들이 처로 삼지 않았다. 신라 서민들은 처로 인해 신분의 벽을 넘었기 때문이었다. 봉화는 화랑의 총애를 받지 못하면 선문에서 늙어 죽거나 예졸의 처가 되었다.

"서민의 딸을 봉화로 들이지 말라."

양도가 이의 폐단을 금지했다.

서민의 딸 중에 아름다운 여자들은 유화가 되어 30세가 되기 전에는 집으로 돌아갈 수 없었다. 귀족이 아닌 신라인들은 노예나 다름없었다. 딸은 강제로 유화가 되어 낭도들의 유희 대상이 되었다. 유화는 어떤 점에서 위안부나 다를 바 없었다.

"신성한 도를 닦고 심신을 수련해야 하는 화랑들에게 유화를 들이는 것은 옳지 않다."

양도는 유화제도도 금지했다. 양도가 대대적인 개혁을 하자 이를 반대하는 자들이 나타났다. 양도가 전횡을 한다고 공개적으로 비판하기도 했다.

"서두르지 말라. 개혁을 하면 반드시 반대하는 자들이 있다."

17세 풍월주 염장이 양도를 불러 충고했다.

"부주(父主, 아버지와 같은 풍월주)께서는 마복자가 100명이나 되는데 이를 옳다고 할 수 있습니까?"

양도는 공손한 말로 염장이 마복자를 많이 둔 것을 비난했다. 이는 염장이 수십 명의 서민 부인들에게서 재산을 받았다는 사실을 의미하는 것이다.

"저들이 원해서 한 일이니 나의 잘못이 아니다. 사람들을 다스리는 것은 마치 물이 흐르는 것과 같이 순리대로 해야 한다. 물을 막으면 새거나 넘친다."

염장공이 웃으면서 말했다.

도리桃利라는 여자는 서라벌에서 아름답다는 명성을 듣고 있었는데 염장을 모시고 두 아들을 낳은 뒤에 낭두인 세기世紀의 처가 되었다. 세기보다 열두 살이 많았다. 세기에게는 첩이 셋이 있었는데 아들을 낳으면 도리가 질투를 해 철기로 세기를 마구 때렸다. 세기는 도리에게 얻어맞아 낭무를 볼 수 없었다. 소문이 낭도들 사이에 파다하게 퍼져 양도의 귀에도 들어왔다.

"고약한 계집이니 당장 끌고 오라."

양도가 대노해 도리를 잡아들여 곤장을 치려고 했다.

"첩의 죄가 중하나 상선(풍월주를 역임한 사람)의 두 아들을 낳았습니다. 국법에 상선의 아이를 낳은 여자에게 볼기를 때리는 일은 없습니다."

도리가 고개를 빳빳이 들고 말했다. 얼굴 표정은 도도하고 눈에는 표독한 기운이 서려 있었다. 도리의 항변에서 풍월주의 아들을 낳은 여자에게 곤장을 치는 일이 없다고 한 것은 화랑이 얼마나 높은 신분인지 알 수 있는 대목이다.

"너의 죄는 곤장 3대에 해당되지만 함부로 말을 했으니 3대를 추가한다."

양도는 도리의 치마를 벗기고 형틀에 묶었다. 그의 아내 보량공주가 선배 풍월주인 염장의 체면이 있으니 용서하라고 간청했다.

"이 계집을 다스리지 않으면 많은 사람을 다스릴 수 없소."

양도는 도리에게 벌을 내리려고 했다. 그러나 보량공주가 간곡하게 말리자 남편인 세기를 불러 꾸짖었다.

"사내대장부가 되어 계집을 다스리지 못하니 어찌 낭두가 될 수 있겠는가? 계집에게 죄를 주는 대신 너를 파면시켜야겠다."

양도의 말에 도리의 얼굴이 하얗게 변했다. 낭두에서 파면 당하면 신분이 서민으로 떨어진다.

"첩이 볼기를 맞을 것이니 지아비를 파면시키지 마시옵소서."

도리가 그제야 무릎을 꿇고 울면서 애원했다.

"부부의 의리는 이와 같아야 한다. 네가 앞으로 세기를 지성으로 받들고 방자한 행동을 하지 않는다면 너의 지아비는 파면되지 않을 것이다."

양도는 웃으면서 도리와 세기를 용서했다. 도리는 이때부터 세기의 부인으로서 예의를 다해 섬겼고 첩들에게도 질투를 하지 않았다. 도리의 일을 전해들은 낭두의 처들도 모두 지아비에게 공손하게 복종했다.

양도는 당나라에 사신을 따라가다가 길에서 점쟁이를 만났다.

"그대는 장수의 상을 타고 났습니다. 허나 비명에 죽겠습니다."

점쟁이가 점을 치고 말했다.

"장부가 나라를 위해 죽는 것은 당연한 일이다. 아녀자의 품에서 죽을 수는 없다."

양도는 죽음 따위는 두려워하지 않는다고 큰소리를 쳤다.

서기 670년 문무왕 10년의 일이었다. 백제와 고구려가 나당연합군에 의해 멸망하자 당나라는 두 나라의 영토는 물론 신라까지 당나라에 귀속시키려고 했다. 신라는 이에 반발해 양도와 흠순을 당나라로 파견했다. 당 고종은 양도와 흠순이 사신으로 오자 신라가 백제와 고구려의 영토와 유민들을 취했다고 해서 옥에 가두었다가 흠순은 귀국하게 하고 양도는 옥에 그대로 남겨 두었다.

"당나라를 고구려 땅에서 몰아내야 한다."

문무왕은 당나라가 평양에 안동도호부를 설치해 다스리려는 것에 분노해 전쟁을 일으켰다. 이에 당나라는 옥에 가두었던 양도를 살해했다. 보량공주는 양도가 당나라의 옥에서 죽은 것을 모르고 전사했다고 듣자 보도(寶刀, 귀한 칼)로 자결했다.

화랑은 양도의 시대에 세력이 막강해졌으나 여러 가지 폐단도 많이 생겼다. 양도는 부패한 화랑제도를 개혁하려고 했던 인물로 높은 평가를 받았다.

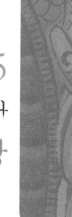

15

황산벌에 꽃처럼 지다

관창

반굴과 관창은 화랑이지만 풍월주에는 오르지 못하고 전사했다.
그러나 그들의 죽음은 화랑정신의 귀감이라고 할 수 있다.

서기 660년 7월 신라는 마침내 당나라와 함께 백제에 대한 대대적인 공격에 나섰다. 신라는 삼한통일의 대업을 이루기 위해 온 나라가 똘똘 뭉쳐 백제의 공격에 나선 것이다. 오랫동안의 훈련과 군비 확장으로 군사들의 사기가 드높았다.

백제는 신라와 국경을 접하고 있으면서도 신라가 당나라를 끌어들일지는 꿈에도 생각지 못했다.

당시 백제는 의자왕이 다스리고 있었다. 그는 즉위 초기에 바른 정사를 펼쳐 백성들을 안정시키고 군사들을 강성하게 한 뒤에 신라를 공격해 명성을 떨쳤다. 진평왕 시절부터 진덕여왕 재위 기간까지 백제는 신라를 끊임없이 침략했다. 백제의 침략을 견딜 수 없었던 신라는 당나라를 끌어들여 마침내 정벌에 나선 것이다. 의자왕은 재위 후기로 되면서 주색에 빠져 폭군이 되었다. 홍수와 성충 같은 충신들이 직언을 올렸으나 오히려 그들을 옥에 가두었다. 백제의 민심은 흉흉해졌다. 백제의 충의지사들은 의자왕이 주색에 빠져 폭정을 일삼자 비통해 했다. 계백은 백제의 달솔(達率, 백제의 16관등 중 2위 관직)로 신라가 군대를 양성하고 군비를 확장할 때부터 백제를 침략할 것이라는 사실을 예측했다. 그는 자신의 능력이 미치는 선에서 군사들의 훈련을 강화했다.

"신라의 대군이 국경을 돌파했습니다."

마침내 국경에서 다급하게 파발이 날아왔다.

"신라군은 오합지졸이다. 그들을 두려워할 필요가 없다."

의자왕은 국경에서 파발이 날아오는데도 상황에 대처하지 못한 채 갈피를 잡지 못하고 있었다. 김유신이 거느리는 신라군은 백제의 국경을 돌파하고 파죽지세로 사비성을 향해 달려왔다. 백제군이 방어에 나섰으나 연전연패했다.

'김유신은 과연 명장이다.'

계백은 신라군이 국경을 돌파했다는 말을 듣자 감탄했다. 그러나 적에게 감탄하고 있을 수만은 없었다. 군사들과 백성들이 공포에 질려 뿔뿔이 흩어져 달아나자 비상한 각오를 했다.

'백제는 반드시 멸망할 것이다. 그러나 백제의 장수로 치욕스럽게 죽지는 않을 것이다.'

계백은 결사대 5천 명을 선발했다.

"나라가 위태로운데 어디로 달아나는가? 그대들에게 과연 달아날 곳이 있는가? 백제가 망하면 그대들은 신라의 노예가 될 것이다. 노예로 사느니 나와 함께 신라군과 싸우자!"

계백은 결사대 5천명에게 비장하게 선언했다. 그러나 대군을 이끌고 오는 신라군과 싸워서 승리한다는 것은 불가능한 일이었다.

"백제 한 나라의 인력으로 당과 신라 두 나라의 대군을 격파하기 어려우니 나라의 존망을 알 수 없다. 처자가 붙잡혀 노비가 되는 치욕을 당하는 것보다 차라리 통쾌하게 죽는 것이 낫다. 부인은 나를 원망하지 말라. 내가 죽어서 저승에 가면 무릎을 꿇고 사죄하리라."

계백이 부인에게 엄중하게 말했다.

"장부는 전쟁터에서 죽어야 충을 행하는 것이고 여자는 지아비를 따라 죽어야 지조가 서는 법입니다. 충을 행하고 지조를 세우는 것은 아름다운 일인데 어찌 원망하겠습니까?"

부인이 눈을 지그시 감고 말했다.

"너희들은 슬퍼하지 마라."

계백은 칼을 뽑아 부인과 아이들의 목을 차례로 베었다. 계백이 처자를 죽이는 것을 본 군사들은 숙연해졌다. 계백은 5천 군사를 이끌고 황산벌에 이르러 지형이 험한 세 곳에 진을 쳤다.

"옛날 월왕 구천은 5천 명의 군사로 오나라의 70만 대군을 격파했으니, 오늘 우리는 마땅히 각자 분발해서 싸우고, 반드시 승리해 나라의 은혜에 보답해야 한다."

계백은 결사대를 격려했다.

마침내 신라의 김유신이 대군을 거느리고 황산벌에 이르러 진을 쳤다. 계백은 김유신이 거느린 신라의 대군을 보자 숨이 막히는 듯한 기분이 들었다. 기치창검이 숲처럼 빽빽해 끝이 보이지

황산벌
백제 말기인 660년(의자왕 20) 나당연합군이 백제의 요충지인 탄현과 백강으로 진격해왔을 때 계백 장군이 5천여 명의 결사대를 이끌고 신라 김유신의 5만 대군과 맞서 결전을 치르다 장렬한 최후를 맞은 곳이다. 충남 논산시 연산면 소재.

않았다. 김유신이 거느린 신라군은 계백이 거느린 5천 결사대보다 수십 배는 많아 보였다.

'계백이 이곳에 진을 치기는 했지만 숫자는 얼마 되지 않는다.'

김유신은 백제군 진영을 바라보고 속전속결을 해야 한다고 생각했다.

"적은 5천명밖에 안 된다. 단숨에 격파하라!"

김유신은 말을 타고 군사들을 사열하면서 맹수처럼 포효했다.

"와!"

들판에 가득한 신라군이 일제히 창과 칼을 흔들며 함성을 질러댔다.

"돌격하라!"

김유신은 영을 내리고 군사들 앞에서 말을 타고 달리기 시작했다.

"와!"

군사들도 함성을 지르며 계백의 진영을 향해 질풍처럼 내달렸다.

"신라군이 오고 있다! 결사대는 죽음을 각오하고 적을 격파하라!"

계백이 결사대를 향해 무섭게 포효했다.

"와!"

계백의 군사들은 두 손을 입으로 가져가서 맹수처럼 괴성을 질러댔다. 그들의 괴성이 거대한 메아리가 되어 죽음의 냄새를 풍기며 황산벌의 넓은 들판에 울려퍼졌다.

"돌격하라!"

김유신이 영을 내리자 신라군 또한 입을 모아 괴성을 지르며 계백의 군사들을 향해 사납게 진격했다.

"침략자들을 죽여라!"

계백의 군사들은 일제히 함성을 지르며 신라군을 향해 달려가 공격을 퍼부었다. 김유신의 군사들과 계백의 군사들은 황산벌에서 치열한 혈전을 벌였다. 칼과 창이 난무하고 화살이 비 오듯이 날았다. 여기저기서 군사들이 처절한 비명을 지르며 나뒹굴었다. 그러나 계백의 군사들은 결사대였다. 김유신은 군사를 세 갈래로 나누어 네 번 싸웠으나 승리하지 못했고 병사들도 기진맥진했다.

'계백이 완강하게 저항하는구나.'

김유신은 불과 5천의 군사로 신라군에 맞서고 있는 계백에게 감탄했다.

"신하가 되어서는 충성이 제일이요, 자식이 되어서는 효도가 제일이니, 이러한 위기를 당해 목숨을 바친다면 충성과 효도를 모두

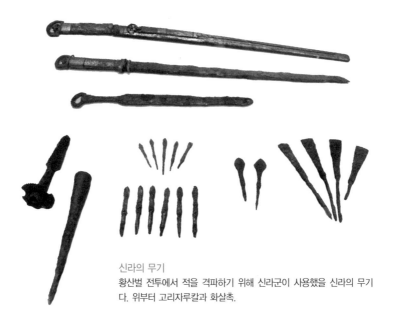

신라의 무기

황산벌 전투에서 적을 격파하기 위해 신라군이 사용했을 신라의 무기다. 위부터 고리자루칼과 화살촉.

다하는 것이다."

풍월주를 지낸 흠순이 아들 반굴에게 말했다. 흠순은 신라가 3보로 여기는 맹장이고 김유신의 동생이었다.

"장군님의 명령을 알아들었습니다. 소자가 어찌 목숨을 아끼겠습니까?"

반굴이 흠순의 말뜻을 알아듣고 외쳤다. 반굴 또한 화랑이었고 장차 풍월주가 될 것이라는 중망을 얻고 있었다.

"가라!"

흠순이 반굴에게 영을 내렸다.

"소자는 출진합니다."

반굴은 흠순의 얼굴을 한 번 바라보더니 말에 올라타 우렁차게 외쳤다. 그의 말을 듣고 있던 신라군이 일제히 함성을 질렀다.

"이랴!"

반굴은 창을 꼬나들고 적진을 향해 바람처럼 달려갔다. 신라 군사들이 숨을 죽이고 반굴을 지켜보았다. 반굴은 백제의 장수와 맹렬하게 싸웠으나 그만 힘이 다해 죽고 말았다. 신라군 진영에서 안타까운 탄식이 흘러나왔다. 김유신의 얼굴이 흙빛이 되고 흠순의 얼굴이 어두워졌다.

"누가 나가서 반굴의 원수를 갚겠는가?"

김유신이 좌우의 장군들을 돌아보면서 물었다.

"내 아들이 거우 열여섯 살이지만 기백이 자못 용감합니다. 아들 관창을 내보내겠습니다."

품일이 부리부리한 눈으로 백제군 진영을 노려보면서 외쳤다.

"관창은 어리지 않은가?"

김유신이 난색을 표했다. 다른 장군들도 웅성거리면서 어리다고 말했다.

"어리지 않습니다. 관창은 앞으로 나오라."

품일이 부르자 관창이 달려 나왔다. 김유신이 보자 커다란 눈에 검은 눈썹, 뽀얀 살결… 계집애처럼 아름답게 생긴 소년이었다.

"대장군께서 네가 어리다고 하신다. 네가 오늘의 전투에서 화랑의 기백을 보일 수 있느냐?"

"예."

관창이 우렁찬 목소리로 대답했다.

"대장군, 관창은 제 아들이기에 앞서 화랑입니다. 이 전투에 수

많은 화랑이 참여했는데 그들의 모범이 될 것입니다. 출전을 허락해주십시오.”

“화랑이 출전하는 데 누가 막을 수 있겠는가?”

김유신이 관창을 살피면서 허락했다. 관창은 즉시 갑옷을 입고 투구를 썼다. 말에 올라타 창을 높이 치켜들자 신라군이 일제히 함성을 질렀다.

“계백은 나의 창을 받으라!”

관창은 벼락을 치듯이 소리를 지른 뒤에 백제군 진영을 향해 달려갔다. 백제군 진영에서도 장수 하나가 바람처럼 달려 나왔다. 신라군은 관창을 응원하기 위해 북을 두드리고 함성을 질렀다. 백제군도 함성을 지르면서 북을 쳤다. 황산벌이 함성과 북소리로 뒤덮였다.

관창과 백제 장수는 치열한 혈전을 치렀다. 창과 창이 부딪치고 기합소리가 난무했다. 백제군의 장수는 백전노장, 달아나는 체하다가 갑자기 몸을 돌려 대적하자 관창의 말이 깜짝 놀라 앞발을 높이 치켜들었다. 관창은 말에서 굴러 떨어졌다. 관창이 대경실색해서 벌떡 일어나려고 했을 때 어느 사이에 백제 장수의 창이 그의 목을 겨누고 있었다.

‘아아, 이제 여기서 끝장이구나.’

관창은 최후의 순간이 왔다고 생각하고 눈을 질끈 감았다. 그때 창날이 허공에서 번쩍 하고 춤을 추더니 그의 투구가 날아갔다.

“호오! 이거 계집이 아닌가?”

백제 장수가 놀란 표정을 지었다. 그는 눈이 부리부리하고 수염

 신라를 뒤흔든 16인의 화랑

이 덥수룩했다.

"계집이라니 당치 않다. 나는 신라의 화랑이다."

관창의 얼굴이 하얗게 변해 소리를 질렀다.

"끌고 가라!"

백제 장수가 군사들에게 영을 내렸다. 백제 군사들이 우르르 달려들어 관창을 백제군 진영으로 끌고 갔다.

"장수에게 모욕을 주는 법은 없다. 어서 나를 죽여라!"

관창이 끌려가면서 소리를 질렀다. 그러나 백제 군사들은 관창을 끌고 가서 계백 앞에 무릎을 꿇렸다.

"계백 대장군님이다. 머리를 숙여라!"

백제 군사들이 관창에게 말했다.

"못한다!"

관창이 눈을 부릅뜨고 반항했다.

"네 나이 몇이냐?"

계백 장군이 관창을 쏘아보다가 낮은 목소리로 물었다. 계백 장군은 수염이 길게 내려와 있고 눈이 깊고 우묵했다. 그의 눈에서는 쉴 새 없이 정광이 뿜어지고 있었다.

"열여섯이다. 어서 죽여라."

"죽음이 두렵지 않느냐?"

"두렵지 않다. 나는 신라의 화랑이다. 싸움에 임하면 절대로 퇴각하지 않는다."

"어린 소년을 어떻게 죽이겠느냐? 돌려보내라."

계백이 펄펄 뛰는 관창을 노려보다가 군사들에게 영을 내렸다.

백제 군사들이 관창을 묶어 말에 태워 신라군 진영으로 돌려보냈다. 관창의 목이 잘릴 것으로 생각했던 신라군이 웅성거렸다. 김유신을 비롯해 흠순, 품일 장군의 낯빛이 어두워졌다.

"네 어찌 돌아왔느냐?"

신라군이 관창을 말에서 끌어내리고 결박을 풀자 품일이 질책을 했다.

"제가 돌아온 것은 저의 뜻이 아닙니다. 저는 결코 살아서 돌아오지 않겠습니다."

관창이 다시 투구를 쓰고 말에 올라타 백제군 진영을 노려보았다. 신라군 진영에 무엇인지 알 수 없는 무거운 기류가 흐르고 있었다.

"창을 달라!"

관창이 소리를 높여 외쳤다. 군사들이 관창에게 창을 가져다 주자 관창이 창을 높이 흔들었다. 신라군이 일제히 "와!" 하고 함성을 질렀다.

"계백은 나의 창을 받으라!"

관창이 또다시 맹수처럼 포효하면서 백제군 진영을 향해 바람처럼 달려갔다. 신라군 진영에서 또다시 함성이 일어났다. 그러나 관창은 백제 장수와 치열하게 싸우다가 또다시 사로잡혔다. 계백이 다시 관창을 신라군으로 돌려보냈다. 관창은 우물물을 손으로 떠서 마시고 백제군 진영으로 내달렸다.

"백제는 신라에게 멸망할 수밖에 없겠구나. 어린 소년도 죽음을 두려워하지 않으니 청년 군사들은 어떻겠는가!"

 신라를 뒤흔든 16인의 화랑

백제 말기 성충成忠·흥수興首와 더불어 백제 3충신으로 꼽히는 계백의 유허지로 신라 김유신의 5만 대군과의 결전장이던 황산벌과 가까운 곳에 있다. 충청남도기념물 제74호. 충남 논산시 부적면 신풍리 소재.

계백은 손수 출전해서 화랑 관창의 목을 베었다.

"나의 손에 죽은 것을 영광으로 알라!"

계백은 관창의 머리를 말안장에 매어 신라군 진영에 돌려보냈다. 품일이 그 머리를 쳐들자 피가 낭자하게 흘러내려 소매를 적셨다.

"내 아들이 신라를 위해 화랑의 기백을 보였다. 이제 반굴과 관창의 복수를 하자! 전군 돌격!"

품일이 창을 높이 들고 소리치자 신라군이 눈물을 흘리면서 함성을 질렀다. 신라의 삼군은 비분강개해서 죽음을 각오하고, 북을 치고 함성을 지르면서 진격했다. 황산벌의 전투는 치열하게 전개되었다. 백제군은 결사대였고 신라군은 반굴과 관창의 장렬한 죽음에 비분강개했다. 창과 창이 부딪치고 비명소리가 난무했다. 이 전투에서 백제 군사들은 결국 패배했고, 계백은 장렬하게 전사했다. 좌평 충상, 상영 등 20여 명은 포로가 되었다.

화랑 관창의 죽음은 신라군을 대승으로 이끌었다. 그의 전사를 전해들은 무열왕은 감동해 급찬의 직위를 추증하고 예를 갖추어 장사지내게 했다. 관창의 가족들에게는 당견 30필과 이십승포 30필과 곡식 1백 섬을 부의(유가족에게 부조로 보내는 물품)로 하사했다.

관창은 화랑의 기상을 대표하는 인물이다. 그의 나이 불과 16세였으나 임전무퇴의 정신을 발휘해 장렬하게 전사했기 때문에 《삼국사기》 열전에도 그 이름이 올랐고 화랑정신의 귀감으로 사람들 입에 오르내린다.

16

반역을 일으킨 화랑

흠돌

27세 풍월주 흠돌欽突은 반란을 일으켰기 때문에 찬이 없다.

흠돌은 김유신의 누이인 정희政嬉가 달복과 혼인해 낳은 아들이다. 김유신이 선덕여왕과 진덕여왕 시절 쟁쟁한 명성을 떨치고 가야파가 신라 정권을 좌우하고 있을 때여서 흠돌은 명문 귀족으로 자랐다. 어릴 때 낭문에 들어가 학문과 무예를 익혔는데 풍채가 좋고 용력이 출중해 많은 낭도들이 따랐다. 그러나 자라면서 점점 간사해지고 음흉해져 사람들이 뒤에서 손가락질을 했다.

음모를 꾸며 흠돌의 누이와 결혼한 진공

신공眞功은 진흥왕과 미실궁주가 낳은 딸 반야공주의 손자다. 26세 풍월주가 되었는데 흠돌의 누이 흠신과 혼인했다. 진공과 흠돌은 처남매제지간이 된 것이다.

흠신은 처음에 보로 전군과 혼인을 해 두 딸을 낳았는데 모두 아름다웠다. 그러나 그녀는 풍채가 좋은 진공이 용맹하다고 생각해 그의 부인이 되기를 은밀하게 바랐다.

진공은 문장에 능했고 용맹했다. 그러나 색을 좋아하고 탐욕스러워 인심을 잃고 있었다.

'흥! 흠신처럼 아름다운 여인이 보로 전군의 부인이라니 돼지 목에 진주목걸이를 한 격이로군.'

진공도 흠신을 좋아했다. 그러나 이미 보로 전군에게 시집을 갔기 때문에 난처해했다.

"꾀를 쓰면 어려운 일이 아닙니다."

진공의 심중을 간파한 낭두가 귀띔을 했다.

"너의 말이 옳다."

진공은 음흉하게 웃고 보로의 부인인 흠신을 처로 맞이하기 위해 간사한 계책으로 음모를 꾸몄다.

"흠신은 병이 있으니 버리는 것이 좋다."

진공이 소문을 낸 뒤에 보로 전군에게도 말했다. 보로 전군이 깜짝 놀라 흠신과 이혼을 하자 진공은 기다렸다는 듯이 처로 맞아들였다. 진공은 26세 풍월주가 되자 자신의 처남인 흠돌을 부제에 임명했다.

기강이 흔들리게 된 화랑조직

삼한통일 이전까지는 화랑제도가 인재양성소이자 군사조직으로, 신라인의 기상을 높이는 역할을 해왔다. 그러나 통일이 되고 나자 상대적으로 기존의 역할들은 약해지고 내부 권력 쟁탈에 화랑들이 앞장서면서 화랑조직 내에도 부패와 비리가 만연하게 되었다. 백성들과 서민들이 화랑에게 잘 보이기 위해 부인과 딸을 바치고 뇌물을 바쳐 화랑은 조직이 지나치게 비대해졌다. 진골정통과 대원신통, 가야파는 모두 화랑 안에서 주도권을 차지하기 위해 치열하게 다투었다. 전대 풍월주인 보리공과 예원공이 이를 개혁하려고 했으나 그 뿌리까지 제거하지는 못했다. 특히 진공과 흠돌은 화랑의 낭정을 보는 것보다 색과 재물만 탐해 화랑의 세속화를 부추겼다.

흠돌과 진공은 간사한 음모를 꾸며서 흠신의 두 딸까지 범했다. 흠신의 어머니 정희는 그와 같은 사실을 알게 되자 대노했다.

"이자들이 참으로 무엄하다."

흠신의 어머니 정희는 김유신에게 알려 그들을 처벌하려고 했다. 이에 깜짝 놀란 흠돌이 김유신에게 처벌받는 것을 두려워해 보량을 통해 정희를 설득했다.

"흠돌은 사랑하는 아들이 아닙니까? 김유신공에게 알리면 분명히 아들까지 죽이려고 할 것입니다. 묻어두면 물거품처럼 저절로 사라지는 일이니 제발 용서해주시지요."

보량이 설득하자 정희는 이들의 패악한 짓을 김유신에게 차마 알리지 못했다.

이렇게 위기를 모면하자 흠돌은 또 다른 여인에게 음심을 품기 시작했다. 그 여인의 이름은 자의慈義다. 자의는 파진찬波珍飡을 지내고 풍월주를 역임한 선품善品과 보룡의 딸이었다. 자의는 아름답고 현숙한 여인이었다. 보룡은 예원의 누이동생으로 선품에게 시집을 갔으나 홀로 되어 딸 자의와 함께 살고 있었다. 흠돌은 자의가 아름다워 첩으로 삼으려고 했으나 그녀의 어머니 보룡이 거절했다. 보룡이 무열왕 김춘추와 정을 통해 당원 전군을 낳자 흠돌은 펄쩍 뛰었다.

'내가 딸을 첩으로 달라고 할 때는 주지 않더니 어미가 외간 남자와 사통을 하는구나.'

흠돌은 분개해 보룡의 집으로 쳐들어갔다.

"그대와 정을 통한 자가 어느 자냐? 내가 딸을 달라니까 주지 않더니 그 어미는 사통을 해?"

흠돌은 하인들을 패고 기물을 부수면서 보룡에게 행패를 부렸다.

'아아, 참으로 무도한 자구나.'

보룡은 흠돌의 이모인 김유신의 누이 문희가 왕비로 있었기 때문에 눈물만 흘리고 있었다.

"보룡은 남편이 죽은 뒤에 뭇남자들을 집으로 끌어들여 사통하고 있다."

흠돌은 추잡한 소문을 널리 퍼트렸다. 보룡은 선대 풍월주 선품의 부인이다. 선대 풍월주는 주공主公으로 모시고 부인은 선모仙母로 모시는 것이 화랑의 전통이었다. 흠돌이 보룡에게 이런 행패를 부릴 수 있었던 것은 화랑의 위계질서가 무너질 대로 무너졌고 김유신의 권력이 강했기 때문이다.

흠돌이 이렇게 보룡에게 행패를 부렸는데 그녀의 딸 자의가 현숙하고 아름다웠기에 태자비로 간택되었다.

'제기랄, 잘못하면 내 모가지가 달아나겠구나.'

흠돌은 자의가 덕이 없다고 소문을 퍼트려 태자비가 되는 길을 방해했다. 자의는 뱀처럼 사악한 흠돌을 항상 두려워하면서 조심했다.

"자의가 나중에 왕비가 되고 아들을 왕으로 세우게 되면 대권이 다시 진골로 돌아가게 됩니다. 그렇게 되면 우리 가야파가 위태로우니 신광을 태자비로 모셔 우리 친족을 안정시켜야 합니다."

신광은 김유신의 딸로 태자 법민의 첩이었다. 신광의 언니 진광은 흠돌의 아내였다.

"과연 조카의 말이 옳다."

문명왕후는 흠돌의 말에 따라 신광을 태자비로 세우려고 했다.

"이는 흠돌이 꾸민 음흉한 계략입니다."

태자 법민은 문명왕후의 말을 따르지 않고 자의를 태자비로 맞이했고 문무왕(文武王, 재위 661~681년)으로 즉위하자 자의왕후로 책봉했다. 자의왕후는 문무왕과의 사이에서 태자 정명政明을 낳았고 정명은 흠돌의 딸과 혼인했다.

흠돌은 풍월주가 되었을 때 진평왕의 손자인 흥원興元을 부제로 삼았다. 진평왕의 부인인 태양공주는 태원과 호원 두 아들을 낳았는데 진평왕을 닮지 않았다. 그녀는 어릴 때부터 사사로이 남자들과 정을 통했는데 태원과 호원이 폐위된 진지왕 아들이라는 소문이 파다했다. 그 바람에 두 왕자는 진골정통에서 제외되었다.

"내 아버지가 진골정통인데 대원신통과 가야파가 음모를 꾸며 왕위에 오르지 못하게 한 것이다."

흥원은 자신의 아버지인 호원이 진골정통이라고 굳게 믿었다.

그는 호원이 왕위에 오르지 못하고 선덕여왕이 왕위에 오른 것을 비난하고 돌아다녔다.

"공이 진골정통이라는 것을 나는 믿소."

흠돌은 홍원이 불만을 토로하자 북천의 정자로 초대해 은밀하게 술을 대접했다.

"공이 나를 믿으니 나도 공을 믿겠소. 공은 부디 나를 도와주시오."

홍원은 취기가 오르자 흠돌의 손을 잡고 말했다.

"공을 돕는 것은 어려운 일이 아니나 나는 목숨을 내놓아야 하오."

흠돌은 교활해 선뜻 약속을 하지 않고 머뭇거리는 시늉을 했다. 그러자 다급한 홍원이 흠돌에게 두 딸을 바치고 많은 재물을 주었다.

"공이 이렇게까지 나를 생각하니 내 어찌 목숨을 아끼겠소?"

흠돌은 마침내 홍원과 손을 잡고 결탁했다.

흠돌은 문무왕과 자의왕후의 소생인 태자 정명에게 자신의 딸을 시집보내 태자비가 되게 했다. 자의왕후는 태자 정명을 흠돌의 딸과 혼인하게 했으나 그것은 문무왕의 어머니 문명태후로 인한 것이었다.

'흠돌은 악독한 인간이다. 나를 강박해 첩으로 삼으려고 하더니 이제는 태후를 이용해 폐하까지 협박하려 드는구나.'

자의왕후는 흠돌에게 수모를 당한 일을 잊지 않았다. 흠돌은 딸이 태자비가 되자 권력을 마음대로 휘둘렀다.

"나를 어찌 대당 총관으로 내치는 것입니까? 이는 나를 서라벌에서 추방하는 것이 아닙니까?"

흠돌은 문무왕이 대당 총관(군 지휘관)에 임명하자 반발했다.

"당나라를 몰아내는 중요한 직책인데 어찌 그리 생각하는 것이오?"

문무왕이 눈살을 찌푸리면서 흠돌을 쏘아보았다.

"태후께서 윤허하셨습니까?"

"왕명이 지엄한데 어찌 태후의 윤허가 필요한 일인가? 경이 가지 않겠다면 벼슬을 내놓고 물러나시오."

문무왕이 대노해 벼락을 치듯이 호통을 쳤다. 흠돌은 사례의 인사도 올리지 않고 대당 총관이 되어 평양으로 떠났다. 그러나 대당 총관에 부임한 지 얼마 되지 않아 문명왕후를 움직여 서라벌로 돌아오고 말았다. 문무왕은 어머니인 문명왕후가 흠돌에게 벼슬을 내리라고 하자 잡찬(신라의 17관등 중 3위 관직)에 임명했다.

"나에게 각간의 자리를 주어도 부족한데 겨우 잡찬이야?"

문무왕이 잡찬에 임명하자 흠돌은 노골적으로 불만을 터트렸다. 그러는 동안 삼국통일의 위업을 달성한 김유신 장군이 죽고 문명왕후도 죽었다.

'문명왕후가 죽었으니 왕은 분명히 나를 죽일 것이다.'

흠돌은 문무왕에게 살해당할 것이 두려웠다. 이에 흥원과 결탁해 모반을 하기로 결심하고 세력을 모으기 시작했다. 때마침 문무왕이 재위 21년 만에 병으로 위독해졌다. 흠돌과 흥원은 호성장군 진공까지 끌어들여 군사를 모으기 시작했다.

'대왕께서 위독하시니 간신들이 흉계를 꾸밀 것이다.'

자의왕후는 총명한 여인이었다. 문무왕이 병으로 쓰러지자 불평불만이 많은 흠돌과 흥원을 감시했다. 이내 그들이 잦은 회합을 갖고 군사를 모으기 시작한다는 보고가 들어왔다. 자의왕후는 바짝 긴장했다. 그녀는 조정의 대신들과 장군들이 흠돌에게 가담하지 않도록 포섭하기 시작했다.

"신라는 그대들의 공로로 삼한을 통일했다. 그대들의 공로가 천추에 남을 것인데 이제 와서 흠돌에게 가담해 역적으로 남을 것인가?"

자의왕후는 대신과 장군들에게 일일이 충성을 서약하게 했다.

"대세는 우리에게 있소. 공들은 사세事勢를 잘 판단하기를 바라오. 나를 따르는 자는 부귀영화를 누리며 살 것이나 나를 따르지 않는 자는 죽음을 면치 못할 것이오."

흠돌은 신라의 대신들과 장군들을 회유하고 위협했다. 자의왕후가 전면에 나서면서 서라벌은 양파가 팽팽하게 대립하고 일촉즉발의 긴장감이 감돌았다.

'역적과 싸워서 이기는 것은 결국 군사력이다.'

자의왕후는 군사들을 거느린 장군들을 끌어들이기 시작했다. 그러나 수도방위 사령관이나 마찬가지인 호성장군 진공은 흠돌과 결탁하고 있었다. 자의왕후는 28세 풍월주를 역임하고 북원에 파견되어 있던 오기를 호성장군으로 임명해 서라벌로 부르고 경외京外에 있는 장군들에게도 군사를 이끌고 서라벌로 들어오라고 밀명을 내렸다. 오기는 호성장군에 임명되자 군사들을 소집하기 시작했다.

"일이 급하다. 밤낮을 가리지 말고 달려오라."

자의왕후가 오기 장군에게 재차 명령을 내렸다.

"서라벌이 위험하다. 결사대는 나를 따르라."

오기는 북원에서 결사대 1천 명을 선발해 서라벌로 질풍처럼 달려왔다. 그러나 진공이 성문을 닫고 오기의 군사들을 들여보내지 않았다.

"군사들은 창칼을 숨기고 농부로 위장하라."

오기는 결사대를 농부로 위장해 서라벌로 잠입했다. 그는 즉시 군사들을 거느리고 호성장군 진공의 막사로 가서 인부를 넘겨줄 것을 요구했다.

"대왕께서 병으로 누워 계시고 상대등이 문서를 보내지 않았는데 어떻게 장군의 인부를 함부로 인계하겠는가?"

오기가 서라벌로 들어와 호성장군의 인부를 인수하려고 하자 진공이 이를 거부했다.

"그대가 감히 대왕의 영을 거역하는 것인가?"

오기가 눈을 부릅뜨고 진공을 쏘아보았다.

"상대등의 문서를 가지고 오라."

진공이 물러서지 않고 맞섰다. 양군은 칼을 뽑아들고 팽팽하게 맞섰다. 그때 문무왕이 세상을 떠났다는 소식이 들려왔다.

"왕궁으로 가자."

오기는 결사대를 이끌고 다급하게 왕궁으로 달려갔다. 그러나 흠돌에게 기담해 있던 왕궁의 시위대인 삼도三徒의 대감大監들이 궁문을 열어주지 않았다. 오기는 대궐로 활을 쏘아 자의왕후에게 자신이 군사를 거느리고 왔다는 사실을 알렸다.

"궁문을 열라."

문무왕 수중릉

경주 양북면 앞바다에 있는 신라 문무왕(재위 661~681년)의 해중왕릉海中王陵이다. 삼국통일을 이룬 문무왕이 자신의 시신을 불교식으로 화장해서 유골을 동해에 묻으면, 용이 되어 침입해 들어오는 왜구를 막겠다고 한 유언을 따른 것이다. 바다에 보이는 바위를 대왕암大王巖 또는 대왕바위라 하며, 해중왕릉은 세계적으로 유례가 없다. 사적 제158호.

　　자의왕후가 오기의 화살을 보고 궁문까지 달려와 호통을 쳤다. 위기의 순간이었다. 시위대가 마지못해 궁문을 열자 오기가 군사들을 이끌고 궁으로 들어가 적편의 시위대 삼도 대감들을 체포하고 왕궁을 호위했다.

　　'시위대는 무엇을 하고 있기에 오기의 군사들이 왕궁에 들어가게 한 거야?'

　　흠돌은 오기의 군사가 왕궁으로 들어가자 당황했다.

흠돌의 난이 발발하다

"대왕께서 병이 위중해 상대등 군관(軍官, 23세 풍월주 출신의 재상)과 각간 진복이 밀조를 받아 왕자 인명仁明을 다음 왕으로 지명했다. 왕궁에 있는 자들은 왕의 유훈을 거역하는 역적들이다."

"흠돌의 말은 거짓이다. 대왕의 후계자는 태자다."

오기가 흠돌의 말을 반박했다.

마침내 반란군과 오기의 군사 사이에 치열한 전투가 벌어졌다. 화살이 우박처럼 쏟아지고 비명소리가 난무했다. 흠돌의 군사들은 궁성으로 들어가기 위해 사다리를 놓고 성벽을 기어오르고 투석기로 돌을 쏘았다. 그때 함성소리가 들리면서 진복이 사병들을 이끌고 달려왔다.

"왕경 밖의 군사들이 대거 성 밖에 이르렀다. 너희는 역적에게 속아 반란을 일으켰으니 죽임을 당할 것이다."

진복이 흠돌의 군사들에게 소리쳤다.

"궁안에 있는 자들이 역적이 아니란 말이오? 그럼 우리가 역적이 되는 것이오?"

흠돌의 군사들이 당황해 우왕좌왕했다.

"너희들은 잘 헤아리라. 나 신라의 각간 진복이 하는 말이다. 대왕께서 어찌 태자에게 왕위를 계승하지 않게 하고 김인명에게 밀조를 내리겠느냐? 이는 흠돌의 음모에 지나지 않는다. 충신이 되려면 나를 따르고 역적이 되려면 흠돌을 따르라."

진복의 지시에 반란군에 가담해 있던 군사들이 우르르 진복의 앞으로 달려왔다. 흠돌의 진영에 남아 있는 군사들은 절반도 되지 않았다.

'아아, 어쩌다가 일이 이렇게 돌아간다는 말인가?'

흠돌은 사색이 되었다. 그는 남은 군사들로 포위를 풀고 달아나려고 했다. 그러나 서라벌에서 반란이 일어난 것을 알고 경외의 군사들이 함성을 지르면서 들이닥쳐 반란군을 빽빽하게 에워쌌다. 삼간三奸인 흠돌, 흥원, 진공 등은 군사들에 체포되어 참수당했다. 흠돌의 반란군에 가담해 있던 화랑들도 모조리 참수되었다.

화랑제를 폐지하다

"화랑이 지나치게 방만해져 비리와 반역의 온상이 되었다. 화랑제도를 폐지하고 낭도들을 모두 병부에 소속시키라."

자의왕후가 오기에게 영을 내렸다. 오기는 자의왕후의 명을 받아 화랑의 낭도들을 모두 병부에 소속시켰다.

문무왕의 장자 정명태자가 보위에 올라 신라 제31대 신문왕(재위 681~692년)이 되었다. 신문왕의 부인이었던 흠돌의 딸은 역적의 딸이라고 해서 왕궁에서 추방되었다.

흠돌의 난은 화랑이 주축이 되어 일어났기 때문에 삼한통일의 초석이 되었던 화랑제도는 폐지되기에 이르렀다. 이렇게 화랑제도는 폐지

청주 운천동 신라사적비
충북 청주 운천동 무심천변에서 빨랫돌로 이용되던 돌이었으나, 686년 이곳에 있던 한 사찰에 세워졌던 비석으로 확인되었다. 마모가 심해 비문의 전체적인 내용은 알 수 없으나 불법을 찬양하고 임금의 덕을 칭송하며, 삼국통일의 위업을 기리는 호국불교의 내용을 담고 있다. 충북유형문화재 제134호. 국립청주박물관 소장.

되었으나 지방에서는 여전히 낭도들이 활동했다. 서라벌에서도 차츰차츰 낭도들이 무리를 지어 활동했는데 민간 조직이었다.

"오래된 풍속을 바꾸는 일은 쉽지 않습니다."

대신들이 일제히 아뢰었다.

"화랑에서만 국가의 인재를 뽑는 것은 옳지 않다. 국가의 인재는 조정의 각 부에서 능력과 공에 따라 선발하라. 화랑은 청년들이 심신을 연마하는 국선이 되는 것으로 족하다."

자의태후가 화랑을 다시 부활시키기는 했으나 인재를 뽑아, 관리로 선발하는 것은 축소되었다. 이에 화랑은 지소태후가 화랑을 창설하기 이전의 민간 활동으로 돌아가 심신을 연마하는 수련에 중심을 두었다. 화랑의 우두머리에 대한 호칭도 풍월주에서 국선으로 바뀌었다.

화랑의 우두머리인 풍월주는 1세 위화랑에서 시작되어 32세 신공으로 그쳤다. 풍월주들의 활약 기간은 대략 540년에서 681년으로 141년간이다. 풍월주들의 재위 기간이 평균 3년에서 6년 정도이기 때문에 141년 동안 32명이 존재했다. 그러나 32세까지의 풍월주들은 신라의 중흥기인 진흥왕에서 삼한통일을 이룬 문무왕 때까지 정치, 외교, 군사의 주역으로 활약해 많은 공을 세웠다. 일부 풍월주나 화랑이 반역을 일으키기도 하고 부패한 측면도 있었으나 화랑은 세속오계에 입각해 신라를 강성하게 만든 역사의 주인공이기도 했다.

신라 천년의 향기를 찾아서

경주는 신라 천년의 역사가 살아 있는 고도다.

경주 어느 쪽으로 가도 산처럼 거대한 왕릉을 만날 수 있다.

많은 독자들이 경주를 여행하고, 신라의 역사에 흠뻑 빠져들기는 하지만 신라인의 숨결까지 온전하게 느끼는 일은 쉽지 않을 것이다. 이는 신라의 역사가 오로지 《삼국사기》나 《삼국사절요》, 《삼국유사》 등에 의존하고 있어서 그 시대 사람들의 사랑과 삶, 죽음과 같은 사회사를 살피기 어렵기 때문이다.

《신라를 뒤흔든 16인의 화랑》을 처음 쓰기 시작했을 때는 천년 신라가 멀고 아득하게만 느껴졌는데 탈고할 무렵에는 한결 가깝게 느껴졌다. 이는 순전히 김대문이 지은 《화랑세기》 덕분이었다.

《화랑세기》를 읽으면서 당혹스러운 부분은 신라인들의 성性에 대한 관념과 왕을 둘러싼 귀족들의 자유로운 성 생활이다. 오늘의 관점으로 보면 난잡한 성애가 책갈피마다 낭자하고 이를 당연시

한 그들의 정신세계에 놀라게 된다. 그러나 《화랑세기》를 몇 번이나 되풀이해서 읽은 뒤에야 천년 전의 역사를 오늘의 관점으로 읽어서는 안 된다는 사실을 깨닫게 되었다.

이러한 부분, 《화랑세기》의 저자 김대문이 색사라고 말하는 부분을 이해하고 읽으면 《화랑세기》는 삼국통일의 주축이 되는 화랑과 화랑을 이끄는 풍월주에 대한 귀중한 자료가 될 뿐 아니라 당시 서라벌의 사회사를 읽게 된다.

《신라를 뒤흔든 16인의 화랑》을 쓰면서 취재를 하기 위해 경주를 다녀왔다. 월성月城의 옛터를 돌아보았을 때는 색공지신 미실의 낭자한 웃음소리와 교태가 들리는 듯했다.

색공지신은 남자들의 성적 판타지다. 미실이 얼마나 요염했기에 서라벌의 남자들이 그녀의 치마폭에서 헤어나지 못했을까.

월성의 성곽을 따라 걸으며 내가 미실의 남자라면 어떠했을까 하고 어줍은 상상을 해보았다.

5세 풍월주 사다함은 화랑의 귀감이 될 만한 인물이다. 그는 나라에 공을 세우고도 상을 받으려 하지도 않았고 전쟁이 없을 때는 황무지를 일구면서 평민처럼 살았다.

사다함과 같은 뛰어난 화랑이 많았을 터인데, 과연 신라 최고의 화랑은 누구였을까.

김유신 장군의 묘에 이르렀을 때에야 비로소 최고의 화랑이 누군지 느낄 수 있었다. 전쟁터로 출정할 때 집 앞을 지나가면서도 들르지 않고 곧바로 전쟁터로 달려갔던 김유신의 위국충정이야말로 진정한 화랑정신이라고 할 것이다.

경주의 산과 물에도 천년 유적의 체취가 남아 있다.

북천에 이르자 화랑의 전신인 원화의 두 주인공 준정과 남모의 영혼을 만난 듯했다. 북천의 둑에는 대나무 숲이 울창하고 남모공주는 준정에게 질투를 당해 그곳 북천 어느 곳의 돌무더기 아래 묻혔다. 그녀들의 흔적은 찾을 길이 없지만 대나무 숲을 흔들고 지나가는 바람소리에 그녀들의 한숨소리가 섞여 있는 듯했다.

경주 남산에 이르렀을 때는 심신을 연마하는 화랑의 우렁찬 함성이 들리는 것 같았다. 많은 화랑들이 이곳에서 심신을 수련했고 1세 풍월주 위화랑과 2세 풍월주 미진부는 무예를 닦느라 여념이 없었을 것이다.

8세 풍월주 문노는 풍월주들 중에서 가장 독특한 인물이다. 그는 가야파로 많은 풍월주들에게 검술을 가르쳐서 검신의 경지에 이른 것으로 보인다. 가야파로 아웃사이더였으나 혼인으로 신라 사회 주류로 편입된다. 《삼국사기》 열전에 등장하는 김흠운은 화랑 문노의 문하에 있을 때 아무개가 용감하게 싸우다가 전사했다는 이야기를 들으면 개연히 눈물을 흘렸다고 한다.

이를 통해 문노가 화랑들 사이에서 신적인 존재였다는 사실을 알 수 있다.

18세 풍월주 김춘추는 외교가이며 지략가였다. 그는 무열왕으로 즉위해 백제를 멸망시키고 죽는다. 백제의 장군 윤충에게 살해 당한 딸의 복수를 18년 만에 이룬 것이다.

경주 남산에 오르자 선덕여왕의 능이 있었다. 드라마 때문에 선덕여왕의 능은 관광객들이 줄을 잇는다.

수많은 남자들의 가슴을 설레게 했던 여왕은 어디로 갔는가.

곱고 아름다워서 시호조차 선덕善德이었던 그녀의 숨결, '덕을 널리 퍼트리라'는 뜻으로 지은 이름인 덕만공주의 향기가 능 주위의 울창한 송림에서 느껴질 것만 같다.

경주 곳곳에 남아 있는 천년 왕국 신라의 다양한 유적을 돌아보면서 '산천은 옛날 그대로인데 인걸(人傑, 뛰어난 인재)은 간데 없네'라는 길재(吉再, 조선 초 성리학자)의 시가 새삼스럽게 떠올랐다.

신라 중흥기를 이끌었던 왕들, 법흥왕·진흥왕·선덕여왕의 흔적은 무덤을 제외하고는 찾을 길이 없었다. 김유신이나 관창과 같은 화랑의 발자취도 찾기 어려웠다. 그런데도 조락하는 겨울 햇살 사이로, 바람에 뒹구는 낙엽에서 문득문득 바람이 되어 떠도는 그들의 영혼을 만날 수 있었다.

신라 천년의 향기는 아직도 경주에 머물고 있었다.

부록

미실과 《화랑세기》를 통해 본 신라사회

　《화랑세기》를 이해하기 위해서는 소설과 드라마로 널리 알려진 미실을 먼저 살피지 않을 수 없다. 사실 여성인 미실이 권력의 전면에 등장하면서 신라 최초의 여왕, 선덕여왕이 즉위하는 길도 열린 것이다. 《화랑세기》는 신라 왕족들과 귀족들의 이야기다. 《화랑세기》에 등장하는 32명의 풍월주들 중에는 평민이나 천민이 없다. 풍월주들은 대부분 귀족이고 왕족의 여인들과 혼인을 한다. 이들은 성골, 진골정통, 대원신통 등으로 복잡한 인척 관계를 맺는다. 왕족, 혹은 귀족사회를 유지하기 위해 근친 간에 혼맥을 이루고 화랑을 관리했다.

　신라는 특이하게 왕비를 배출하는 가문이 있었는데 지소태후(진흥왕의 어머니로, 진골정통)와 사도태후(미실의 이모로, 대원신통)의 가문이 대표적이다. 이 두 가문은 왕족이나 귀족들에게 강력한 영향력을 갖고 있었기 때문에 여성들이 정치까지 참여할 수 있었다. 화랑은

 신라를 뒤흔든 16인의 화랑

국가 산하 조직이었으나 실질적으로 이들 왕비족들이 관리한 것으로 보인다. 화랑제도를 창설한 인물은 지소태후였고 이를 폐지했다가 부활시킨 인물은 자의태후(신문왕의 어머니)다. 초기 풍월주들은 대부분 지소태후가 임명했고 뒤에는 미실이 관여했다. 낭도들은 풍월주들을 군君으로 부르고 자신을 신臣이라고 불렀는데 이는 풍월주가 신라의 왕에 버금가는 힘을 갖고 있고 이들을 관리하는 왕비족들이 왕들과 거의 대등한 권력을 갖고 있었음을 드러낸다. 다시 말해 권력 구조가 이원화되어 있었다고 볼 수 있다.

미실은 색사로 서라벌을 뒤흔들었으나 다른 관점으로 보면 남성들과 대등하게 활약했던 신라사회의 대표적인 여성이다. 다만 미실의 힘이 신라 귀족사회의 오랜 풍습인 성을 매개로 실현되었기 때문에 현대의 관점으로는 이해하기가 어려운 것뿐이다.

미실의 색공은 그녀의 할머니 옥진궁주로부터 비롯된다. 옥진궁주는 1세 풍월주 위화랑과 오도공주 사이에서 태어났다. 옥진궁주는 미색이 뛰어날 뿐 아니라 염기까지 갖고 있어서 당시 신라 사람들이 우물(尤物, 얼굴이 잘생긴 여자)로 여겼다. 처음에 각간 영실공英失公에게 시집을 갔는데 법흥왕(法興王, 재위 514~540년)이 취해 궁주로 삼았다.

《화랑세기》는 이처럼 상위 신분이 하위 신분의 여자를 빼앗는 일이 수없이 기록되어 있다. 내막적으로 어떠했는지 알 수 없으나 귀족들은 자신의 부인을 빼앗아간 왕에게 충성을 하고 권력을 누린다. 이는 옥진궁주를 법흥왕에게 빼앗긴 영실공이나 미실을 진흥왕에게 빼앗긴 세종에게서도 찾아볼 수 있다.

신라는 이전부터 선도(仙道, 도가 사상)가 신앙으로 뿌리 깊게 자리 잡고 있었다. 그러나 미실이 살던 시대에 신라사회는 불교가 급속하게 전파되면서 선도, 불교, 유교가 어우러져 그 사회의 정신세계를 지배하게 된다. 화랑의 세속오계는 그런 3교의 융합을 잘 보여주고 있다.

옥진궁주와 영실공 사이에서 낳은 딸의 이름은 묘도(훗날 미실의 어머니)다. 법흥왕은 묘도가 자라자 옥진궁주와 약속한 대로 빈으로 삼았다.

왕궁에서 묘도가 마주보는 전殿에 삼엽궁주가 거처하고 있었다. 묘도가 삼엽궁주전을 바라보다가 궁주의 아들 미진부공을 사랑하게 되었다. 미진부공도 묘도를 사랑해 두 사람은 마침내 하나가 되었다. 하루는 묘도의 어머니 옥진궁주가 꿈에 칠색조가 날아와 묘도에게 들어가는 것을 보고 놀라서 일어났다.

'기이한 일이로다.'

옥진궁주는 꿈이 현실처럼 선명해 묘도에게 갔다. 묘도는 미진부와 사랑을 나누고 있었다.

"너는 이제 귀녀를 낳을 것이다."

옥진궁주는 기뻐하면서 묘도에게 말했다. 열 달이 지나자 묘도가 과연 미실을 낳았다.

미실은 자색이 빼어나 풍만함은 옥진을 닮았고 교태는 벽화(신라 제23대 법흥왕의 애첩)를 닮고 아름다움은 어머니 묘도를 능가해 신라 사람들이 모두 그녀의 미색에 넋을 잃었다.

'이 아이는 나의 도를 부흥시킬 만하다.'

옥진궁주는 미실을 곁에 두고 가무와 교태를 부리는 법을 가르쳤다.

"내가 너를 가르친 것은 장차 왕의 빈첩이 되기를 바란 것이다. 일개 전군을 섬기라고 한 것은 아니다."

옥진궁주는 미실이 왕의 여자가 되기를 바랐는데 지소태후의 명으로 세종 전군의 아내가 되자 한탄했다. 옥진궁주가 '너를 가르쳤다'는 것은 단순하게 학문이나 부도婦道를 가르친 것 같지는 않다. 당시의 시대적 분위기를 살피면 옥진궁주는 미실에게 소위 색공을 가르친 것이다. 그녀의 대답 또한 색공을 의미한다.

"빈첩의 도는 색공에 있는데 어찌 왕을 섬기지 못하겠습니까?"

미실이 웃으면서 말했다. 세종은 미실에게 첫 남자가 된다. 첫 남자를 받들어야 하는 여자가 이런 이야기를 하는 것은 그 분야의 경지에 이르지 않으면 불가능한 일이다.

"네가 정녕 도의 경지에 이르렀구나. 내가 근심하지 않아도 되겠다."

옥진궁주는 크게 기뻐했다. 옥진궁주가 '네가 정녕 도의 경지에 이르렀다'고 했으니 미실이 색공에 통달했다는 사실을 알 수 있다.

진흥왕 또한 세종의 부인인 미실을 보자 한눈에 반한다. 당대의 뛰어난 인물인 세종을 사로잡은 미실이니 진흥왕이라고 해도 헤어나올 수가 없었다.

"너의 조카는 신라에서 가장 아름다운 미인인데 너의 잉첩이 되지 못하고 다른 남자에게 시집을 갔는가?"

진흥왕이 사도왕후에게 말했다.

잉첩腰妾은 귀인에게 시집가는 여인이 데리고 가던, 시중드는 첩을 말한다.

"그러시다면 3대를 모시는 전주(殿主, 궁궐의 주인)에 명하소서."

사도왕후가 미실을 진흥왕에게 추천했다. 진흥왕이 미실을 전주에 임명하고 궁으로 불러들여 동침하니 교태가 끊이지 않았다. 하룻밤에도 여러 차례 색공을 나누고 옆에서 떠나지 못하게 했다. 미실은 이때부터 전주 또는 궁주宮主로 불렸다. 그러나 미실이 진흥왕의 총애를 받은 것은 색공 때문이 아니라 그녀의 뛰어난 정치력 때문이었다.

미실은 학문이 깊고 문장이 뛰어났다. 진흥왕이 정사를 볼 때 항상 옆에서 참결(參決, 참여하여 결정하는 것)했다.

"왕은 늙고 병들었다. 네가 태자와 동침해 아들을 낳으면 그는 너를 부인으로 삼을 것이다."

사도왕후가 미실에게 동륜태자와 동침할 것을 요구했다. 이에 미실이 동륜태자와 동침해 애송공주를 낳았다.

진흥왕과 미실 사이에 낳은 수종 전군이 태어난 지 77일이 되던 날 미실을 궁주로 책봉하는 예를 올렸다. 진흥왕은 태자와 전군에게 명해 미실을 어머니로 부르도록 하고 절을 올리게 했다. 그 가운데 동륜태자는 미실과 동침을 했기 때문에 억지로 절을 했다.

"태자는 존귀한 신분인데 첩이 어찌 감히 절을 받겠습니까? 첩이 감당할 수 없습니다."

미실이 사양해 태자는 한 번 절을 하고 왕자와 전군은 네 번 절을 했다. 진흥왕이 기뻐했고 미실도 취해 진흥왕의 가슴에 안겨

한껏 교태를 부렸다. 진흥왕과 미실이 장막으로 들어가자 태자 이하가 만세를 부르면서 물러갔다.

진흥왕은 말년에 풍질風疾이 생겨 정사를 보지 못하게 되었다. 이에 미실의 이모 사도왕후와 미실이 내정을 주무르고 세종, 설원랑, 미생랑은 외정을 좌우했다.

576년 진흥왕이 죽자 진지왕(眞智王, 재위 576~579년)이 왕위에 올랐다. 진지왕은 자신이 왕위에 오르면 미실을 왕후에 책봉하겠다고 했으나 배신을 했다. 이에 미실은 반란을 일으켜 진지왕을 폐위시키고 진평왕(眞平王, 재위 579~632년)을 즉위시켰다.

이처럼 미실은 왕을 세우고 폐위시킬 정도로 사실상 신라의 주인 노릇을 했다.

미실은 진평왕의 뒤에서도 막강한 권세를 휘두르다가 58세가 되어 병을 얻어 죽는다. 어떻게 보면 미실은 색공으로 서라벌을 뒤흔든 여인에 지나지 않을 수도 있다. 그러나 그녀가 진흥왕의 뒤에서 막강한 권세를 휘두를 때 신라는 비약적으로 발전했다. 영토가 확장되고 화랑제도가 설치되어 삼국통일의 기초를 다지게 된다. 이는 미실이 단순한 색공지신이 아니라 정치력 또한 뛰어난 여걸이라는 사실을 의미하는 것이다. 따라서 미실이 여성의 시대를 열어가면서 선덕여왕과 진덕여왕의 시대도 열렸다고 하겠다.

| 사진자료 제공에 도움을 주신 분들과 단체 |

권태균 사진작가 선생님

김대호 님 kdho21@naver.com
김홍수 님 curiendaddy@naver.com
이순하 님 dalijine83@naver.com

국립경주박물관 http://gyeongju.museum.go.kr
국립중앙박물관 http://www.museum.go.kr
국립청주박물관 http://www.cjmuseum.org
전쟁기념관 https://www.warmemo.or.kr
함안박물관 http://museum.haman.go.kr

자료 제공에 도움을 주신 분들께 진심어린 감사의 말씀을 드립니다.

＊《신라를 뒤흔든 16인의 화랑》은 관련 사진의 출처 및 저작권자를 찾기 위해 끝까지 최선을
다했으나, 찾지 못한 몇 개의 사진을 실었습니다. 허락을 받지 못한 점 깊이 사과드리며, 이 부
분에 대해서는 출처 및 저작권이 확인되는 대로 본 도서에 명기하도록 하겠습니다.